Leander Czerny, Gabriel Strobl

Spanische Dipteren

Leander Czerny, Gabriel Strobl

Spanische Dipteren

ISBN/EAN. 9783743307339

Hergestellt in Europa, USA, Kanada, Australien, Japan

Cover: Foto ©ninafisch / pixelio.de

Manufactured and distributed by brebook publishing software
(www.brebook.com)

Leander Czerny, Gabriel Strobl

Spanische Dipteren

Spanische Dipteren.[1])

III. Beitrag.

Von

Abt Leander Czerny und Prof. P. Gabriel Strobl

in Kremsmünster.   in Admont.

(Eingelaufen am 28. Oktober 1908.)

Am 8. April 1907 unternahm ich meine dritte entomologische Reise nach Südspanien; diesmal aber nicht allein, sondern in Begleitung des Abtes Leander Czerny von Kremsmünster. Wir fuhren bis Algeciras, mit kurzem Aufenthalte in Bobadilla, wo wir zum erstenmale Gelegenheit fanden, die Wegraine und Felder nach Insekten zu durchstreifen. In Algeciras und seiner Umgebung blieben wir bis zum 22. April und benützten einen Tag zu einem Ausfluge nach San Pablo, gingen von da zu Fuß bis Gaucin durch eine herrliche, reich mit Korkeichen, *Cistus*-Rosen etc. bewachsene Bergwildnis. Die nähere Umgebung, besonders die Meeresbuchten, die blumenreichen Felder und Wiesen, die mit Zwergpalmen, Adlerfarren und immergrünen Eichen bewachsenen westlichen Vorberge lieferten reichliche Beute. — Am 22. April führte uns die Post über die reizende Sierra de la Luna nach der Südspitze Spaniens, dem malerischen Tarifa, wo wir vier Tage verweilten. Leider herrschte fast ununterbrochen ein kaum erträglicher Wind, so daß wir nur an wenigen, gut geschützten Punkten — meist nahe den langen und breiten Dünen — sammeln konnten; doch war die Ausbeute ziemlich ergiebig und vielfach abweichend von der Fauna Algeciras'. — Am 26. erreichten wir nach einer Tagesfahrt das reizende San Fernando bei Cadiz und sammelten hier mit Erfolg durch zwei Tage,

---

[1]) Der I. Beitrag erschien in der Wiener Entom. Zeitung, 17.—19. Jahrg. (1898—1900), der II. Beitrag in „Memorias de la Real Sociedad Española de Historia Natural", Madrid, 1906; beide zusammen enthalten 972 spanische Arten und 115 Varietäten.

meist auf den schmalen Dämmen zwischen den die Stadt in weitem
Bogen umgebenden Salinen; einmal auch auf einer großen, blumenreichen Wiese, wie mir scheint, der einzigen in der ganzen Umgebung. Die Fauna erwies sich — entsprechend der eigentümlichen
Flora — von jener der früher besuchten Fangplätze abweichend.
— Den 29. April verwendeten wir zur Fahrt nach Granada und
die drei nächsten Tage zu einer Fußpartie auf die Sierra Nevada.
Wir durchzogen das stellenweise hochromantische obere Geniltal
und erreichten um sechs Uhr abends die Mina de Justicia (ungefähr
1600 m), wo uns der Bergwerksverwalter gastlich aufnahm. Am
zweiten Tage stiegen wir längs des Baches wohl noch 600 m aufwärts bis zu den Schneemauern des Mulhacen; Dipteren gab es
leider noch sehr wenig, doch entschädigten uns für die Mühe ungefähr 700 Koleopteren. Am dritten Tage gingen wir wieder den
gleichen Weg zurück. Die kleinen Wasserfälle, die Pappelhaine am
Genilufer und die blumigen Raine der unteren Weghälfte lieferten
manche interessante und neue Arten, doch war leider auch hier,
wie in Mitteleuropa, durch den ungewöhnlich langen und rauhen
Winter die Flora und Fauna stark im Rückstande. — Am 3. Mai
besuchten wir selbstverständlich den Wunderbau der Alhambra und
sammelten einige Zeit auf den Höhen oberhalb desselben. — Am 4.
fuhren wir nach Moreda, wo wir den fünfstündigen Aufenthalt zu
einer Durchstreifung der steinigen Felder und der mit wohlriechen-
den Labiaten bedeckten Hügel nicht ohne Erfolg benützten. Durch
trostlose Öden ging es dann nordwärts weiter in das fruchtbare
Tal des Quadalquivir und am nächsten Tage in das Mineralbad
Aliseda, das mitten in der Sierra Morena liegt, rings umgeben von
blühenden *Cistus*-Hainen. Ungünstiges Wetter trieb uns schon am
nächsten Tage an das Meer nach Alicante. Hier war ein ergiebiges
Feld für unsere Tätigkeit. Die mit duftenden Kräutern — meist
Labiaten — bewachsenen Abhänge des Festungsberges und seiner
Umgebung, die langgestreckten Gestade des Meeres, die schon ganz
reifen Saatfelder, die westlich von der Stadt gelegenen Olivengärten
und ein ziemlich ausgedehnter Palmenhain lieferten am 7. und 8. Mai
schöne, teilweise erst aus Nordafrika bekannte Dipteren. Noch viel
reicher aber waren die riesigen Palmenhaine der nahe gelegenen
Stadt Elche, welche wir am 9. und 10. durchstreiften; auch die jetzt

ausgetrockneten, mit üppigem Graswuchs bekleideten Gräben und Flußbette lieferten manches Interessante.

Am 11. Mai begaben wir uns nach Encina, dessen Umgebung wir vier Stunden lang durchforschten, am 12. nach der hochromantischen, uralten Stadt Jativa, deren Festungsberg wir mit geringem Erfolge bestiegen. Am 13. Mai zurück nach Barcelona, wo sich mein Gefährte verabschiedete, um die Heimreise anzutreten. Ich aber wollte die auf meiner zweiten Reise in Catalonien besuchten Punkte nochmals berühren und fuhr daher am 14. nach der pittoresken Station Monistrol, von da mit der Zahnradbahn zu dem berühmten Kloster des Montserrat, um von dort die höchste Spitze (ungefähr 1300 m) zu erreichen; die Ausbeute daselbst war befriedigend. Auch in Monistrol durchstreifte ich mit reichem Erfolge die prächtigen Pinienwälder, Ölgärten und Wiesen am Ufer des blauen Llobregat.

Am 17. Mai fuhr ich über Barcelona nach San Celoni, um zum zweitenmale den 1850 m hohen Montseny zu besteigen. Leider aber war die Vegetation am 18. und 19. Mai nicht weiter vorgeschritten als vor drei Jahren am 17. April, so daß die Ausbeute der Hochregion fast gar nichts neues und wenig altes bot.

Am 20. Mai fuhr ich über Empalme nach Malgrat, um nochmals auf den sandigen oder sumpfigen Strandwiesen, in den kleinen Eichen- und Pinienwäldern mein Glück zu versuchen und nochmals — wie damals — unter der Unfreundlichkeit der Bewohner zu leiden. Nomen est omen! Dann ging es heimwärts.

Die von uns besuchten Standorte gehören teils zur Provinz Andalusien (14. April bis 6. Mai), teils zur Provinz Valencia (Alicante, Elche, Encina, Jativa, 7.—12. Mai), teils zu Catalonien (Monistrol, Montserrat, San Celoni, Montseny, Malgrat, 14.—22. Mai).

Unsere Bemühungen, größere Dipteren durch Einzelnfang zu erbeuten, waren leider nicht von besonderem Erfolge, weil die Natur im April und Mai dieses Jahres noch zu wenig vorgeschritten war; wir mußten uns daher meistens auf das Köschern kleinerer Tiere verlegen. Hingegen erhielt ich auch viele größere Tiere — teils zur Bestimmung, teils im Tausche — von mehreren spanischen Entomologen: **Georg Lauffer** in Madrid (L), **Encobert Arias** (A), **Selgas** (S), **Tabarda** (T), **Josè Mª Dusmet y Alonso** in Madrid

(D).[1]) — Einzelne Beiträge lieferten noch die Herren: **A. Sanz, Varela, Bolivar, Escalera.**

Herr Abt Leander Czerny übernahm die Bearbeitung der von uns und Herrn Dusmet gesammelten Conopidae und Muscidae acalypterae, während ich die übrigen Familien determinierte. Die Anordnung bleibt der Konformität halber dieselbe wie im I. und II. Teile, nur stelle ich jetzt die Nematocera voraus. Der II. Teil endet mit der Nr. 1019; die in diesen beiden Teilen noch nicht aus Spanien erwähnten Arten werden daher von 1020 an weiter numeriert; die schon in I und II vorkommenden Arten erhalten zur Erleichterung des Nachschlagens die daselbst gegebenen Nummern und die Ziffern I oder II in Klammer. Von Synonymen und Zitaten wird abgesehen, da ja der jetzt schon vollständig erschienene „Katalog der paläarktischen Dipteren" von Becker, Bezzi, Kertesz und Stein ohnehin alles Nötige enthält. In der Nomenklatur folgen wir meist diesem Kataloge oder fügen wenigstens den dort neu eingeführten Namen dazu.

Abkürzungen: L = Laufer, A = Arias, S = Selgas, T = Tabarda, D = Dusmet, Cz = Czerny, St = Strobl.

Fundorte, welche schon in den beiden ersten Teilen angeführt sind, werden hier nicht mehr erwähnt.

Bibionidae.

(366, I, II.) *Scatopso brevicornis* Mg. San Fernando, San Celoni, Malgrat (St); Escorial (L).

(367, I, II.) *tristis* Staeg. f. *obscuritarsis* Str. San Fernando (St).

1020. *cingulipes* m. 1 mm. ♂, ♀. *Nigra pedibus rufobrunneis, subannulatis, tibiarum tarsorumque basi albida; alae albidae venis anticis brevibus, valde approximatis; furca longa, apice late aperta.* Algeciras, 20./4., Monfalcone ad mare, 27./7. 3 ♂♀.

Durch geringe Größe, Färbung der Beine und an der Spitze weit geöffnete Gabel leicht erkennbar. — Noch etwas kleiner als *brevicornis*, schwarz, fast matt, nur die Schwinger rotgelb und die Beine größtenteils rotbraun; die Basis der Schienen und die ersten Tarsenglieder weißlich; die Schenkel

---

[1]) Die Beiträge dieser Herren stammen nicht aus Südspanien, sondern aus den Provinzen Neucastilien (L, A, S). Asturien, Galicien und Estremadura (T, D).

an der Spitze schwarzbraun und die Schienen hinter der weißlichen Basis
mit einem schwarzbraunen Ringe; die Hinterschienen mäßig breitgedrückt.
Fühler sehr kurz und dick, wie bei *brevicornis*. Der Hinterleib ist ziemlich
flachgedrückt, nach Basis und Spitze verschmälert, mit unscheinbaren Hypo-
pygialanhängen; beim Exemplare aus Algeciras ist der letzte Ring ganz auffallend schmäler und röhrenförmig, mit zwei winzigen Analläppchen, daher
ich dieses Tier für das ♀ halte; die beiden Exemplare aus Monfalcone bei
Triest zeigen diese auffallende Bildung nicht und sind wohl ♂. — Die Flügel
sind weißlich glashell; die erste und dritte Längsader verlaufen — fast genau
wie bei *brevicornis* — knapp nebeneinander, sehr nahe dem Vorderrande und
fast genau parallel; die dritte mündet in der Mitte des Vorderrandes. Die
blasse vierte Längsader entspringt genau an der Verbindungsstelle der kleinen
Querader mit der dritten Längsader und ist lang gegabelt; der Gabelstiel
besitzt nur ungefähr $1/_3$ der Gabellänge. Die beiden Gabelzinken verlaufen
anfangs fast parallel; im Beginne des letzten Drittels aber biegt sich die
obere Zinke ziemlich nach oben, die untere aber stark nach unten, so daß die
Spitze der Gabel weit geöffnet ist. Die sechste Längsader ist stark doppelt
geschwungen.

(369, I, II.) *Dilophus femoratus* Mg. var. *andalusiacus* Str.
Oberes Genital (Cz), Escorial (L).

(370, I, II.) *tenuis* Wied. Puerto del Pico in der Sierra de
Gredos (L); das eine ♀ besitzt einen normalen Kopf, beim zweiten
♀ sind Rüssel und Schnauze stark verlängert; letzteres entspricht
genau der Beschreibung des *lingens* Loew (♀ aus Rhodus). Ich halte
daher *lingens* nur für eine Form des *tenuis* mit — vielleicht abnorm
— verlängertem Kopfe.

Var. *minor* Str. Hochregion des Montserrat (St).

Var. *ternatus* Loew. Escorial (L). Der ganze Thorax — mit
Ausnahme einiger Hüftflecke — alle Schenkel und die Vorderschienen gelbrot. Diese Exemplare entsprechen genau meinen ♀
des *ternatus* Loew aus Dalmatien, sind aber sicher nur eine lichtere
Varietät des *tenuis*.

(898, II.) *vulgaris* Mg. Escorial, Puerto del Pico in der Sierra
de Gredos, 15./7. (L); Provinz Orense Galiciens (T).

(371, I, II.) *Bibio marci* L. Montseny (St); Toledo, La Granja (L).

(372, I, II.) *hortulanus* L. Tarifa, Granada, Moreda, Bobadilla,
Encina (Cz, St); Cañizares, La Granja, Escorial, Coruña, Sierra de
Gredos (L, A, S).

(374, I, II.) *Johannis* L. var. *nigrifemur* Str. Madrid, Sierra
de Gredos (A, D, L).

Forma *typica:* Nur die vier vorderen Schenkel größtenteils dunkel, die Hinterschenkel fast ganz rotgelb. Einige ♂ besitzen fast ganz schwarze, nur vor der Spitze etwas rotgefleckte vordere Schenkel, bilden also einen Übergang zur var. *nigrifemur.* Oberes Geniltal bis zur Hochregion häufig (Cz, St).

(900, II.) *Laufferi* Str. Oberes Geniltal bis zur Hochregion, häufig (Cz, St).

Simuliidae.

(375, I, II.) *Simulia ornata* Mg. Escorial und Chinchon (L, D).

(902, II.) *reptans* L. Oberes Geniltal (St).

Orphnephilidae.

Orphnephila testacea Rth. Im oberen Geniltale nebst var. *obscura* Zett. (Cz, St).

Mycetophilidae.[1]

(382, II.) *Sciara Thomae* L. Escorial (L); Baños (Juni) (D).

(382, I.) Var. *nevadensis* Str. Hochregion des Montserrat (St); Escorial (L).

(914, II.) *obscura* W. Oberes Geniltal (Cz, St); Escorial und Sierra de Gredos (L).

(915, II.) *dubia* W. Malgrat (St).

(385, II.) *brunnipes* var. *cinerascens* Gr. Tarifa, San Fernando, Elche, Monistrol, oberes Geniltal (Cz, St). Das Hypopyg des ♂ ist meist ± rot, besonders auf der Unterseite; die Färbung der Beine wechselt von rotbraun bis schwarzbraun. Ist sicher nur als Varietät der *brunnipes* mit der Flügelspitze näher liegender Spitze der unteren Gabelzinke aufzufassen; auch *annulata* Mg. läßt sich von *brunnipes* oft nicht sicher unterscheiden und dürfte auch nur eine Varietät derselben sein.

1021. *longiventris* Zett. Hochregion des Montserrat (St).

1022. *gregaria* Bel. San Celoni (St).

(389, I, II.) *quinquelineata* Macq. Algeciras (St); Escorial (L).

(390, I, II.) *tenella* W. und var. *albinervis* W. Oberes Genil-tal (Cz, St).

---

[1] Bestimmungen hauptsächlich nach Winnertz und Grzegorzek.

(392, I, II.) *strenua* W. var. *villica* (W. als Art), aber sicher nur Zwergform von *strenua*. Algeciras (St).

(393, I, II.) *tristicula* W. Oberes Genital bis zur Hochregion, Montserrat (Cz, St).

(395, I, II.) *macilenta* W. Escorial (L).

(397, I, II.) *silvatica* Mg. Escorial (L).

(917, II.) *monticola* W. Alicante, San Celoni (St); Madrid, Escorial (S, L).

(400, I.) *falsaria* W. Auf Adlerfarren unter Eichen bei Algeciras, Jativa, Hochregion des Montserrat (St).

1023. *basalis* W. Algeciras (St).

(402, I, II.) *triseriata* W. Oberes Genital (St), Escorial (L).

1024. *Trichosia quadristrigata* m. 3 mm. ♀. *Nigra, flavopilosa halteribus pedibusque luteis; thorace cinereopruinoso striis 4 atris; alae flavescentes nervis brunneis.* In Pinienhainen bei Monistrol ein ♀ (St).

Diese Art unterscheidet sich von den drei Arten Winn. leicht durch die Färbung und Striemung des Thorax, von den drei von mir beschriebenen Arten ebenfalls leicht durch eine Reihe von Merkmalen; am nächsten dürfte ihr nach der Beschreibung *hirtipennis* Zett. stehen; doch nennt Zett. den Thorax undeutlich vierstriemig, die Thoraxbehaarung schwarz und die Flügel glashell.

Schwarz oder schwarzbraun sind: der Körper, die Fühler, Trochanteren und Tarsen; rotgelb die Schwinger, Schenkel, Schienen und Hüften; nur die Hinterhüften sind an der Basis dunkel angelaufen. Die Taster sind dunkel braungelb. Der ganze Thorax ist dicht graumehlig bereift; nur auf dem Rücken heben sich vier nackte schwarze Striemen scharf ab; die zwei Mittelstriemen sind stark genähert und erstrecken sich nur etwas über die Mitte, die zwei Seitenstriemen aber sind vorn stark verkürzt. Außerdem ist der Thoraxrücken — ausgenommen die vier Striemen — auch mit rotgelben aufstehenden Haaren besetzt; ebenso das graue Schildchen und der unbestäubte Hinterleib.

Die Flügel haben einen Stich ins Gelbgraue; die drei vorderen Adern sind stark, braun; die übrigen ziemlich unscheinbar. Das Geäder ist fast wie bei *Sciara brunnipes:* Die ganz gerade Unterrandader mündet nur wenig vor der Gabelwurzel in die Randader; die Querader steht etwas vor der Mitte der Unterrandader; die dritte Längsader (cubitus) ist vor der Mündung etwas wellig gebogen und ihre Mündung steht bedeutend weiter von der Flügelspitze ab als die Mündung der unteren Gabelzinke. Der Gabelstiel ist kaum angedeutet. Die schwärzliche Behaarung der Flügel ist — wie bei den übrigen Arten — locker, aber — mit Ausnahme der Flügelbasis — überall deutlich.

1025. *Mycetobia pallipes* Mg. Eichenwald bei Algeciras (Cz).

1026. *Bolitophila fusca* Mg. San Fernando (Cz).

(405, I.) *Macrocera fasciata* Mg. Oberes Geniltal, am Bache (Cz, St); Escorial (L).

1027. *centralis* Mg. Escorial (L). Der Zentralfleck der Flügel ist in mehrere kleine Flecke aufgelöst; also Übergangsform zu var. *tusca* Loew, bei welcher nur ein kleiner Fleck mehr vorhanden ist.

1028. *Platyura basalis* W. Escorial (L).

1029. *cincta* W. Montarco (A).

1030. *succincta* Mg. Palmenhain bei Elche, Monistrol (Cz, St).

1031. *Czernyi* m. 5 mm. ♂. *Simillima infuscatae W.; differt praecipue vena anali forti, fere integra; alarum apice tantum obscuro; tibiis metatarsisque anticis aequilongis.* Algeciras, in silvis, 1 ♂ (St).

Habituell sowie in Größe und Färbung fast identisch mit *infuscata*, aber durch die angegebenen Merkmale leicht unterscheidbar.

Kopf schwarz; nur die Stirn, die Taster und 2½ Wurzelglieder der kurzen, dicken Fühler rotgelb. Thorax rotbraun mit drei breiten, glänzend schwarzen Rückenstriemen, die mittlere durch eine feine lichte Linie geteilt. Brustseiten braun gefleckt; das Schildchen schwarzbraun. Hinterleib flachgedrückt, schwarz mit ziemlich breiten rotbraunen Hinterrändern des 2. bis 4. Ringes; der erste Ring ist seitlich rotbraun, der fünfte besitzt einen weißlichen Endsaum; die folgenden sind nebst dem stumpfen Hypopyg ganz schwarz. Hüften und Schenkel ganz rotgelb, die Schienen dunkler, die Tarsen fast schwarz, die Vorderferse kaum so lang als die Vorderschiene.

Die Flügel sind grau mit ziemlich breit verdunkelter Spitze; die Verdunklung beginnt bei der Mündung der oberen Zinke der dritten Längsader und wird nach unten allmählich schmäler und unscheinbarer. Die obere Zinke ist schief, etwas bogenförmig und mündet bedeutend vor der Mitte zwischen der ersten und dritten Längsader. Eine Querader zwischen den beiden Ästen der ersten Längsader ist vorhanden. Fast alle Adern sind schwarz und kräftig; auch die Analader ist fast bis zum Flügelrande deutlich, also nur wenig verkürzt. Die Randader reicht ziemlich weit über die Mündung der dritten Längsader.

1032. *Asindulum Halidayi* Loew. Festungsberg von Jativa, 1 typisches ♂ (Cz), identisch mit meinem dalmatinischen Exemplar.

1033. *brevimanum* Loew var. *hispanicum* m. 3·5 mm. ♂. Alicante, 7./5. 1 ♂ (St).

Von meinen zahlreichen steirischen Exemplaren der Normalform verschieden durch drei breite, in der Mitte zusammengeflossene, glänzend schwarzbraune Striemen des Thoraxrückens; die mittlere ist hinten stark verkürzt; die

seitlichen sind vorn stark, hinten wenig verkürzt. Außerdem ist die polster-
förmige Anschwellung an der Spitze der Vorderschienen nicht schwarz (wie
bei der Normalform), sondern rostgelb, bedeutend heller als die Schiene, schimmert aber ebenfalls, wie bei der Normalform, in gewisser Richtung silberweiß. Die Brustseiten sind dunkel gefleckt. Hinterleib fast ganz schwarz; nur
die vorderen Ringe tragen braunrote Endbinden. Am Hypopyg fallen zwei
kurze, länglichrunde, gespreizte Haltklappen auf, die bei der Normalform
zu fehlen scheinen. Vielleicht eigene Art, doch sehe ich sonst keinen nennens-
werten Unterschied.

1034. *Polylepta undulata* W. Montseny, 19./5. 1 ♀ (St).

(922, II.) *Lasiosoma thoracicum* Staeg. Palmenhaine von Elche,
10./5. (Cz).

(411, I.) *Boletina trivittata* Mg. Pappelhaine des oberen Geniltales (Cz).

(923, II.) *sciarina* Staeg. var. *trebevicensis* Str. Montserrat (St).

1035. *Neoglaphyroptera* (O. S. = *Glaphyroptera* W.) *unicolor*
W. Waldränder bei San Celoni, 19. 5. (St.)

1036. *Azana anomala* Staeg. var. *flavohalterata* m. Montserrat,
14./5. 2 ♂ (St).

Trotz der auffallenden Verschiedenheit der Schwingerfarbe stimmen
meine Exemplare so vollkommen mit der von mir aufgestellten var. *nigricoxa*
aus Bosnien, daß ich sie nur für eine Varietät der *anomala* halten kann.
Das Hypopyg ist etwas kürzer und breiter, die Haltzange deutlicher als bei
meinem bosnischen ♂; die Vorderferse etwas kürzer als die Vorderschiene.
Wie bei var. *nigricoxa* sind auch bei var. *flavohalterata* die Hüften teilweise
schwarzbraun, die Schenkel tragen unterseits eine schwärzliche Strieme und
die Spitze der Hinterschenkel ist schwarz. Das Geäder stimmt vollkommen
mit der Abbildung von Winn.

(415, I, II.) *Docosia valida* W. var. *flavicoxa* Str. Waldränder
bei San Celoni (St).

(419, I.) *Brachycampta bicolor* Macq. Waldränder des Montseny (St).

(929, II.) *Trichonta melanura* Staeg. Pappelhaine des oberen
Geniltales, 2./5. (St).

1037. *Exechia trivittata* Staeg. Pappelhaine des oberen Geniltales, 2./5. (St).

(428, I, II.) *fungorum* Deg. Oberes Geniltal und Hochregion
des Montserrat (St); Escorial (L).

(429, I, II.) *lateralis* Mg. Wälder bei Algeciras und Hochregion
des Montserrat (St).

1038. *Sceptonia nigra* Mg. Strand bei Ceuta (Nordafrika), 18./4. (St).

1039. *Mycetophila punctata* Mg. Eichenwälder bei Algeciras (Cz). (431, I, II.) *lineola* Mg. Wälder bei Algeciras, oberes Genital (Cz).

(935, II.) *bimaculata* Fbr. var. *Laufferi* Str. Hochregion des Montserrat, 14./5. (St).

(436, I, II.) *Cordyla fusca* Ltr. Pinienwälder bei Monistrol, 15./5. (St).

Chironomidae.

(937, II.) *Ceratopogon piceus* W. Algeciras (St).

1040. *bipunctatus* L. Haine bei Monistrol (St).

1040 b. *niger* W. Escorial, 2 ♂ (L).

(448, I, II.) *versicolor* W. Algeciras, San Fernando, Jativa, Monistrol: Normalform. Algeciras: var. *obscurus* W.

(940, II.) *brunnipes* Mg. Im oberen Geniltal eine Gebirgsform mit pechbraunen Beinen (St).

(941, II.) *flavolineatus* Str. Algeciras, Tarifa, ob. Geniltal (Cz, St).

(441 b, I, II.) *algecirensis* Str. Alicante, Jativa (St).

(945, II.) *quadrimaculatus* Str. Algeciras, 1 ♂, 4 ♀ (St).

Das noch nicht beschriebene ♀ stimmt in Geäder und in den meisten Merkmalen genau mit dem ♂, aber die Thorax- und Beinfarbe ist bedeutend lichter. Die gelbe Schultermakel ist viel größer, viereckig und auch der Eindruck vor dem Schildchen ist ± gelbbraun, so daß man auch den Thoraxrücken gelbrot mit drei breiten, in der Mitte zusammengeflossenen schwarzbraunen Striemen nennen kann; die Mittelstrieme ist vorn breit, rückwärts (in dem Eindrucke) schmal. Am Kopfe sind fast alle Augenränder gelbrot. Der schwarzbraune, pechglänzende Hinterleib zeigt bisweilen ziemlich breite, nur in der Mitte verdunkelte, aber nicht scharf begrenzte braungelbe Hinterrandsäume. Die Beine sind größtenteils gelbbraun; nur die Schenkelspitze ist breit, die beiden Schienenenden sind schmäler und die Tarsen ganz oder größtenteils schwarzbraun. Die Hinterklauen sind — wie beim ♂ — klein und gleich lang.

(444, I, II.) *flavipes* Mg. Tarifa, Monistrol; Normalform, aber meist mit ganz schwarzen Schienen (St).

Var. *flavoscutellata* Str. Algeciras, Tarifa, Monistrol (Cz, St).

Var. *flaviventris* m. Beine nur an den Gelenken schwarz; Hinterleib rotgelb mit regelmäßiger, ziemlich schmaler schwarzer Rückenstrieme. Algeciras, 1 ♀ (St).

Var. ♀. 4 mm. Die Hinterschenkel unterseits gegen die Spitze hin mit zwei deutlichen Dornen, während die Normalform ungedornte Hinterschenkel besitzt; sonst stimmt es mit der var. *flavoscutellata* überein. Tarifa, 1 ♀ (St).

1040. *leucogaster* Zett. Haine bei Monistrol, 15./5. (St).

1041. *Tanytarsus flavipes* Mg. Tarifa (St); Provinz Orense Galiciens (T).

(449, I, II.) *pusio* Mg. Escorial (L).

(949, II.) *latus* Staeg. Escorial (L).

1041 b. *gmundensis* Egg. Escorial, 2 ♀ (L).

1042. *Chironomus multiannulatus* m. 3·5 mm. ♀. *Similis maculipenni Mg.; differt femoribus biannulatis, tibiis omnibus uniannulatis; alarum maculis fasciam formantibus.* Monistrol, 1 ♀ (St); St. Charles in Algeria, ♀ (leg. A. Thery).

Kann wegen der zahlreichen Flügelflecke nur mit *maculipennis* verglichen werden, ist aber bedeutend kleiner und durch die angegebenen Merkmale sehr leicht davon zu unterscheiden. — Bei *mac.* besitzen alle Schenkel nur einen gelben Ring, bei *multiannulatus* aber zwei, da nur die Basis, Mitte und Spitze schwarzbraun sind; ferner besitzen umgekehrt bei *mac.* alle Schienen einen dunklen Mittelfleck, so daß sie zwei gelbe Ringe zeigen, während bei *mult.* der schwarze Mittelfleck fehlt, so daß sie nur einen breiten gelben Ring besitzen. Knapp an der Basis besitzen die hinteren Schienen allerdings noch einen kleinen gelben Ring, während bei *mac.* die Basis aller Schienen selbst schmal gelb ist. Alle Tarsen sind zierlich weiß und schwarz geringelt. Sehr auffallend ist auch die Verschiedenheit der Flügelzeichnung: Bei *mac.* sind die dunklen Flecke über die ganze Flügelfläche zerstreut; bei *mult.* aber ist das zweite Flügeldrittel von einer dunklen Binde bedeckt, die aber gegen den Hinterrand durch mehrere größere und kleinere lichte Flecke zerrissen erscheint; am Vorderrande liegt nur in der Unterrandzelle ein glasheller Mittelfleck. Die Randzelle selbst ist fast durchaus glashell. Das Basaldrittel der Flügel ist glashell mit einem dunklen Doppelfleckchen in der Mitte des Hinterrandes. Das Enddrittel der Flügel ist ebenfalls glashell, aber mit drei Flecken längs des Außenrandes, in jeder Zelle ein Fleck. — Thorax und Hinterleib sind — wie bei *mac.* — schwarz, der erstere mit weißer Bestäubung zwischen den Striemen, der letztere mit weißbestäubten Endsäumen.

(953, II.) *scalaenus* Schr. Escorial, 1 ♂ (L).

(450, I, II.) *histrio* Fbr. Tarifa, 2 ♂, 2 ♀ (St). Varietät: Mittel- und Hinterschenkel mit Ausnahme des weißen Pracapikalringes ganz schwarzbraun; die Mittelschienen sind nur an der Basis und Spitze dunkel, während die Hinterschienen auch einen dunklen Mittelring tragen. Durch diese Merkmale stimmen die Exemplare mit *albo-cinctus* Str., den ich jetzt nur für eine Varietät des *histrio* halte.

1043. *intermedius* Staeg. Escorial (L).

1043 b. *ferrugineovittatus* Zett. Escorial, 7 ♂, ♀ (L).

(955, II.) *aprilinus* Mg. Strand bei Alicante (St).

(451, II.) *annularius* Mg. Salinen von San Fernando, ♂ und ♀ häufig (Cz, St).

(452, I.) *flaveolus* Mg. Alicante (Cz), Madrid (A), Prov. Orense Galiciens (T).

1044. *riparius* Mg. Festungsberg von Jativa (Cz), Escòrial, häufig (L).

1045. *tentans* Fbr. Jativa (St).

1045 b. *dispar* Mg. Escorial, 1 ♂ (L).

(453, I, II.) *venustus* Staeg. Elche, Alicante (Cz, St), Escorial, Coruña (L, A).

(956, II.) *nigrimanus* Staeg. Algeciras (Cz).

(957, II.) *virescens* Mg. Escorial (L).

1046. *brevitibialis* Zett. An Bächen bei Tarifa (St).

(454, I, II.) *Metriocnemus albolineatus* Mg. Bäche bei Tarifa (St).

(455, I, II.) *modestus* Mg. Algeciras (Cz).

(458, I, II.) *Orthocladius variabilis* Staeg. San Fernando, Elche, am Montseny ♀ häufig, ♂ etwas seltener (St).

Var. *obscuripes* Str. Oberes Geniltal (St).

(459, I, II.) *alpicola* Zett. (?, die von mir l. c. erwähnte Form). Elche, Monistrol (St).

1047. *minutus* Zett. Jativa, 12./5. (St).

(960, II.) *atomarius* Zett. San Fernando, Montserrat (St).

(461, I.) *barbicornis* Fbr. Montseny (St).

(462, I, II.) *stercorarius* Deg. Tarifa, Monistrol, Malgrat, Montserrat (St).

(463, I, II.) *Camptocladius opacus* Mg. Tarifa, oberes Geniltal (St). Ist Übergangsform zu *Orthocladius* und von *stercorarius* oft schwer zu unterscheiden.

(464, I, II.) *aterrimus* Mg. Malgrat, Sierra Nevada (St).

(469, I, II.) *Cricotopus silvestris* Fbr. var. *ornatus* Mg. Mit der Normalform bei Malgrat (St); nur durch das ± gelbe Schildchen davon verschieden; Escorial (L).

(965, II.) *Diamesa Gaedii* Mg. Strand bei Tarifa (St).

1048. *Tanypus punctatus* Fbr. Flußufer bei Monistrol (St).

(472, I, II.) *choreus* Mg. Escorial (L).

1048 b. *nubeculosus* Mg. Escorial (L).

(967, II.) *carneus* Fbr. Madrid (A).

(968, II.) *monilis* L. Provinz Orense Galiciens (T); Escorial, häufig (L).

1049. *signatus* Zett. Puerto del Pico der Sierra de Gredos (L).

Culicidae.[1])

1050. *Corethra plumicornis* Fbr. Festungsberg von Jativa, 12./5. (St); Escorial (L).

1051. *Anopheles nigripes* Fbr. Escorial (L).

1051 b. *maculipennis* Mg. Escorial, 5 ♀ (L).

(475, I, II.) *Culex pipiens* L. Escorial, Sierra de Gredos (L), Provinz Orense Galiciens (T); um Escorial auch var. *ciliaris* (L).

1052. *ornatus* Mg. Escorial (L), Provinz Orense Galiciens (T).

1053. *vexans* Mg. Salinen von San Fernando (Cz), Elche (St), Madrid (A).

(970, II.) *annulatus* Mg. Elche (St), Madrid, Escorial (A, L).

(971, II.) *calopus* Wied. Escorial, ♀ (L).

1054. *spathipalpis* Rond. Escorial (L). Die Exemplare stimmen vollkommen mit den von mir aus Zara beschriebenen.

Dixidae.

(477, I, II.) *Dixa autumnalis* Mg. Tarifa, San Celoni (St), Escorial (L).

Psychodidae.

1055. *Phlebotomus Papatasii* Scop. Escorial, häufig (L).

1056. *Pericoma nubila* Mg. Oberes Genilthal (St).

1057. *Psychoda humeralis* Mg. Hochregion des Montserrat (St).

Tipulidae.

1058. *Ptychoptera contaminata* L. Pardo (A).

---

[1]) Bearbeitet nach Schin., II und der analytischen Tabelle Rond. in Soc. ent. ital., 1872, p. 29—31.

(479, I, II.) *Pachyrrhina maculata* Mg. Tarifa, Bobadilla, Jativa, San Celoni, häufig (Cz, St); Sierra de Guadelupe (L); meist die in Spanien vorherrschende Form mit dunklerem Randmale.

(480, I, II.) *lineata* Scop. Elche, Alicante, Jativa, San Celoni, Geniltal bis zur Hochregion, häufig (Cz, St); Madrid, Pardo (A, L).

(972, II.) *analis* Schum. var. *escorialensis* m. Die Flecke der Brustseiten sind nicht blaßbraun, sondern schwarz; die zwei hakenförmigen Anhänge des männlichen Hypopyg sind deutlich länger, schmäler und spitzer als bei meinem einzigen steierischen ♂; sonst sehe ich keinen Unterschied, daher wohl nur eine Varietät oder Rasse. Escorial, sehr häufig (L).

(973, II.) *castellana* Str. Provinz Orense Galiciens (T); auch von Dr. Villeneuve 2 ♂ aus Spanien erhalten.

Var. *croceiventris* m. Gleich der Normalform mit ganz schwarzen Brustseiten, aber der Hinterleib ist oberseits fast ganz safrangelb; nur die Mitte trägt eine in Längsflecke aufgelöste Strieme und die umgeschlagenen Seitenränder sind schwarz. Provinz Madrid, 1 ♀ (L).

1059. *crocata* L. var. *semiflava* m. Escorial, 1 ♀ (L).

Stimmt fast ganz mit der var. *luteata* (Wied. in Mg., I, S. 193 als Art, ein ♀ aus Portugal), nur ist am Hinterleibe die orangegelbe Färbung stärker ausgedehnt. Der 1.—4. Ring sind mit Ausnahme des schwarzen Seitenrandes und je einer schwarzen Makel auf der Mittellinie ganz orangegelb; die Mittelmakel des ersten Ringes liegt am Vorderrande, die der drei nächsten Ringe am Hinterrande; der Hinterrand oolbst ist fein schwarz gesäumt. Am fünften Ringe ist die ganze Hinterhälfte schwarz, die Vorderhälfte orangegelb; der 6.—8. Ring sind ganz samtschwarz, die Legeröhre dunkel rotbraun. Die 1. bis 4. Bauchschiene sind orangegelb mit sehr schmalen schwarzen Endsäumen, die folgenden sind schwarz. Var. *luteata* besitzt nach der Beschreibung am Bauche vier gelbe Binden, die Normalform aber nur drei Binden oder Fleckenpaare. Oberseits ist bei normalen ♀ der erste Ring ganz schwarz, der zweite schwarz mit orangegelber Mittelbinde, der 3.—5. schwarz mit orangegelber Vorderbinde, die am fünften Ringe auch auf zwei Seitenflecke reduziert sein kann. Es ist also var. *semiflava* die am meisten orangegelbe Varietät, während var. *luteata* in der Mitte steht. Sonst stimmen beide Varietäten bis auf einige unbedeutende Färbungsdifferenzen miteinander und mit der Normalform. Die Flügel der var. *semiflava* besitzen — wie bei der Normalform — eine deutliche Schattenbinde.

1060. *scalaris* Mg. var. *flavirostris* m. Provinz Orense Galiciens 1 ♀ (T).

Unterscheidet sich von meinen normalen ♀ durch ganz gelbe Schnauze (nur der Kopfstachel ist noch schwarz), viel kleinere dunkle Flecke der Brustseiten und ganz schwarzes Schildchen. Hinterleib und Beine sind noch etwas schlanker als bei der Normalform. Jedenfalls nur Varietät oder Rasse; auch *flavipalpis* Mg. kann ich nur als Varietät betrachten; ich besitze aber davon nur zwei ♂.

1061. *Tipula maxima* Poda. Carbellino, Juni (Varela), Escorial (L).

(974, II.) *triangulifera* Loew. Prov. Orense Galiciens (T).

1062. *Villeneuvii* m. 13—15 mm. ♂, ♀. *Ex affinibus irroratae Macq.; differt ab omnibus abdomine nigronitido, vitta dorsali et incisuris laete luteis.* Hispania, 1 ♂, 2 ♀ (mis. Dr. Villeneuve).

In der Thorax- und Flügelzeichnung zunächst verwandt mit *irrorata* var. *quadarramenis* Str., Span., II., Nr. 975; von allen mir bekannten gefleckt-flügeligen Arten aber durch die Hinterleibszeichnung auffallend verschieden.

♂. Taster, Fühler, Rüssel und der dicht grau bestäubte Kopf schwarz; nur das zweite Schaftglied fast ganz rotgelb. Fühler kaum von doppelter Kopflänge; alle Geißelglieder fast gleich lang, fast zylindrisch, mit wenigen kurzen Borsten; das letzte Glied aber winzig, die Fühler daher scheinbar 12 gliedrig. Der ganze Thorax nebst Schildchen, Hinterrücken und Hüften schwarz, dicht grau bestäubt; nur zwischen Schulter und Flügelwurzel sind die Brustseiten am Oberrande fahlgelblich. Thoraxrücken mit vier sehr deutlichen matten, schwarzbraunen Striemen; die einfärbigen Mittelstriemen reichen nur bis zur Quernaht, sind vorn fast oder wirklich miteinander verbunden und rückwärts einander stärker genähert; die Seitenstriemen besitzen einen grauen Kern und reichen fast bis zum Schildchen. Die Schwinger sind gelbbraun mit verdunkelter Basalhälfte des Knopfes.

Der Hinterleib ist fettglänzend schwarz mit ziemlich breiter, lebhaft rotgelber, gut begrenzter, durchlaufender Mittelstrieme und sehr deutlichen ebenso gefärbten Endsäumen; der Endsaum des ersten Ringes nimmt fast die Hinterhälfte ein, die übrigen sind ziemlich schmal. Das größtenteils rotgelbe Hypopyg ist klein, nicht breiter und nicht viel dicker als die Segmente, ganz ohne besondere Auszeichnung. Die obere Endlamelle ist kurz, quer, in der Mitte des Endrandes flach ausgerandet, so daß zwei kurze dreieckige Vorsprünge entstehen. Die untere Endlamelle ist flach bogenförmig abgerundet und die Mitte der Abrundung steht etwas ab. Die seitlichen Endlamellen besitzen eine etwas vorspringende abgerundete Oberecke, die mit ziemlich dichten, kurzen, schwärzlichen Haaren gewimpert ist; sonst ist das Hypopyg fast unbehaart. Die inneren Appendices sind unscheinbar und angedrückt, daher sich ihre Form nicht genauer bestimmen läßt.

Die Beine sind mäßig lang, ziemlich dünn; die Schenkel rotgelb, nur ungefähr das Endsechstel etwas verdickt und glänzend schwarzbraun; die dünnen Schienen werden gegen das Ende allmählich dunkler und die Tarsen sind ganz dunkel.

Die Flügel sind grau mit ziemlich vielen weißlichen Flecken, fast wie bei *irrorata* var. *quadarramensis:* ein glasheller Fleck an der Spitze der Lappenzelle; einer in der Mitte und zwei am Flügelrande der Axillarzelle; einer vor und einer hinter der Mitte der Analzelle; einer hinter der Mitte der hinteren Basalzelle und einer am Ende derselben, der mit dem glashellen Fleck der fünften Hinterrandzelle sich verbindet (bei einem ♀ fehlt aber dieser und auch die fünfte Hinterrandzelle ist fast ganz dunkel); ferner ein bis in die Diskoidalzelle reichender Vorderrandfleck vor und eine größere, schlecht begrenzte weißliche Stelle gleich hinter dem Randmale. Die vierte Hinterrandzelle bleibt ganz oder fast ganz dunkel. Der Gabelast der ersten Diskoidalzelle ist beim ♂ fast so lang als die untere Gabelzinke, bei den zwei ♀ aber viel kürzer. Die obere Zinke der zweiten Längsader ist kräftig und vollständig.

Das ♀ unterscheidet sich vom ♂ nur durch den kürzeren Gabelast der ersten Diskoidalzelle, die noch etwas kürzeren Fühler und die Legeröhre: sie ist glänzend rostrot, kurz, nur etwa so lang als die verkürzten letzten drei Rückenschienen (7.—9.) zusammen; die zwei oberen Legeklappen sind wenig länger als das Basalstück (= 10. Schiene), aus mäßig breitem Grunde allmählich verschmälert, in der Endhälfte schmal lineal mit abgerundeter Spitze; die unteren Legeklappen erreichen nicht die Hälfte der oberen, sind etwas breiter und an der Spitze ebenfalls abgerundet.

(976, II.) *lateralis* Mg. Provinz Orense Galiciens (T).

(978, II.) *oleracea* L. Montseny (St), Prov. Orense Galiciens (T).

1063. *nitidicollis* m. 10 mm. ♂. *Thorace nitido, flavo, obscure trivittato: abdomine nitido, brunneo, subtus flavo; hypopygio rotundo, subtus appendice bifido; alis griseis, lunula albida minima.*

Festungsberg von Jativa, 12./5. 2 ♂ (Cz, St).

Durch geringe Größe, fast rein gelbe Färbung und den tief zweispaltigen Analanhang sehr ausgezeichnet und mit keiner europäischen Art näher verwandt; außer der *sarajevensis* Str. wohl die kleinste europäische Art. Hat mehr die Tracht einer *Pachyrrhina*, gehört aber wegen der gestielten oberen Diskoidalader und der ziemlich weit hinter dem Ursprunge der zweiten Längsader mündenden Hilfsader zu *Tipula*.

Scheitel grau bestäubt, matt. Rüssel rotgelb, ziemlich glänzend; Fühler und Taster dunkel, nur die zwei Schaftglieder rotgelb und auch das erste Geißelglied etwas rötlich; die Geißelglieder ungefähr viermal so lang als breit und fast genau zylindrisch; an der sehr wenig verdickten Basis mit einigen langen Wimpern, sonst sehr kurz und dicht abstehend behaart.

Thorax fast rein gelb, glänzend, mit drei breiten, scharf begrenzten, geraden, glänzenden, braunschwarzen Striemen; die Mittelstrieme rückwärts, die Seitenstriemen vorn verkürzt. Die Mittelpartie des Hinterrückens braun; Schwinger durchaus dunkel. Der Hinterleib oben glänzend braun, unten rein gelb. Die letzten Ringe verkürzen und verbreiten sich bedeutend und das fast kugelförmige Hypopyg schnürt sich ziemlich vom Hinterleibe ab. Die Endlamellen sind größtenteils glänzend braun, die inneren Partien aber gelb; alle schließen ziemlich enge zusammen und zeigen keine besondere Auszeichnung; nur die untere Endlamelle trägt ein abstehendes, tief dreieckig ausgeschnittenes Plättchen; die beiden Abschnitte sind gleichseitig dreieckig und mäßig lang behaart; auffallendere Haarbüschel fehlen gänzlich. Die obere Endlamelle ist viel breiter als lang, fast gleichbreit quer rechteckig, aber ziemlich gewölbt. Die beiden Seitenlamellen sind bedeutend länger als die obere Endlamelle und ebenfalls stark konvex. Die oberen und mittleren Anhänge ziemlich schmal bandförmig, nur letztere etwas gegen die Spitze verbreitert, alle aufstehend und an das Hypopyg angedrückt; unterhalb derselben ragen zwei längere, dünne, griffelartige Organe nach rückwärts vor (die unteren Anhänge?).

Die Beine sind zart und lang, die Schienen länger als die Schenkel und die Tarsen länger als die Schienen. Die Hüften sind rein gelb, die Schenkel etwas dunkler, die Schienen noch dunkler und die Tarsen ganz schwarz.

Die Flügel sind fast einfärbig grau, nur vor dem mehr bräunlichen Randmale liegt eine kleine glashelle Stelle. Die kleine fünfeckige Diskoidalzelle ist kaum länger als breit. Der Gabelstiel beträgt ungefähr $1/4$ der nicht bauchigen Gabel; die Gabeläste laufen parallel.

(979, II, ♂.) *pseudocinerascens* Str., *cinerascens* Str., non Loew. Granada, Encina (Cz), Monistrol (St), Pardo (L).

1064. *bifasciculata* Loew. Provinz Orense Galiciens, ♂ (T).

1065. *jativensis* m. 17 mm. ♂. *Simillima bifasciculatae; differt praecipue lamina hypopygii infera tres pilorum fasciculos gerente, appendicibus intermediis bispinis.* Jativa, 12./5. 1 ♂ (St).

Habituell und in der Färbung von *bifasciculata*, die ich aus der Balkanhalbinsel besitze, kaum zu unterscheiden, so daß die Beschreibung Loews fast vollkommen stimmt: Die zwei Schaftglieder rotgelb, die Geißelglieder braunschwarz, nur das erste lichter. Fast der ganze Körper ockergelb; nur der Thoraxrücken ziemlich deutlich grau bestäubt mit vier dunkleren Striemen, auch die Brustseiten und Vorderhüften teilweise grau. Hinterleib mit einer dunklen Rückenstrieme und schmalen, unterbrochenen dunklen Seitenstriemen. Das Hypopyg außen rotbraun und etwas grau bestäubt, innen rotgelb; es ist ziemlich groß, so daß der Hinterleib keulenförmig erscheint. Die letzten fünf Rückenschienen nehmen — wie bei *bifasciculata* — allmählich an Länge ab und auch die obere Endlamelle ist fast identisch gebildet; nur liegt innerhalb des Seitenzahnes noch ein kleinerer, breiterer, stumpfer. Auch die Seitenlamellen und die untere Endlamelle zeigen kaum eine Abweichung; letztere trägt aber in der Mitte des Endrandes nur einen, dafür aber auf jeder der vorspringenden Seitenecken auch noch einen fast ebensolangen Haarbüschel;

letztere zwei stehen innerhalb des Mittelbüschels; *bifasciculata* besitzt nur in der Mitte des Endrandes zwei fast verschmolzene, etwas kürzere Haarbüschel. Die oberen und unteren Anhänge sind fast wie bei *bifasciculata*; erstere schmal, fadenförmig; letztere halbrund, knospenförmig, mit langer gelber Behaarung. Die viel längeren mittleren Anhänge zeigen aber nicht — wie bei *bifasciculata* — zwei abgerundete Vorsprünge, sondern am Oberrande zwei scharfe, dreieckige Zähne, der äußere doppelt so lang als der innere. — Die Flügel sind wie bei *bifasciculata* und *ochracea* beschaffen.

1066. *albostriata* m. ♂ 15, ♀ 18 mm. *Simillima cinerascenti Loew; differt ab omnibus cognatis cellula posteriore basali albostriata.* In Pinienhainen und Ölgärten bei Monistrol, 15./5. 3 ♂, 1 ♀ (St).

♂. Die grauen Flügel besitzen gleich den verwandten Arten einen weißlichen Mond, der die Basalhälfte oder das Basaldrittel der Diskoidalzelle ausfüllt, aber nicht weiter nach unten reicht; unterscheiden sich aber von allen durch eine weißliche, fast gleich breite Strieme der hinteren Basalzelle, welche die fünfte Längsader begleitet; diese Strieme nimmt an der Basis der Basalzelle fast ihre ganze Breite ein, an der Spitze aber nur ungefähr den dritten Teil derselben, da hier die Basalzelle viel breiter wird. Sonst stimmt die Färbung fast ganz mit *cinerascens*: Kopf, Thorax und Hüften fast durchaus grau bestäubt; nur der Rüssel und die zwei Schaftglieder rotgelb; auch die Basalglieder der Taster, die hinteren Brustseiten und der Hinterrücken samt Schildchen etwas rotgelblich; die mittleren Brustseiten weißgrau. Hinterleib eigentlich rotgelb; aber mit drei so breiten schwarzbraunen Striemen, daß die Grundfarbe nur streifen- oder fleckenartig auftritt.

Das Hypopyg ist nicht größer als bei *cinerascens*, aber ziemlich abweichend gebaut: Die obere Endlamelle ist nämlich viel länger und schmäler, bis zur Mitte tief gespalten, so daß zwei lange, stumpf dreieckige Endzipfel entstehen. Die untere Endlamelle ist ziemlich zusammengedrückt und endet mit drei kleinen Vorsprüngen; einem kleinen rundlichen, der einen Haarbüschel trägt und zwei dreieckigen, etwas spitzen; zwischen der Spitze und dem Haarbüschel liegt — etwas nach innen — je ein kleines, flaschenförmiges, braunrotes Organ, das in einen ziemlich langen, gekrümmten Dorn ausgeht. — Die oberen Anhänge sind klein, fadenförmig, gegen die Spitze kaum verbreitert. Die mittleren Anhänge bestehen — ungefähr wie bei *cinerascens* — aus zwei nach oben gerichteten eiförmigen, blassen, durchscheinenden Plättchen und zwei nach abwärts gerichteten, an der Spitze dicht behaarten, mehr flaschenförmigen Organen.

Das ♀ unterscheidet sich — abgesehen von der Flügelfärbung — dadurch auffallend von dem des *cinerascens*, daß die zwei unteren Lamellen der Legeröhre mindestens ebenso spitz sind als die zwei oberen; letztere ragen nur mit der Endhälfte ihrer Länge über die unteren vor. Bei *cinerascens* sind die unteren Lamellen sehr stumpf und bedeutend kürzer.

(489, I.) *trifasciculata* Str. Escorial 6 ♂, ♀ (L), Madrid (S).

1067. *Selene* Mg. Escorial (D, L).

1068. *ochracea* Mg. Aliseda (Cz), Escorial (L).

1069. *longidens* m. ♂. Simillima ochraceae; differt praecipue *hypopygii lamina supera longe bidentata; appendicibus intermediis mucronatis, margine supero undulato-dentatis; appendicibus inferis inermibus; lamina infera semicirculariter producta, trifasciculata.* Monistrol, 15./5. 1 ♂ (St).

In Größe, Tracht, Färbung, Größe des Hypopygs und Flügelzeichnung fast identisch mit *ochracea*. Ebenfalls ganz ockergelb mit kaum merklicher grauer Bereifung des undeutlich gestriemten Thoraxrückens, mit drei rotgelben Basalgliedern der Fühler etc., aber durch das Hypopyg sehr auffallend verschieden:

Die obere Endlamelle ist nämlich bis über die Mitte gespalten; die zwei Abschnitte sind dreieckig und enden in einen scharfen Dorn. Die oberen Anhänge sind nicht breit eiförmig, sondern lang bandförmig, mit sehr langen sparsamen Haaren besetzt und an der nackten Spitze schwarz. Die mittleren Anhänge sind durchscheinend hornfarbig, noch etwas länger, auf der Oberseite mit zwei rundlichen und dazwischen mit einem dreieckig zahnförmigen Vorsprunge, an der Spitze mit einem scharfen Stachel. Zwischen denselben ragt nach rückwärts ein langes, durchscheinend hornfarbiges Organ vor, das an der Spitze einen Dorn und auf der Unterseite zwei gekrümmte Haken besitzt. Die unteren Anhänge sind etwas länger walzenförmig als wie bei *ochracea*, an der Spitze gegeneinander gebogen und enden mit einer etwas konkaven scharfrandigen Fläche, während diese Anhänge bei *ochracea* mit einem sehr langen, feinen Stachel enden. Auch das Ende der unteren Endlamelle ist sehr abweichend gebildet: Bei *ochracea* steht der mittlere Haarbüschel in einer kleinen Ausbuchtung, über welche die Seitenecken etwas vorragen; bei *longidens* aber auf einer halbkreisförmigen, weit über die Seitenecken vorragenden Platte. Diese Platte ist unterseits weiß, kahl, etwas konkav und an den Endrändern schwärzlich gerieft. Die Seitenecken tragen ebenfalls einen deutlichen Haarbüschel, während sie bei *ochracea* nur zerstreut langhaarig sind. Dafür fehlt die bei *ochracea* vorhandene lange und dichte Behaarung in der Mitte zwischen den beiden unteren Endanhängen.

1070. *peliostigma* Schum. Monistrol, 15./5., ♂ (St). Ist, wie Schiner angibt, von *ochracea* durch das Fehlen des plättchenförmigen Haarbüschels auf der Mitte des Unterrandes des Hypopygs unterscheidbar, sonst aber derselben vollkommen gleich.

(981, II.) *Limnobia nigra* Verr. var. *Laufferi* Str. Puerto del Pico der Sierra de Gredos (L), Hochregion des Montserrat, 14./5. (St).

(983, II.) *longicollis* Macq. Tarifa (St).

1071. *Dicranomyia dumetorum* Mg. Wälder bei Algeciras, Hochregion des Montserrat (St).

1072. *Tiefii* Str.. Escorial (L).

(495, I, II.) *croatica* Egg. Hochregion des Montseny, des Montserrat, häufig (St).

1073. *goritiensis* Mik. Algeciras (St). War bisher nur aus Görz und Italien bekannt. Durch die außergewöhnlich reiche Flügelfleckung von allen Arten dieser Sektion leicht zu unterscheiden; die Queradter zwischen der ersten und zweiten Längsader liegt nahe dem Ende des Randmales und ist länger als die ziemlich geradlinige, den Flügelrand nicht erreichende Fortsetzung der ersten Längsader.

(499, I, II.) *Molophilus obscurus* Mg. Oberes Geniltal, San Celoni (St), Escorial (L).

1074. *ochraceus* Mg. Escorial, Sierra de Gredos (L).

(502, I, II.) *Erioptera fuscipennis* Mg. Tarifa, Hochregion des Montserrat (St).

1075. *lutea* Mg. Escorial (L).

(503, I, II.) *Gonomyia tenella* Mg. Bei Escorial an der Fuente Teja (L).

1076. *cincta* Egg. Escorial (L).

1077. *alboscutellata* Ros. Escorial (L), Prov. Orense Galiciens (T).

(989, II.) *lateralis* Macq. Pardo (A).

(505, I, II.) *Symplecta punctipennis* Mg. Oberes Geniltal (Cz).

1078. *Dactylolabis gracilipes* Loew. Oberes Geniltal (Cz), Montseny und Montserrat (St).

Es gelang mir nicht, zwischen den steierischen und spanischen Exemplaren einen sicheren Unterschied aufzufinden; nur sind letztere etwas kleiner, die Axillarader ist gewöhnlich etwas verkürzt und endet etwas vor dem Ursprunge der zweiten Längsader.

1079. *Ephelia Czernyi* m. 7 mm. ♂. Algeciras (Cz). *Simillima marmoratae; differt alis multo angustioribus, maculis 2 apicalibus vix discretis.*

Ist wegen der mit zahlreichen Punkten besetzten Längsadern nur mit *marmorata* zu vergleichen und derselben in der Färbung der Flügel, Beine und des Körpers auch überaus ähnlich, so daß die ausführliche Beschreibung Schiners S. 550 fast vollkommen stimmt. Nur folgende Unterschiede sind hervorzuheben: Die Fühler sind dunkler, nur das dritte Glied deutlich rotgelb, bei durchfallendem Lichte allerdings auch die drei folgenden. Die vier braunen Thoraxstriemen sind schärfer begrenzt und bis zur Quernaht deutlich; hinter derselben sieht man nur drei, deren mittlere auch über das Schildchen und den Hinterrücken geht. Die Flügel sind kaum halb so breit als bei *marmorata;* am Vorderrande befinden sich — wie auch öfters bei *marmorata* — sieben größere Flecke; aber die zwei letzten (an den Enden der Gabel) sind größer und nur durch eine schmale glashelle Linie getrennt, während sie bei *marmorata* weit getrennt sind. Sonst ist die Zeichnung ziemlich identisch, nur daß wegen der Schmalheit der Flügel alle Punkte näher aneinander gedrängt sind und daher die Flügel bedeutend dunkler erscheinen. Die hintere Querader trifft die Mitte der Diskoidalzelle. Hypopyg und Beine bieten keinen bemerkenswerten Unterschied.

(508, I.) *Tricyphona immaculata* Mg. Ob. Geniltal, 2./5. (Cz).

1080. *Anisomera obscura* Mg. Algeciras (Cz, St). Ist schon durch die auffallende Länge des ersten Geißelgliedes von den übrigen Arten leicht zu unterscheiden.

1081. *nigra* Ltr. Escorial und Puerto del Pico in der Sierra de Gredos, häufig (L). Auch von Dr. Villeneuve aus Spanien erhalten.

Das ♂ ist ausgezeichnet durch Fühler von ungefähr Körperlänge mit vier fast gleich langen Geißelgliedern (nur das erste ist etwas länger und das vierte etwas kürzer), ganz schwarzen Körper, Fühler, Schwinger und Beine, schwärzlich tingierte, sehr dunkle Flügel. Loew erklärt diese Art als nicht zu ermitteln. Unter den von Loew beschriebenen Arten würde sie am besten noch mit *obscura* Mg. stimmen, bei welcher aber das erste Schaftglied mehr als die halbe Länge der ganzen Fühler beträgt.

Die Fühler des ♀ sind kaum doppelt so lang als der Kopf; das erste Schaftglied ist ungefähr so lang als die zwei folgenden gleichlangen zusammengenommen; das vierte ist wieder beträchtlich länger als das, dritte. Die Querader zwischen der ersten und zweiten Längsader steht unterhalb der Gabel in der Endhälfte des Gabelstieles, bald nahe der Gabel, bald wieder etwas mehr gegen die Mitte des Stieles. *An. aequalis* Loew ♀, das ich selbst aus Steiermark und Deutschland in Mehrzahl besitze, unterscheidet sich sicher durch bedeutend längere Fühler, viel lichtere Flügel, größtenteils braungelbe Schenkel; auch *saxonum* ♀ ist durch längeres erstes Geißelglied, viel lichtere Flügel und Schenkel, nicht rein schwarzen, sondern grau bestäubten, deutlich schwarz gestriemten Thorax sicher verschieden; letztere traf ich ebenfalls in Spanien (vide II, Nr. 992).

Stratiomyidae.

1082. *Nemotelus aemulus* Loew. Escorial (L). Zwischen den Beschreibungen des *aemulus* Loew, *pulcher* Loew und *cingulatus* Duf. — alle aus Spanien — finde ich wenig Unterschied, daher wohl alle drei zusammengehören; ebenso bilden *proboscideus* Loew und *longirostris* Wied. sicher nur eine Art, da die geringen Differenzen an meinen Exemplaren durch Übergänge verbunden sind. (512, II.) *Stratiomyia* (Subgen. *Hirtea*) *longicornis* Scop. var. *anubis* (Wied. 1830, Pleske 1900 als Art). Madrid (A), Tiermas (Sanz). Bei einem ♀ sind die gelben Hinterleibszeichnungen fast so groß wie bei *chamaeleon*, bei den anderen aber schmal und kurz. Dr. Villeneuve schrieb mir, daß diese Varietät sich auch in Südfrankreich finde, daß seine Exemplare identisch sind mit aus Algier erhaltenen und daß er sie für *anubis* Wied. halte. Sicher aber ist *anubis* nur eine südliche Rasse des *longicornis;* die Größe der gelben Flecke ist zu variabel, als daß man *anubis* spezifisch trennen könnte; andere Unterschiede sind nicht vorhanden.

(513, II.) *chamaeleon* L. Madrid (A).

1083. *cenisia* Mg. Villaverde bei Madrid, 2./6. (D).

1084. *hispanica* Pleske. Montareo, Pardo, San Fernando (bei Madrid) (A), Madrid und Villaverde (D), Tiermas (Sanz).

Die ♂ stimmen genau nach Pleske, die ♀ aber unterscheiden sich von seiner Beschreibung durch ganz schwarze Fühler und größtenteils gelbe Hinterhauptplatten, wodurch sie mit *flaviventris* Loew übereinstimmen; nur das ♀ aus Tiermas besitzt schwarze Hinterhauptplatten mit zwei gelben Streifen. Die schwarzen Querstriche der Unterseite des Hinterleibes aber hören — wie bei *hispanica* — weit vor dem Seitenrande auf. Nach meiner Überzeugung ist *hispanica* nur eine Varietät des *flaviventris* und durch Übergänge damit verbunden.

(515, II.) *Odontomyia flavissima* Rossi. Madrid, ein typisches ♀ mit ganz schwarzen Beinen (L); Pardo und Alberche, 3 ♀ (A, D), Varietät: Beine nicht ganz schwarz, sondern die vier hinteren Metatarsen fast bis zur Spitze gelbrot. Auch bei italienischen und dalmatinischen ♂ und ♀ kommt diese Färbung bisweilen vor.

1085. *annulata* Mg. Escorial, 20./6. (D).

1086. *Sargus cuprarius* L. var. *nubeculosus* (Zett.). Algeciras (Cz).

(518, II.) *Chloromyia formosa* Scop. Escorial, San Fernando, Villaverde, Cañizares, Madrid, Hervas nicht selten (A, D, S), Malgrat (St).

1087. *Microchrysa polita* L. Cortellas (Varela).

Tabanidae.

(520, II.) *Chrysops coecutiens* L. f. *meridionalis* Str. Algeciras (Cz), Escorial (L), Provinz Orense Galiciens (T).

1088. *marmoratus* Rossi. Elche und Monistrol, nicht selten (St).

(521, II.) Var. *perspicillaris* Loew. Monistrol mit der Normalform (St), San Fernando bei Madrid (A), Provinz Toledo (L).

1089. *quadratus* Mg. San Fernando bei Madrid (A).

1090. *Nemorius vitripennis* Mg. Villaverde bei Madrid, 18./6. (D).

(522, II.) *Pangonia maculata* Fbr. Cañizares (S); Spanien (mis. Dr. Villeneuve).

1091. *micans* Wied. Pardo, Escorial (L); ich besitze die Art auch aus Südfrankreich durch Dr. Villeneuve und von Korfu durch Erber.

(524, II.) *Escalerae* Str. Spanien, 1 ♀ (mis. Dr. Villeneuve).

(527, II.) *Haematopota italica* Mg. Escorial (L).

1092. *pluvialis* L. Madrid, Cañizares, Escorial, Baños (A, D, S, L), Provinz Orense Galiciens (T).

1093. *variegata* Fbr. Elche, 1 typisches ♀ (Cz); die Färbung der Fühler variiert. Die Varietät mit ganz schwarzen Fühlern ist *nigricornis* Big.; ich erhielt 4 ♀ dieser Varietät aus der Pariser Gegend durch Dr. Villeneuve als *variegata;* im Katalog d. pal. Dip. wird sie irrig als Varietät der *italica* aufgeführt.

1094. *Tabanus*[1]) *solstitialis* Mg. Madrid, ♂, ♀ (A); neu für Spanien.

(528, II.) *ater* Rossi. Madrid, Pardo, Villaverde, Tiermas, San Fernando bei Madrid, Escorial, Montarco, Baños auf *Thapsia villosa* (A, D, L, Sanz).

1095. *lunatus* Fbr. Madrid (A), Navalperal (Provinz Avila) (Escalera).

(530, II.) *nemoralis* Mg. Montarco, Madrid, Villaverde, Pardo, Escorial (A, D, L).

1096. *spodopterus* Mg. Pardo, Escorial, La Granja, Montarco (A, D, L).

(531, II.) *intermedius* Egg. Escorial (L), Aviles (D).

(532, II.) *sudeticus* Zell. Escorial an der Fuente Teja (L).

---

[1]) Alle Bestimmungen nach Brauers Monographie, 1880.

1097. *bovinus* L. Escorial (L), Pardo (D).

(535, II.) *glaucopis* Mg. var. *castellana* Str. Navalperal (Prov. Avila), ♂, ♀ (leg. Escalera, Sammlung Villeneuve). Beide besitzen den kurzen, dicken Aderanhang der oberen Gabelzinke. Das ♀ stimmt genau mit meinem Originalexemplar; das ♂ unterscheidet sich von der Normalform noch durch sehr deutlich, aber kurz behaarte Augen; sonst sehe ich keinen sicheren Unterschied.

1098. *bromius* L. Madrid, Escorial (A, L).

(533, II.) *rectus* Loew. Tiermas und Cañizares (Sanz, S).

(534, II.) *autumnalis* L. Pardo (A, L), Prov. Orense Galiciens (T).

1099. *cordiger* Wied. Madrid, Pardo, Escorial (A, Bolivar, L).

Nr. 1094, 1096, 1097, 1098 und 1099 werden in Br. nicht aus Spanien angegeben.

Nemestrinidae.

1100. *Nemestrina nitidissima* m. 15 mm, probosc. 9 mm. ♂, ♀. *Nigra, nitidissima; abdomine rubro (excepta basi, vitta dorsali et genitalibus); femoribus nigris, tibiis tarsisque rufis; capite rufescente, fronte lata, nigrofasciata; alis fumosis, apice reticulata.* Auf Steinen neben einem Palmenhain bei Alicante, 7./5. 1 ♂ (St), 1 ♀ (Cz).

Steht am nächsten der *Perezii* Duf. aus Madrid; doch unterscheidet sich diese nach der Beschreibung durch kürzeren Rüssel, rotfilzigen Körper, drei schwarze Endschienen des Bauches, rötlich pechbraune Beine und andere Kopfzeichnung; sonst stimmt sie fast vollkommen.

♂. Kopf halbrund; das Untergesicht geht wenig unter den unteren Augenrand hinab; Grundfarbe rötlich, aber die drei Ozellen sind durch eine ziemlich breite schwarze Strieme miteinander verbunden und vor der vorderen Ozelle liegt eine schwarze Querbinde. Auch das Untergesicht besitzt oben jederseits eine breite schwarze Längsstrieme, so daß nur die Seiten und eine Mittelstrieme rötlich bleiben. Die Fühler und ihr dreigliedriger Griffel sind rötlich, genau von der Form wie in der Zeichnung der *Perezii*. Der schwarze Rüssel ist bedeutend länger als der halbe Körper. Taster rötlich, aber teilweise, besonders an der Spitze, schwärzlich. Augen rotbraun; die inneren Augenränder konvergieren ziemlich stark nach rückwärts, so daß die Stirn vorn mehr und rückwärts weniger als $1/3$ der Kopfbreite beträgt.

Die ganze Unterseite des Kopfes und Thorax ist ziemlich lang und dicht schwarz behaart. Die Behaarung der Oberseite des Kopfes und Thorax ist kürzer, rötlichweiß, ziemlich schütter und meist halb abstehend, so daß die glänzend schwarze Färbung des Thorax und Schildchens durchaus nicht alteriert wird. Striemen oder Haarflocken sind nicht bemerkbar. Die Schwinger sind ganz schwarzbraun.

Der Hinterleib ist gewölbt, eiförmig, lebhaft rot, mit kurzer, blaßroter Behaarung; die zwei kurzen ersten Ringe sind schwarz, der erste schwarz behaart, der zweite mit einer unterbrochenen weißen Haarbinde. Der 3. bis 6. Ring besitzen eine ziemlich breite, nach rückwärts etwas verschmälerte schwarze Rückenstrieme. Das rundliche, mäßig große Hypopyg ist schwarz, rot gefleckt. — Die 2.—6. Bauchschiene sind durchaus rot. — Die Hüften sind schwarz und schwarzhaarig; die Schenkel schwarz mit roter Spitze, in der Basalhälfte schwarz-, in der Spitzenhälfte größtenteils rothaarig. Die Schienen und Tarsen rotgelb, doch letztere etwas dunkler. Das erste Tarsenglied ist an den vier vorderen Beinen deutlich kürzer, an den Hinterbeinen aber fast so lang als die übrigen zusammen.

Die Flügel sind in der Basalhälfte und am Vorderrande intensiv schwärzlich, am Hinterrande und im Spitzendrittel aber ziemlich glashell. Das ganze Spitzendrittel ist mit einem Netze von verschieden großen, viereckigen oder fünfeckigen (aber fast viereckigen) Zellen bedeckt.

Das ♀ stimmt fast vollkommen mit dem ♂; die wenigen Differenzen sind nur als Geschlechtsunterschiede zu betrachten: Die inneren Augenränder konvergieren nur wenig, so daß die Stirn auch rückwärts etwas mehr als $^1/_3$ der Kopfbreite besitzt. Die Behaarung des Thoraxrückens und Hinterleibes ist noch kürzer und durchaus anliegend; die Seitenränder der Rückenschienen sind ziemlich verdunkelt, so daß man fast von zwei Randstriemen sprechen könnte. Der schmale siebente und achte Ring, welche das Hypopyg bilden, sind ebenfalls durchaus schwarz, ebenso die zwei länglich ovalen Genitalläppchen am Ende des achten Ringes.

Bombyliidae.

(538, II.) *Lomatia Tysiphone* Loew (nicht *Tisiphone* pal. Cat.). Jativa (Cz), Provinz Orense Galiciens (T), Villaverde, Chinchòn, Montarco, Baños (A, D, L); bei La Granja 1 ♀ (leg. François, Coll. Villeneuve).

(540, II.) *Anthrax (Hemipenthes) morio* L. Escorial (L), Mondariz und Pardo (D).

1101. *maurus* L. Escorial an der Fuente Teja (L).

(541, II.) *velutinus* Mg. Pardo, 10./7. (D).

1102. *Polyphemus* Mg. Pardo und Montarco (A).

1103. *fenestratus* Fall. Luerches und Madrid (A), Mondaia, 3./7. (D).

(997, II.) *hispanus* Loew. Pardo (A), Escorial an der Fuente Teja (L), Provinz Orense Galiciens (T). Ist sicher nur eine Varietät des *fenestratus,* da es Übergänge in der Gesichtsfarbe und Behaarung gibt.

1104. *elegans* Wied. Madrid (A), Escorial, Pardo (L); Andalusien, 1 ♂ (mis. Dr. Villeneuve).

1105. *afer* Fbr. Algeciras, Tarifa (St), Madrid (A).

1106. *cingulum* Wied. Provinz Orense Galiciens (T).

(542, II.) *hottentottus* L., *flavus* Mg. etc. Granada, Hochregion
des Montserrat (St), Alicante (Cz); Madrid, San Fernando, Pardo,
Retiro, Cercedilla, Villaverde, Provinz Orense Galiciens (A, L, D, T).
Variiert stark; häufig ist die var. *bimaculata* Macq. Die Flügel
sind bald ganz glashell, bald ist der Vorderrand ± gebräunt.

1107. *niphobletus* Loew var. *castellanus* m. Escorial, 2 ♂ (L).
Körpergröße und Flügel ganz wie beim normalen *hottentottus;* aber die
Behaarung ist — mit Ausnahme der Stirn — durchaus weiß, selbst auf den
Seiten der letzten Ringe; dadurch stimmt er mit *niphobletus* Loew, den ich
durch Herrn Becker aus Griechenland besitze (2 ♀); doch fehlen auf den
letzten Ringen schwarze Stachelhaare gänzlich. Ich betrachte ihn daher vorläufig als spanische Rasse desselben; es könnten aber beide Formen Rassen
des *hottentottus* sein.

1108. *circumdatus* Mg. var. *alis prorsus hyalinis*. Algeciras,
ein 12 mm großes ♂ (Cz), Granada, ein 9 mm großes ♂ (St).
Beide mit silberweißem Schuppenfilz auf den Deckschüppchen und der
verbreiterten Basis der Randader; Stirn schwarzhaarig, nur vorn auch mit
eingestreuten blassen Haaren; hintere Augenränder weiß schimmernd, der
2.—4. Ring mit ziemlich deutlicher gelblicher, anliegender Haarbinde unter
den langen weißen, abstehenden Haaren; der zweite und dritte Ring seitwärts
rot gefleckt. Stimmt so ziemlich mit *dolosus* Jaen. aus Südfrankreich und
Spanien, der jetzt ebenfalls als Varietät des *circumdatus* betrachtet wird; doch
hat *dolosus* einen gebräunten Vorderrand der Flügel, während er bei unseren
Exemplaren fast vollkommen wasserhell ist.

1108 b. *cingulatus* Mg. Pardo, Madrid, Escorial (A, S, L).

1109. *Paniscus* Ross. Provinz Orense Galiciens (T).

1110. *Ixion* Fbr. Hervas in Estremadura, ♂ (D); stimmt genau
mit Exemplaren aus Dalmatien.

1111. *scutellatus* Mg. Alicante, Elche (Cz, St). Durch die zusammenstoßenden Augen des ♂ und die glänzend schwarze, kahle
Endhälfte des Schildchens ausgezeichnet. Stimmt genau nach Meigen;
die Vaterlandsangabe „Baiern" ist aber sicher unrichtig, da das
Tier seither nirgends in Zentraleuropa gefunden wurde. Nicht ab-
geriebene Exemplare sind am ganzen Thorax und Hinterleibe und
in der Basalhälfte des Schildchens mit feinen, kurzen, fast mehlartig

weißgrauen Flaumhärchen ziemlich dicht besetzt; ist das Schildchen abgerieben, kahl, so ist doch nur die Spitzenhälfte glänzend. Die Stirn des ♀ besitzt vorn ungefähr ¹/₃, rückwärts ¹/₄ der Kopfbreite, ist mäßig lang schwarzhaarig, in der Vorderhälfte aber auch mit eingestreuten kürzeren, dickeren weißlichen Schuppenhaaren. Die Querader steht genau auf der Mitte der Diskoidalzelle. Die Spitzenquerader besitzt bei zwei Exemplaren einen ganz kurzen Aderanhang. Schwinger rotgelb (nicht braun). Das übrige siehe bei Meigen.

(543, II.) *Argyramoeba etrusca* Fbr. Escorial (L).

1112. *anthrax* Schr. Algeciras (Cz), Escorial, Baños, Provinz Orense Galiciens (D, L, T).

(544, II.) *varia* Fbr. Escorial, 3 ♂, ♀ (L); stimmt genau mit Exemplaren aus Niederösterreich und dem kroatischen Litorale; *trinotata* Duf. halte ich für eine Varietät davon.

1113. *virgo* Egg. Escorial (L). Stimmt genau mit einem Pärchen, das ich aus Südfrankreich (Depart. Var) von Dr. Villeneuve erhalten habe.

1114. *subnotata* Wied. San Fernando bei Madrid, 22./4., Rivas, 6./5. (D, A). Stimmt genau mit Exemplaren aus Niederösterreich und Fiume. Beim ♂ sind die Flecke an der kleinen Querader und der Wurzel der Diskoidalzelle schwach, bei den ♀ aber sehr deutlich. Die Basis der zweiten Submarginalzelle ist ungefleckt mit Aderanhang, während bei meinen Exemplaren der *binotata* aus Fiume die Basis derselben gefleckt, aber ohne Aderanhang ist.

1115. *Hesperus* Rossi. Escorial (L).

1116. *Exoprosopa grandis* Wied. Escorial (L), Pardo, Madrid, Rivas, Montarco (A).

1117. *rivularis* Mg. Escorial an der Fuente Teja (L).

1118. *Algira* Fbr. Aus Andalusien 1 ♀ (mis. Dr. Villeneuve).

1119. *Aeacus* Wied. Madrid, Pardo, Los Molinos, Montarco (A).

1120. *rutila* Wied. Pardo (A).

1120b. *capucina* Fbr. Escorial, 1 ♀ (L).

(545, II.) *Minos* Mg. Escorial an der Fuenta Teja (L); stimmt genau mit meinen Exemplaren aus Ungarn und Dalmatien.

(546, II.) *italica* Mg. Pardo und Escorial (L, A).

Var. *Megaera* Wied. Die Spitze der ersten Unterrandzelle ist vollkommen schwarzbraun ausgefüllt, die Brustseiten sind ganz oder

10*

fast ganz schwarzbraun behaart; sonst stimmt sie mit *italica*. Escorial an der Fuente Teja (L); Mondarez, 3./7., Bayona, 15./7. (D).

1121. *stupida* Rossi. Prov. Orense Galiciens (T). Stimmt genau mit meinen Exemplaren von Korfu und aus Dalmatien. Im Katalog d. pal. Dip. steht irrig „Europa centr." anstatt „E. mer.".

1122. *Mulio infuscatus* Mg. Madrid (A), Villaverde, 14./6. (D).

(550, II.) *Bombylius ater* Scop. Malgrat, sehr häufig (St); Algeciras (Cz), Madrid, Pardo, Chinchón, Escorial, Montarco, Prov. Orense Galiciens (L, D, S, T).

(6, I, II.) *medius* L. Madrid (Bolivar, L.).

(6, I, II.) Var. *pictipennis* (Loew als Art) Str. Algeciras, im Geniltal oberhalb Granada (Cz, St); Pardo (L).

1123. *major* L. Villaverde, ein typisches ♂ (D).

(7, I, II.) *undatus* Mik var. *diagonalis* Wied. Prov. Madrid (L), Villaverde, Montarco (D).

(551, II.) *fimbriatus* Mg. Montserrat, 14./5., 1 ♂ mit fast isoliertem Endfleck des gegen das Ende sehr verwischten Randstreifen (Str.); bei Algeciras 1 ♂ mit bis zum Endfleck sehr intensivem Randstreifen (Cz).

(8, I, II.) *fuscus* Fbr. Madrid (A), Rivas, 21./5. (D); Algeciras, häufig (Cz, St).

(552, II.) *torquatus* Loew. Algeciras (Cz), Provinz Madrid (L). Beim ♀ ist die braune, bogenförmige Haarbinde am Vorderrande des Thorax recht intensiv, beim ♂ aber kaum angedeutet.

1124. *senex* Wied. Alicante, Jativa (Cz, St). Durch glashelle Flügel, die weit nach außen gerückte kleine Querader, ziemlich stark verdicktes erstes und sehr dünnes und langes drittes Fühlerglied leicht erkennbar. Der kleine Aderanhang an der Spitzenquerader ist öfters punktförmig, fehlt aber nur bei 1 ♂ auf einem Flügel. Die Behaarung ist bei allen ♂ und 1 ♀ weiß oder grauweiß, nur beim ♀ aus Jativa am Hinterkopfe und in der Vorderhälfte des Thorax rostgelb (= var. *deses* Mg. als Art); dieses ♀ besitzt auch größtenteils rotgelbe Schenkel, während bei allen übrigen Exemplaren die ganzen Beine schwarz sind mit violettem Schimmer. Da Meigen und Loew die Beine von *senex* und var. *deses* als ganz oder größtenteils rotgelb beschreiben, so bilden die Alicantiner Exemplare eine var. *violaceipes* m.

(998, II.) *venosus* Mik. Hochregion des Montserrat, San Celoni (St), Madrid, April (A), Provinz Orense Galiciens (T).

(553, II.) *cruciatus* Fbr. Escorial (nicht selten), Cañizares, Collado Mediano, Montarco, Baños, Hervas, Prov. Orense Galiciens (A, D, L, S, T).

1125. *fugax* Wied. Escorial (D).

1125 b. *nubilus* Mik. Pardo, ♀ (L). Stimmt genau mit Exemplaren aus Kalocsa.

1126. *fulvescens* Wied. Malgrat, 1 typisches ♂ mit fast ganz gelben, nur an der Basis etwas gebräunten Schenkeln (St); Villaverde, Pardo, Escorial, Madrid, Rivas, Baños, Mai, Juni (D, L).

1127. *Systoechus leucophaeus* Wied. Baños, Juni, Chinchòn, 24./5. (D), Cañizares (S); Pardo, Escorial (L).

(554, II.) (Subgen. *Anastoechus*) *nitidulus* Fbr. Escorial, besonders an der Fuente Teja (L), Bayona, August (D), Madrid (A).

(555, II.) *stramineus* Wied. Chinchòn, 7./5. (D). Das ♀ stimmt vollkommen mit dem von mir beschriebenen ♀, nur ist die dichte weißgelbe Behaarung des Körpers überall gut erhalten. Das noch nicht beschriebene ♂ ist etwas größer (11 mm); die Stirn, welche beim ♀ breiter als ein Auge ist, beträgt kaum ¼ der Augenbreite. Die Verdunklung aller Schenkel ist ausgedehnter, da nur ungefähr das Enddrittel rotgelb bleibt. Die weißgelbe Behaarung des ganzen Körpers ist womöglich noch dichter, langwollig, so daß die schwarze Grundfarbe nur wenig durchscheint. Die letzten Hinterleibsringe sind wie beim ♀ dichter und länger behaart als die vorderen, mit reichlicher eingestreuten dunkel braungelben, längeren und etwas stärkeren Haaren. Alles übrige wie beim ♀.

1128. *Dischistus minimus* Schrk. Escorial (L).

1129. *Geron gibbosus* Mg. Escorial, ♂ (L). Dem Fundorte nach könnte es var. *halteralis* Mg. (♀ aus Portugal) sein, allein ich fand keinen Unterschied von meinen Exemplaren aus Dalmatien etc.; höchstens, daß die Mittel- und Hinterschienen bis gegen die Spitze hin gelbbraun sind, während dieselben bei meinen normalen ♂ gewöhnlich dunkler, bisweilen sogar ganz schwarz sind.

(556, II.) *Plous virescens* Fbr. Alicante (St), Madrid, Pardo, im Mai, Villaverde, 13./5., Provinz Orense Galiciens (A, D, L, T).

(9, I, II.) *grisea* Fbr. Auf trockenen Hügeln bei Granada, Oberes Geniltal (Cz, St).

(10, I.) *fuliginosa* Wied. Tarifa, Elche (Cz, St).

(558, II.) *macroglossa* Duf. Obere Bergregion des Montserrat (St), Pardo (L).

1130. *Cyllenia maculata* Ltr. Auf Rainen bei Encina (St), Escorial, Ende Juni (D, L).

1131. *Amictus variegatus* Mg. Elche (Cz), Pardo (L), Escorial und Rio Alberche, 8.—28./6. (D).

1132. *Toxophora maculata* Rossi. Chinchón, Rio Alberche, San Fernando (bei Madrid), im Mai, Juni (A, D).

(561, II.) *Phthiria pulicaria* Mik var. *major* m. 4—6 mm. Auf Rainen bei Malgrat (St), Pardo (L), Rio Alberche, 8./6. (D).

Bedeutend größer als meine Exemplare aus Ungarn und Istrien, mit stärker vorspringender Stirn; beim ♀ ist das Schildchen nicht bloß an der Spitze, sondern fast in der ganzen Mittelpartie gelb. Die Adern der dritten Hinterrandzelle sind meist deutlich konvergent; dadurch sowie durch die oben angeführten Merkmale auch von *canescens* Loew, die mir übrigens nach meinen zahlreichen ungarischen, von Thalhammer erhaltenen Exemplaren eine bloße Geädervarietät der *pulicaria* scheint, verschieden. Der Hinterleib meiner spanischen Rasse ist beim ♂ stets einfärbig schwarz, beim ♀ entweder ebenso [f. *a*) *unicolor* m.] oder es sind die Segmente ± gelb gesäumt [f. *b*) *flavofasciata* m.]; diese Endsäume sind bald sehr deutlich, bald ziemlich unscheinbar oder nur an den Seiten deutlich, in der Mitte erloschen, daher sich eine scharfe Grenze zwischen beiden Formen nicht ziehen läßt. Die zweite Form beschrieb ich in Span., II, Nr. 561, als das ♀ von *scutellaris* Wied. Da aber Wied. ein ♂ mit weißlichem Schildchen beschreibt, alle meine zugleich mit den ♀ gefangenen ♂ jedoch ein ganz schwarzes Schildchen und überhaupt gar nichts Gelbes am Körper besitzen, so ist *scutellaris* eine andere Art. Die Flügel sind durchaus glashell, nur das Randmal gelbbraun.

1133. *umbripennis* Loew. Monistrol (St), Alicante (Cz), eine Varietät.

Mehrere ♂ stimmen so ziemlich mit der von Mik aus Spanien beschriebenen Varietät, da an den Vorderbeinen die Schenkelspitzen und ein Teil der Schienen rostbraun sind; andere ♂ aber besitzen ganz schwarze Beine (nur die äußersten Kniespitzen bleiben gelbrot). Die gelben Hinterleibsbinden sind bald ziemlich gleich breit, bald an den Seiten deutlich erweitert. Die Flügel sind nur bei einigen ♂ deutlich braun, bei anderen nur graulich glashell. Von der typischen *umbripennis* besitze ich leider nur ein ♂ (aus Zara), das mit einigen meiner spanischen ♂ fast vollständig stimmt. Das ♂ aus Alicante zeichnet sich aus durch eine bajonetförmige, sogar mit einem kleinen rücklaufenden Aderanhang versehene obere Zinke der Gabel (wohl nur individuelle Abweichung), stimmt aber sonst ganz mit normalen ♂ (Flügel etwas gebräunt, Beine schwarz, nur die vorderen Schienenwurzeln rotgelblich). — Bei den ♀ sind die Flügel grau; außer den vorderen Schienen sind auch die Schenkel größtenteils rotgelb. Der Kopf ist gelb, nur der Hinterkopf und eine breite Stirnstrieme schwarzgrau. Der schiefergraue, etwas dunkler gestriemte Thorax besitzt eine breite gelbe Seitenstrieme und größtenteils gelbe Brustseiten. Das schiefergraue Schildchen ist sehr breit gelb gerandet. Die Schwinger sind wie beim ♂ gelb mit schwarzbrauner Oberseite des Knopfes. Die gelben Hinterleibsbinden sind bedeutend auffallender, ja die ersten Ringe größtenteils gelb.

1134. *lacteipennis* m. 4—5 mm. ♂, ♀. Simillima canescenti Loew; ♂, ♀ differunt alis fere lacteis, corpore dense et longe albovilloso, furcae pedunculo longiore; ♀ thorace cano, unistriato, scutello immaculato. Alicante, auf trockenen Hügeln, 10 ♂, 2 ♀ (Cz, St).

Zunächst verwandt mit *canescens*, aber sicher verschieden. ♂: Etwas größer, ganz schwarz; der ganze Körper nebst den Hüften ziemlich dicht mit sehr feinen, langen, aufstehenden, weißen Wollhaaren, nur die Stirn mit langen schwarzen Haaren bekleidet; die weiße Behaarung der Schenkel ist ebenfalls ziemlich dicht, aber etwas kürzer, an den Schienen und Tarsen aber fehlt sie ganz. Die Stirn ragt etwas mehr vor, die Fühlerbildung aber ist identisch, mit ebenfalls äußerst kurzem Griffel. Schwinger mit gelbem Stiele und ganz braunem oder an der Spitze gelblichem Knopfe. Die Beine sind länger. Flügel weißlich glashell mit gleich breiter dritter Hinterrandzelle (wie bei *canescens*); aber der Gabelstiel der dritten Längsader endet gegenüber oder sogar etwas hinter der Schlußader der Diskoidalzelle, während er bei *canescens* deutlich vor derselben endet; er ist also bei *lacteipennis* länger.

Viel auffallender unterscheiden sich die ♀: Flügel und weiße Behaarung wie beim ♂, nur letztere etwas kürzer und auch auf der Stirn ganz weiß. Stirn rückwärts von der Breite eines Auges, vorn etwas breiter, nebst Thorax und Schildchen weißgrau bereift. Thorax mit einer ziemlich breiten braunen Mittelstrieme. Schildchen ganz dunkel, ohne gelben Spitzenfleck. Gelb sind nur: Schmale innere Augenränder, Schulterschwiele, ein kleiner Fleck vor und hinter der Flügelwurzel, die ganzen Schwinger und einige Flecke an den Brustseiten über den Hüften, die gleichsam eine hinter den Vorderhüften unterbrochene gelbe mittlere Längsstrieme bilden. Die Schüppchen sind bei ♂ und ♀ weiß und weiß gewimpert.

1135. *Cyrtosia flavorufa* m. 3 mm. ♀. Nitens thorace flavo, nigrotrivittato; abdomine rufo, albido-fasciato, vitta dorsali interrupta fusca; pedibus luteis, alis claris. In Palmenhainen bei Elche, 10./5., 1 ♀ (St).

Diese schöne Art dürfte der *nitens* Loew aus Sizilien zunächst stehen. weicht aber schon durch die Färbung sehr ab. — Kopf eiförmig, viel länger als breit; der stark gepolsterte Hinterkopf besitzt ungefähr die Hälfte der ganzen Kopflänge und ist glänzend schwarz, während Stirn und Gesicht glänzend gelb sind. Die ausgehöhlte Stirn beträgt $^1/_4$ der Kopfbreite. Fühler schwarz; die zwei Wurzelglieder sehr kurz, das dritte Glied eiförmig, mit einem halb so langen, eingliedrigen, zylindrischen, an der Spitze mit einem sehr kurzen Borstenkranze versehenen Griffel. Taster rudimentär; Rüssel ahlförmig, schwarz, von mindestens $^2/_3$ Körperlänge. — Thoraxrücken hoch gewölbt, so daß der Kopf viel tiefer liegt, glänzend gelb, mit drei breiten, fast zusammenfließenden, glänzend schwarzen Striemen; die Mittelstrieme rückwärts stark verkürzt, die Seitenstriemen rückwärts wenig, vorn stark verkürzt. Brustseiten gelb, Unterseite aber fast ganz schwarz. Schildchen rotgelb mit schwarzem basalen Mittelfleck. Schwinger rotgelb mit großem weißlichen Knopfe. Hinterleib bandförmig, gleich breit, gegen das Ende etwas kolbig; rotgelb mit weißlichen Endsäumen und ziemlich breiter, durch die Endsäume unterbrochener schwarzbrauner Mittelstrieme. Die Hüften und schlanken Beine einfärbig rotgelb, nur die letzten Tarsenglieder schwarz. Flügel glashell, schwarzaderig; das Geäder ganz wie in der Gattungsdiagnose Schiners. Der Gabelstiel der vierten Längsader ist fast so lang als die untere Gabelzinke. Analzelle schmal offen.

1136. *Usia*[1]) *Loewii* Beck. Auf einer Wiese bei San Fernando, meist in Windenblüten, 28./4., 13 ♂, 17 ♀ (Cz, St). Stimmen genau nach Becker und lassen sich schon durch die glänzend schwarzen Thoraxstriemen von den mattstriemigen *aurata* und *incisa* sicher unterscheiden.

(559, II.) *aurata* Fbr. Madrid, März, April (A), Chinchòn, 7./5. (D), Granada (St), Pardo (L).

Nach Beckers Monographie besitzt *aurata* ♂ getrennte Augen, die Stirnbreite ungefähr von doppelter Breite des dritten Fühlergliedes; darnach wären also die von mir beschriebenen ♂ mit lang zusammenstossenden Augen die ♂ zu *incisa* Wied.; *incisa* besitzt jedoch nach Becker eine Größe von 8—10 mm und eine auf der Mitte der Diskoidalzelle stehende Querader. Meine ♂ haben nur 3—5 mm, eine deutlich vor der Mitte der Diskoidalzelle stehende Querader und wurden von mir zugleich mit den ♀ gefangen. Ich glaube daher, daß Meigen und Becker als *aurata* die ♂ der *incisa* beschrieben haben und daß Beckers *incisa*-Männchen zu *aurata* gehören. Wied. selbst gibt über die Stirn des ♂ von *incisa* nur an, daß sie schimmelgrau ist, erwähnt aber nicht, ob die Augen zusammenstossen oder nicht. Wenn, wie Becker angibt, das Hypo-

---

[1]) Bearbeitet nach Beckers Monographie in Berl. Entom. Zeit., 1905, S. 193—228.

pyg des ♂ von *aurata* so groß ist als das von *Loewii*, so ist es mindestens doppelt so groß als meine *aurata* ♂, da bei diesen das Hypopyg unscheinbar ist.

1137. *incisa* Wied. Almeria (St), Villaverde, Cañizares (D, S), Provinz Orense Galiciens (T), Pardo (L).

(560, II.) *aenea* Ross. Pardo (L), Cañizares (S), Rio Alberche, Mondariz, Montarco, Baños (D).

(561, II.) *atrata* Fbr. (*florea* var. *pubera* Loew, Str.,l. c.; *florea* Fbr. aber ist nach Becker eine verschiedene Art, während *pubera* Lw. = *atrata* ist). Bei Rio Alberche, 8./6., ♂, ♀ (D). Nach Becker kommt auch *florea* Fbr. in Spanien vor; ich besitze nur 1 ♀ aus Rhodus (det. Loew).

Asilidae.

1138. *Leptogaster subtilis* Loew. Escorial an der Fuente Teja, ♂ (L).

Es stimmt so vollkommen mit der Beschreibung des ♀, daß ich an der Zusammengehörigkeit gar nicht zweifle. Besonders ausgezeichnet durch geringe Größe, gelben Rüssel, gelbe, nur am dritten Gliede größtenteils braune Fühler, zwei schwarze, genäherte Thoraxstriemen, gelb gebänderte Segmente, gelbe, nur vor der Spitze der Hinterschenkel und Hinterschienen schwarzbraun gebänderte Beine; auch an den Tarsen sind nur die Klauen schwarz. Als Geschlechtsunterschied ist wohl aufzufassen, daß die zwei letzten Segmente ganz schwarzgrau sind. Das Hypopyg ist fast so lang als die zwei letzten Segmente zusammen, oval, in der Mitte etwas breiter als die Segmente, glänzend rostbraun, stellenweise schwarz gefleckt; die Spitzen der Zange sind ziemlich dicht und lang fahlgelb gewimpert und die ziemlich kurzen, schmal bandförmigen unteren Appendices tragen an der Spitze je zwei sehr lange Wimperhaare.

(563, II.) *hispanicus* Mg. Pinares bei Escorial, ♂ (L).

1139. *Dioctria gagates* Wied. Festungsberg von Jativa (Cz, St), Monistrol (St).

Ein Exemplar (♂) stimmt vollkommen mit der Beschreibung Loews, die vier anderen weichen dadurch ab, daß die Schillerstriemen der Brustseiten nicht braungelb, sondern fast durchaus silberweiß sind; ferner ist der Thoraxrücken nur bei drei (wahr-

scheinlich etwas abgeriebenen) Exemplaren ganz ohne Spur von
Striemen; bei zwei gleich nach dem Fange genadelten Exemplaren
zeigen sich aber drei feine weiße Haarreihen.

1140. *atricapilla* Mg. var. *geniculata* Mg. Cañizares (S). Die
vier vorderen Schenkel und die Vorderschienen sind größtenteils
dunkel rotgelb; sonst stimmt es mit normalen ♀. Hinterferse fast
gar nicht verdickt, wodurch es sich nach Loew von *fuscipes* Macq.
aus Sizilien unterscheidet.

1141. *flavipes* Mg. Pardo (L).

1142. *Baumhaueri* Mg. San Fernando, ♂ (Cz). Ein ziemlich
typisches Exemplar: alle Schenkel besitzen auf der Oberseite eine
nahe der Basis beginnende, bis zur Spitze reichende, breite, scharf
begrenzte schwarze Strieme, die sich aber nirgends zu einem Ringe
erweitert; alle Tarsen und das Enddrittel aller Schienen sind schwarz,
an den Hinterschienen ist nur das Basaldrittel rotgelb. Gesicht
messinggelb. Die Basalhälfte der Flügel ist merklich dunkler als
die Endhälfte.

(566, II.) *Dasypogon teutonus* L. Madrid (L).

(567, II.) *diadema* Fbr., Normalform Str. Sierra de Moncayo
(A, L), Tragacete (S), Provinz Orense Galiciens (T).

Var. *cylindricus* Fbr. Escorial, 3 ♀ mit schwarzen Beinen und
größtenteils rotem Hinterleibe und 1 ♀ mit roten Beinen und ganz
schwarzem Hinterleibe (L).

Var. *melanopterus* Loew. Escorial (A), Cercedilla, ♀ (L).

(568, II.) *Saropogon leucocephalus* Mg. var. *hispanicus* Str.
Baños, Juni (D), Escorial (L), häufig.

Die ♂ entsprechen durchaus meiner Beschreibung, die ♀ aber
variieren ziemlich: Das Untergesicht ist bald rein weiß, bald goldgelb. Die Schenkel sind bald ganz rotgelb, bald ist die Wurzel der
vorderen und fast die Wurzelhälfte der hintersten schwarz (also
Übergang zur Färbung der ♂); die Hinterschienen sind bald ganz
rotgelb, bald nur an der äußersten Spitze, bald in der ganzen
Spitzenhälfte gebräunt. Der Hinterleib ist entweder — mit Ausnahme der schmalen weißen Seitensäume des zweiten und dritten
Ringes — ganz schwarz oder nur undeutlich rotbraun gefleckt oder
der 3.—5. Ring fast ganz rotbraun. Mehrere ♀ sind also mit meinen
südfranzösischen Exemplaren vollkommen identisch.

(570, II.) *aberrans* Loew. Auf Rainen bei Alicante (Cz).

(571, II.) *flavicinctus* Wied. Auf Rainen bei Alicante 1 ♂, 2 ♀ jener Varietät, bei welcher nur die erste Hinterleibsbinde ausgebuchtet ist (Cz, St); bei Madrid und Chinchòn, 24./5. (A, D), die Normalform mit durchaus in der Mitte tief ausgebuchteten gelben Binden.

(572, II.) *Stenopogon sabaudus* Fbr. Montares (A).

(573, II.) *costatus* Loew var. *escorialensis* Str. Escorial, ♂, ♀ (L), bei Cañizares, ♂ (S).

Die ♂ stimmen genau mit dem von mir beschriebenen ♀ der ersten Form: Hinterleib rotgelb, nur der erste Ring und eine in der Mitte stark vorgezogene Vorderrandbinde des zweiten Ringes schwarz; auch die letzten Ringe und das kleine Hypopyg sind fast ganz rotgelb. Schenkel, Schienen und Tarsen sind lebhaft rotgelb, nur die Hinterschenkel besitzen oberseits vor der Spitze einen kurzen dunklen Längsstreifen.

(575, II.) *ochripes* Loew. Prov. Orense Galiciens, Normalform (T).

1143. *Taboardae* m. Provinz Orense Galiciens, ♂ (T).

Ist wohl am nächsten verwandt mit *brevipennis* Wied. in Mg., II, 267 (1 ♂ aus Portugal); aber mein Tier stimmt doch zu wenig, als daß ich es damit identifizieren könnte. Der Thorax hat leider durch Nässe gelitten, daher die Beschreibung nicht ganz genau ist.

14 mm. Fühler schwarz, die zwei ersten Glieder braunrot; Knebel- und Backenbart weiß. Thoraxrücken mit ganz zusammengeflossenen schwarzen Striemen, der Seiten- und Hinterrand aber breit rotbraun, ebenso die schwarzgefleckten Brustseiten. Basalhälfte des Schildchens rotbraun, Endhälfte nebst dem Hinterrücken schwarz. Die Vorderhälfte des Thoraxrückens nur sehr kurz behaart, die Hinterhälfte mit drei starken schwarzen Dorsozentralborsten; auch die starken Rand- und vier starken Schildchenborsten schwarz. Schwinger rotbraun. Hinterleib zylindrisch, mäßig lang (9 mm); die vier ersten Ringe oberseits kastanienbraun, die übrigen beinahe ganz schwarz. Das stumpfe, rundliche Hypopyg ist oben schwarz, unten kastanienbraun; es ist etwa so lang als der vorletzte, doppelt so lang als der letzte Ring; die stumpfen Haltzangen sind hakig nach abwärts gekrümmt und zwischen denselben stehen zwei breite, braunrote, breit abgestutzte, kurz, aber dicht weißgelblich behaarte Plättchen etwas vor. Der Rand der kurzen Bauchplatte ist mit steifen, schwarzen, aufwärts gekrümmten Haaren, deren Spitze genau bis zu dem Ende der Plättchen reicht, dicht besetzt. — Die nur 7 mm langen Flügel sind ziemlich dunkelgrau, aber Flügellappen, Analzelle und einige Striemen der Basalzellen sind fast rein milchweiß, besonders wenn man die Flügel gegen eine

dunkle Stelle hält. Die Spitze der ersten Hinterrandzelle ist fast gar nicht
verengt; die vierte aber ist geschlossen und kurz gestielt. — Beine rostrot,
aber die vier hinteren Hüften vorn und alle Schenkel vorn und oben schwarz,
auch alle Schienen, besonders die Hinterschienen, auf der Vorderseite verdunkelt. Tarsen rostrot, nur die Hintertarsen etwas dunkler. Vorderhüften
auf der ganzen Vorderseite, die übrigen nur gegen die Spitze hin dicht und
lang weißhaarig. Vorderschenkel auf der ganzen Unterseite mit sehr kurzen,
dicken, schwarzen Dornen besetzt; nur an der Basis stehen zwei bis drei
doppelt so lange. Die übrigen Schenkel besitzen ober- und unterseits eine
lockere Reihe von etwas längeren und dünneren Stacheln. Auch die schütteren
schwarzen Stachelreihen der Schienen und Tarsen sind ziemlich fein und
kurz; nur die Innenseite der Vorderschienen besitzt einige doppelt so lange
Stacheln.

(4, I, II.) *Pseudoholopogon chalcogaster* Duf. Moreda, Monistrol
(St), Jativa (Cz), Menga, Escorial (L).

(577, II.) *Holopogon Heydenii* Loew var. *castellanus* Str. Escorial (L). Die meisten Exemplare stimmen vollkommen mit meiner
Beschreibung, nur ist die Schienenbasis nicht bei allen schmal rot,
sondern bei einigen fast durchaus schwarz; bei anderen ist die rote
Basalfärbung ziemlich ausgedehnt. Fast alle Exemplare sind wegen
des etwas vorstehenden Dornenkranzes ♀; nur bei einem ist statt
des Dornenkranzes eine kleine Zange vorhanden und ist der Hinterleib durchaus gleich breit, während er bei den übrigen sich gegen
die Spitze etwas verschmälert; dieses Exemplar dürfte also ein ♂
sein, unterscheidet sich aber sonst durchaus nicht von den ♀.

1144. *melas* Duf. Escorial, häufig (L). Kann auch als spanische
Rasse des *venustus* Mg. aufgefaßt werden. Die Körperfärbung, die
Form der Fühler, der dreieckigen Interscapularstrieme etc. scheint
mir durchaus identisch. *Melas* ist durchschnittlich etwas größer;
die ♀ unterscheiden sich von *venustus* nur durch die intensiver
schwärzlichen Flügel, die ♂ ebendadurch, die geringere Ausdehnung
der weißen Flügelbasis, den dunkler grauen Kopf, besonders aber
durch den fast ganz schwarzen Knebelbart; nur gegen oben sind
einige weiße Haare eingestreut.

1145. *Dusmetii* m. 7—8 mm. ♂, ♀. *Niger pedibus pro parte
rufis; abdomine rugoso lateribus alopruinosis; alae nigrescentes parte
apicali hyalina.* Rio Alberche, 2 ♂, 2 ♀ (D), Provinz Madrid, ♀ (L).

Schon durch die teilweise rotgelben Beine von den übrigen europäischen
Arten leicht zu unterscheiden; in der Flügelfärbung fast = *dimidiatus.*

♂. Kopf- und Fühlerbau genau wie bei *dimidiatus;* nur der Griffel etwas dicker und stumpflich. Gesicht dicht weiß bestäubt, Stirn ebenso, aber etwas schütterer. Knebelbart weiß, zart, auf die Mundgegend beschränkt; oberhalb derselben stehen nur wenige, viel kürzere, weiße Haare. Thoraxrücken hochgewölbt, ziemlich grob punktiert, weißlich behaart und mit weißlichen Randborsten; schwarz, aber vorn mit zwei großen dreieckigen, weiß bestäubten Flecken, so daß dadurch eine durchgehende schwarze Rücken- und zwei verkürzte Seitenstriemen angedeutet werden; auch Prothorax, Brustseiten und Hüften sind fast durchaus weiß bestäubt. Schildchen schwarz; Schwinger rotgelb, der Knopf ziemlich groß.

Hinterleib schwarz, mäßig glänzend, ziemlich grob quer nadelrissig und stellenweise grob punktiert. Der 2.—6. Ring an den Seiten weißfilzig; diese weißen Filzflecke sind am Hinterrande der Segmente breit, gegen den Vorderrand aber verschmälern sie sich, so daß sie ungefähr die Form von Dreiecken oder von Tropfen besitzen. Das Hypopyg ist klein, ziemlich dicht weiß behaart.

Beine unbereift, ziemlich glänzend und schlank, nur die Hinterschienen gegen die Spitze merklich verdickt. Schenkel schwarz, die vorderen an der Spitze nur schmal rot, die Hinterschenkel aber mit rotem Spitzendrittel. An den Vorderschienen ist nur das Basaldrittel rot, an den übrigen aber nur das Enddrittel schwarz; die Tarsen sind ganz schwarz. Die kurze und mäßig dichte Behaarung ist weißlich; auch die langen, aber feinen Dornen der Schienen und die kürzeren der Tarsen sind weiß. Das erste Glied der Hintertarsen verdickt sich unterseits merklich gegen die Spitze, so daß die Unterseite etwas ausgerandet erscheint.

Flügel kaum so lang als der Hinterleib. Das Geäder ist fast genau wie bei *dimidiatus,* nur steht die vordere Querader etwas jenseits der Mitte der Diskoidalzelle. Die Basalhälfte der Flügel ist schwarzbraun, die Spitzenhälfte glashell; die Grenze der dunklen Färbung ist bogenförmig und geht in der Mitte bis zur kleinen Querader.

Das ♀ stimmt im ganzen mit dem ♂; nur sind das Gesicht und die bereiften Partien des Thorax mehr gelblich. Die rote Färbung an den Schenkeln und Schienen ist bedeutend ausgedehnter: ungefähr das Spitzendrittel der vorderen, ²/₃ der Hinterschenkel und fast ²/₃ aller Schienen sind rot. Die Nadelrisse des Hinterleibes sind feiner, spärlicher und es wiegt mehr die Punktierung vor. Die schwärzliche Trübung der Flügel ist unregelmäßiger, durch lichtere Streifen unterbrochen und die Spitzenhälfte ist weniger glashell; nur durch die Flügelmitte geht eine intensiver schwarzbraune, schlecht begrenzte Binde.

1146. *flavotibialis* m. 4·5 mm. ♀. *Niger tibiis rufis; abdomine nitido, immaculato; alis fere hyalinis.* Alicante, 7./5., 1 ♀ (St).

Durch die Färbung der Beine mit der vorigen Art verwandt, aber leicht zu unterscheiden. Viel kleiner. Die weißen Knebelborsten des weißbereiften Gesichtes setzen sich in gleicher Länge bis zu den Fühlern fort. Der Thoraxrücken hat leider durch Nässe etwas gelitten, daher ich die wahrscheinlich

vorhandene weiße Bereifung der Interscapularstelle nicht beobachte; nur das
zweiborstige Schildchen und der Thoraxrand vor demselben sind deutlich
weißlich bereift; die Randborsten des Thoraxrückens sind schwarz. Die Brustseiten sind fast durchaus glänzend schwarz, unbereift; nur die Hüften besitzen weiße Behaarung und Bereifung. Der Hinterleib ist ganz einfärbig
schwarz, glänzend, nicht nadelrissig, nur zerstreut punktiert. Die Behaarung
und Beborstung der lebhaft glänzenden Beine ist wie bei *Dusmetii*, aber alle
Schenkel sind nur an der äußersten Spitze rotgelb, alle Schienen und die
ersten Tarsenglieder sind rotgelb, bloß die ziemlich stark keulenförmigen
Hinterschienen sind an der Spitze schmal schwarz und die Basalglieder der
Hintertarsen teilweise dunkel, während an den vorderen Tarsen nur die zwei
Endglieder schwärzlich sind. Endlich sind die Flügel ganz einfärbig graulich
glashell.

(579, II.) *Eriopogon laniger* Mg. Escorial, ♀ (L).

(580, II.) *Heteropogon manicatus* Mg. Montarco (A), Provinz
Toledo 1 ♀ mit sehr verdunkelten Schienen (L).

1147. *Lasiopogon montanus* Schin. Puerto del Pico in der
Sierra de Gredos, 15./7., ♂ (L); es stimmt ganz mit meinen alpinen
Exemplaren.

1148. *Stichopogon Schineri* Koch, ♂ = *arenivagus* Koch, ♀.
Escorial, 3 ♂, ♀ (L).

Die Synonymie dieser Art ist im Katalog d. pal. Dipt. falsch
angegeben. Sie ist nicht identisch mit *albofasciatus* Mg., sondern
eine selbständige Art und identisch mit dem erst 1887 in diesen
„Verhandlungen“ beschriebenen *spinimanus* Pok. (nur ♀ beschrieben). Wer die Beschreibungen des *arenivagus* ♀ und *spinimanus* ♀
aufmerksam vergleicht, wird zwischen beiden keinen Unterschied
finden. Ich besitze 1 ♀ von Erber als *Schineri* und 1 ♂ des *spinimanus* aus Schlins in Vorarlberg; letzteres unterscheidet sich vom
♀ durch den nicht weißen, sondern schwarzen Knebelbart. Die zwei
spanischen ♀ sind mit meinen österreichischen vollkommen identisch: Fühler und Beine ganz schwarz; Hinterleib an allen Ringen
mit weißen, in der Mitte fast oder ganz unterbrochenen, an den
letzten Ringen allmählich kleiner werdenden Binden; die vierte
Hinterrandzelle weit offen etc.

Var.? *albosetosus* m. Alle Stacheln, auch die der Vordertarsen
weiß, der anale Borstenkranz gelbweiß, Unterseite der Genitalien
rostrot. Größe 10 mm. Granada 1 ♀ (Sammlung Villeneuve); vielleicht nov. spec.?

1149. *ripicola* Duf. (? Die Type ging leider, wie mir Dr.
Villeneuve schrieb, zugrunde.) Rio Alberche, 8./6. (D), Pardo (L).

Sehr ähnlich dem *albofasciatus* Mg., den ich an Schiners
Standort selbst in Menge sammelte, auch aus Südtirol durch Pokorny als *albofasciatus* und aus Italien von Bezzi als *inaequalis*
erhielt; aber größer (8—9 mm), mit bei ♂ und ♀ weißem Gesichte
und Knebelbarte. Thorax weißflaumig und ziemlich dünn weiß bereift; Schildchen dicht weiß bereift. Hinterleib schwarz, der vierte
und fünfte Ring mit einer an den Seiten sehr breiten, in der Mitte
schmalen weißen Vorderrandbinde; auch der erste Ring weiß, nur
in der Mitte breit schwarz; der zweite und dritte nur mit weißen
Seitenflecken, der sechste und siebente beim ♀, der 6.—8. beim ♂
ganz schwarz; der achte des ♀ und das kleine Hypopyg des ♂ ganz
weiß bestäubt. Beine ganz schwarz, die Schienen und Tarsen mit
langen weißen Stacheln. Flügel glashell.

1150. *tener* Loew. Andalusien, ♂, ♀ (Villen.). Stimmt genau
nach Loew und mit Exemplaren Prof. Miks etc. aus Wien, Epirus,
Ungarn, Italien.

(585, II.) *Laphria flava* L. var. *escorialensis* Str. Tragacete
in der Provinz Madrid (S), 1 ♀; stimmt bis auf die Geschlechtsunterschiede mit dem beschriebenen ♂.

(586, II.) *gilva* L. Escorial (L), Cañizares (S).

(1001, II.) *Andrenosoma atrum* L. Escorial (L).

1150 b. *albibarbe* Mg. Escorial, ♂ (L.); sonst normal, aber im
Knebelbarte überwiegen die schwarzen Haare, während bei meinen
steirischen ♂ die weißen überwiegen.

1151. *Asilus* (*Asilus* Loew) *barbarus* L. Provinz Madrid (S).

(588, II.) *crabroniformis* L. Escorial (L), Provinz Orense Galiciens (T).

(589, II.) (*Antiphrisson* Loew) *trifarius* Loew. Oberes Geniltal
(Cz, St), Tarifa (Cz), zusammen 8 ♂, ♀.

1152. *Thalhammeri* Lichtw., 1903. Escorial, 2 ♂ (L). Stimmen
vollkommen mit meinen aus Ungarn von Prof. Thalhammer erhaltenen Originalexemplaren; er schrieb mir, daß er diese Art ebenfalls aus Spanien erhalten habe.

(590, II.) (*Dysmachus* Loew) *cristatus* Mg. Madrid, Escorial,
Pardo, Sierra de Gredos, 8 ♀ (L).

(5, 1, II.) *spurius* Loew. Auf Rainen bei Algeciras und Granada spärlich (Cz, St).

1153. *acutus* Loew. Tarifa, auf sandigen Hügeln nahe dem Meere außerordentlich häufig, San Fernando (Cadiz), Encina (Cz, St).

1154. *femoratellus* Loew. Baños (Estremadura), Juni, 2 ♂ (13 mm), 1 ♀ (15 mm) (D).

Das ♀ stimmt vollkommen nach Loew und ist — wie dieser hervorhebt — durch die größere Dicke der Schenkel, besonders aber durch die weißgelbliche, grobe, lange, zerstreute Behaarung auf der ersten Hälfte der Legeröhre ausgezeichnet.

Das ♂ stimmt so gut mit dem ♀, daß die Zugehörigkeit gar nicht bezweifelt werden kann. Es unterscheidet sich von den übrigen Arten der *trigonus*-Gruppe schon durch viel schlankeren, genau zylindrischen Hinterleib, ist dem *stilifer* habituell äußerst ähnlich, weicht aber von allen Arten ab durch das Hypopyg. Dieses ist von mittlerer Größe und fast durchaus hell behaart. Die glänzend schwarzen, stumpfen Haltzangen besitzen etwas hinter der Mitte der Oberseite einen breiten, stumpfen, etwas konvexen Fortsatz, durch welchen die obere Spalte in der Mitte stark verengt wird, so daß sie in eine etwas längere und schmälere vordere und eine breitere hintere Öffnung zerfällt. Die unteren Lamellen reichen etwas über die Mitte der oberen und zerfallen durch eine feine Furche in zwei Abschnitte: einen längeren, breiteren, flacheren, matt schwarzen basalen und einen kürzeren, schmäleren, gewölbten, zylindrischen, glänzend schwarzen, ganz stumpfen apikalen.

1155. *varispinus* m. 17—20 mm. ♂, ♀. *Femoribus anticis subtus multispinosis, spinis ♀ nigris, ♂ fere totis albidis.* Auf Sandhügeln am Strande bei Tarifa 4 ♂, 5 ♀ (Cz, St).

Die Angaben Loews, daß *decipiens* Mg. dem *hispanus* Loew sehr ähnlich sei, daß die Thoraxdornen auf den Interstitien weit nach vorn reichen und die Unterseite der Vorderschenkel sehr starke schwarze Stachelborsten tragen, verleiteten mich anfangs, meine Tiere für eine Varietät des *decipiens* zu halten. Meigen selbst hat leider keine Angaben über die Bedornung der Vorderschenkel gemacht und Loew die Art nirgends ausführlich beschrieben. Da aber *hispanus* eine vorgezogene, gewimperte letzte Bauchschiene besitzt, so halte ich meine Tiere für eine neue Art; ♂ und ♀ gehören bestimmt zusammen, da wir alle Exemplare auf einem eng begrenzten Flecke sammelten. Wegen des verhältnismäßig kurzen und plumpen Körperbaues, der nicht vorgezogenen letzten Bauchschiene des ♂ und der weit nach vorn reichenden Interstitialdornen des Thorax paßt die Art besser zu *Dysmachus*, obwohl die Mittelstrieme nur ganz kurz behaart ist; es gibt eben zwischen den „*Asilus*-Gattungen" Loews keine scharfen Grenzen.

Durch die eigentümliche Bedornung der Vorderschenkel unterscheidet sie sich leicht von allen anderen Arten. Die Dornen der Unterseite sind nämlich sehr zahlreich, in 2—3 Reihen angeordnet, von verschiedener Länge, beim ♀ durchaus schwarz, beim ♂ gelblichweiß; nur auf der Innen- oder Mittelreihe stehen auch einige schwarze. — Die mittleren Thoraxdornen sind schwarz, die seitlichen ganz oder größtenteils gelbweiß; die Schildchendornen entweder bei ♂ und ♀ durchaus gelbweiß oder beim ♀ auch mit einigen schwarzen gemischt. Die letzte Bauchschiene des ♂ ist gerade, weder vorgezogen noch mit auffallenden Haaren gewimpert. Die dunkelbraunen oder schwarzbraunen oberen Haltklappen sind ganz gerade, länglich, gewölbt, stumpf; die unteren gewölbt dreieckig, kaum halb so lang als die oberen; die oberen lassen nur eine schmale Spalte zwischen sich frei, ihre Behaarung ist ziemlich dicht und lang, durchaus weißlich, nur an der Spitze der unteren Klappen stehen einige schwarze Haare. Die glänzend schwarze Legeröhre des ♀ ist sehr stark zusammengedrückt, dreieckig, fast doppelt so lang als am Grunde breit, mit zwei nicht eingekeilten, sondern vollständig freistehenden griffelförmigen Endlamellchen. — Sonst stimmen die Tiere fast vollständig mit Meigens Beschreibung des *decipiens:* Der Knebelbart rötlichweiß mit einzelnen schwarzen Randborsten, die Hinterleibssegmente mit weißlichen Randdornen und weißlichen, meist in Flecke aufgelösten Endsäumen; alle Schenkel und Schienen auf der Vorder- und Oberseite schwarz, sonst rotbraun, alle ihre Dornen weißgelb (ausgenommen die Unterseite der Vorderschenkel), Flügel gleichmäßig glashell etc.

1156. *quadriapiculatus* m. 9—14 mm. ♂, ♀. *Simillimus bifurco Loew; differt pedibus totis nigris; ♂ hypopygio parvo, forcipis apice brevissime bifurcato.* Escorial, 1 ♂ (L), Madrid, ein 14 mm grosses ♂ (L), Collioure in Südfrankreich, 2 ♂, 2 ♀.

Ganz außerordentlich ähnlich dem *bifurcus*, so daß ich nur folgende Unterschiede angeben kann: Der Gesichtshöcker ist größer und die obere Hälfte des Knebelbartes fast ganz schwarz, die Beine sind durchaus schwarz, die Schienenbasis also ohne Spur von rotgelb. Das Hypopyg ist viel kleiner und schmäler, kaum so lang und nicht breiter als die drei letzten Ringe zusammen. Die Klappen der Haltzange sind wie bei *bifurcus* gebildet, gehen aber nur in zwei sehr kurze, kaum unterscheidbare Spitzen aus; die untere ist etwas länger und spitzer als die ziemlich dreieckige obere. Die unteren Klappen sind fast so gebaut wie die oberen, ebenfalls aufwärts gekrümmt, nicht viel kürzer als die oberen, aber mit abgerundeter Spitze; bei einem ♂ sind sie ganz glänzend rotbraun, bei den anderen glänzend schwarz mit rotbrauner Spitze (*bifurcus* besitzt viel kürzere und an der Basis viel breitere

untere Klappen). Die Beine sind viel matter als bei *bifurcus* und besonders
an den Vorderschenkeln viel reichlicher fahlgelb behaart. Auch die Legeröhre
des ♀ zeigt zwei charakteristische Unterschiede: Das am Ende abgerundete
untere Stück ist nur wenig breiter als das kurzspitzige Oberstück und letzteres
ragt nur wenig vor, während bei *bifurcus* das Unterstück doppelt so breit ist
als das Oberstück und dieses ziemlich weit vorragt. Sonst sehe ich keine
Differenz.

1157. *cariipennis* m. 14—20 mm. ♂, ♀. *Similis spinigero;
differt ♂ alis fuscis, basi lacteis; hypopygio rectissimo, non exciso:
♀ vagina fere aequilata.* Alicante, 2 ♂, 2 ♀ (Cz, St).

Schon durch die Flügelfärbung von allen Arten — *Pomp. germanicus*
ausgenommen — leicht zu unterscheiden; zunächst mit *spiniger* verwandt, in
Größe und Tracht demselben äußerst ähnlich, daher ich nur die wichtigeren
Unterschiede angebe.

Die Thoraxborsten gehen nur bis zum Vorderdrittel, aber die lange
Behaarung der Mittelpartie bleibt bis ganz vorn fast gleich lang. Die letzte
Bauchschiene des ♂ ist gerade abgeschnitten und zeigt keine Spur von längerer
Bewimperung. Die oberen Haltklappen sind ganz gerade, stumpf, am Oberrande vor dem Ende nur wenig verbreitert, aber ganz ohne Ausschnitt, daher
vor und hinter der Verbreiterung nur eine schmale Spalte liegt. Die unteren
Haltklappen reichen bis zum letzten Viertel der oberen, sind an der Basis
ziemlich breit und gewölbt; die zwei Enddrittel aber sind schmal und enden
ziemlich spitz. Die Behaarung des ganzen Hypopyg ist ziemlich kurz, weißlich, wenig auffallend. Die schwarzen Dornen auf der Unterseite der Vorderschenkel sind viel sparsamer, kürzer und auf die Basalhälfte beschränkt; an
den Schienen und Hinterschenkeln sind die Dornen größtenteils weiß. Beim
kleinen ♂ (14 mm) sind die Beine ganz glänzend schwarz, beim großen ♂
(17 mm) ist die Basis aller Schienen schmal rotbraun. Die Flügel sind intensiv
braun, hie und da mit lichteren Stellen und fast in der ganzen Basalhälfte
(den Vorderrand ausgenommen) milchweiß.

Die 18—20 mm großen ♀ besitzen — ähnlich wie die ♀ des *germanicus*
— viel weniger gebräunte Flügel und keine milchweiße, sondern nur glashelle
Basis derselben. Die Legeröhre ist zusammengedrückt, ungefähr doppelt so
lang als breit, fast gleichbreit, an der Spitze schief abgeschnitten; die obere
Hälfte ist durchaus quer gerunzelt, die untere teilweise glatt. Die Endlamellen
sind ganz eingekeilt. Bei *spiniger* wird die Legeröhre allmählich schmäler
und die Endlamellen ragen vor. Bedornung der Unterseite der Vorderschenkel
und schmal rote Basis aller Schienen wie beim ♂.

1158. *hyalopterus* Loew. Jativa (Festungsberg), 1 ♂ (Cz). Es
ist dem *cariipennis* sehr ähnlich, auch die Bedornung der Unterseite
der Vorderschenkel ist die gleiche; unterscheidet sich aber durch
nur 12 mm Größe, größtenteils rote Schienen und glashelle, an der

Basis etwas milchweiße Flügel. Loew stellt die Art zu *Eutolmus*, aber wegen der langen Thoraxbehaarung paßt sie wohl besser zu *Dysmachus*. Ein von Dr. Villeneuve aus Südfrankreich (Depart. Var) als *hyalopterus* gesendetes ♂ stimmt genau mit dem spanischen ♂; es findet sich diese Art also auch in Frankreich.

(591, II.) *Asilus* (*Machimus* Loew) *chrysites* Mg. Madrid, Pardo, Escorial (L), Provinz Orense Galiziens (T). Var. *nigrofemoratus* m. Schenkel ganz schwarz. Alicante 1 ♂ (Cz). Nach Schiner kommt man auf *sinuatus* Loew und es wäre wohl möglich, daß der mir leider fehlende *sinuatus* nur eine Varietät des *chrysites* ist; aber Loew nennt die Behaarung des „durch größere Plumpheit ausgezeichneten" Hypopygs größtenteils schwarz, während das Hypopyg meines Exemplares genau die Größe, Form und durchaus rotgelbe Behaarung des *chrysites*-Hypopyg besitzt.

(593, II.) *pilipes* Mg. La Granja und Escorial (L). Nach freundlicher Mitteilung Dr. Villeneuves, der die Type Meigens untersuchte, ist *pilipes* = *hispanus*, nicht aber, wie der pal. Kat. mit ? annimmt, = *colubrinus*.

(594, II.) *subdolus* Loew. Escorial (L), Collado mediano (S).

1159. *oophorus* Loew. Andalusien (Sammlung Villeneuve).

1160. *nevadensis* m. 14—16 mm. ♂, ♀. *Differt a cribrato Loew praecipue thorace longepiloso, pedibus alarumque venis totis nigris; lacinia ultimi segmenti ♂ breviore, semicirculari, forcipe non exciso.* Oberes Genital, 6 ♂, 7 ♀ (Cz, St).

Besitzt ganz die Tracht und Größe des *cribratus*, den ich aus Tunis besitze, läßt sich aber durch die angegebenen Merkmale leicht unterscheiden; ebenso leicht auch schon durch den viel kürzeren und breiteren Analfortsatz von dem bedeutend kleineren *lacinulatus* Loew und *dactyliferus* m.

♂. Dunkel aschgrau; Gesicht ziemlich breit, mit weit hinausragendem Höcker und reichlichem, schwarzem, nur unten mit weißen Haaren gemischtem Knebelbarte. Backenbart weiß, ebenso die Haare in der Mitte des Scheitelrandes. Fühler und Thorax wie bei *cribratus*, aber die Borsten reichen weiter nach vorn und die Mittelpartie ist fast bis zum Vorderrande lang behaart, fast so wie bei *spinipes*; auch das Schildchen ist viel länger weißlich behaart, mit ungefähr sechs schwarzen Randborsten. Hinterleib ziemlich deutlich weiß bandiert, wie bei den genannten verwandten Arten. Die letzte Bauchschiene ist aber nur halbkreisförmig vorgezogen, der Vorsprung mit dichten und langen schwarzen Haaren besetzt. Die Haltzangen sind wie bei *cribratus* von mittlerer Größe, größtenteils weißlich behaart, mit etwas nach abwärts gebogenem stumpfen Ende und schließen oben fest zusammen, so daß man keine Spalte und keinen Ausschnitt bemerkt. Die unteren Lamellen sind ebenfalls schwarz und ziemlich kurz dreieckig. Die Hüften und Beine sind durchaus schwarz, weiß behaart, besonders lang an den Vorderbeinen. Die Unterseite der Vorderschenkel trägt fünf bis sieben ziemlich kurze, einreihig geordnete, schwarze Borsten; die Borsten an der Unterseite der Mittel- und Hinterschenkel sind ebenfalls kurz, aber zahlreicher und zweireihig. Die Flügel sind wasserklar, mit etwas verdunkeltem Enddrittel und durchaus schwarzen Adern.

Das ♀ stimmt mit dem ♂; die Legeröhre ist stark zusammengedrückt, verlängert dreieckig, mit frei vorstehenden schmalen Endlamellchen, fast genau wie bei *cribratus*.

1161. *lucentinus* m. 14—17 mm. ♂, ♀. *Differt a cribrato venis nigris, pedibus multo obscurioribus, forcipe non exciso.*

Auf trockenen Hügeln nahe dem Meere bei Alicante häufig; wir sammelten 14 ♂, 13 ♀. 2 ♂ traf ich auch im oberen Geniltale (Cz, St).

Diese Art steht genau in der Mitte zwischen *nevadensis* und *cribratus;* mit *nevadensis* stimmt sie in den schwarzen Flügeladern und der nicht ausgeschnittenen Haltzange, mit *cribratus* in dem nicht halbkreisförmigen, sondern viereckigen, deutlich längeren und viel schmäleren Zipfel der letzten Bauchschiene; auch ist die Behaarung desselben kürzer und weniger dicht als bei *nevadensis*, doch immerhin länger als bei *cribratus*. Ferner sind die Beine nicht durchaus schwarz, sondern wenigstens die vier vorderen Schienen besitzen eine ± deutliche rotbraune Strieme, bisweilen auch die hinteren Schenkel. Die Behaarung und Beborstung des Thoraxrückens steht ebenfalls zwischen beiden Arten fast genau in der Mitte. Die Beborstung der Unterseite aller Schenkel, die durchaus weiße Behaarung und schwarze Beborstung aller Beine ist wie bei *nevadensis,* nur die Oberseite der Vorderschenkel trägt auch eine Reihe weißer Borsten; sogar die entsprechende Reihe der Hinterschenkel ist bisweilen ganz oder teilweise weiß. Die Färbung der Flügel ist ebenfalls glashell, mit schwacher Trübung des Spitzendrittels und größtenteils schwarzen Adern; nur die vordersten und die im Basalviertel gelegenen sind ganz oder teilweise rotgelb. Die Legeröhre ist genau wie bei den Verwandten.

Die Färbung der Beine variiert etwas: meist sind die Schenkel ganz dunkel, bisweilen aber zeigen die vier hinteren eine mäßig breite braunrote Rückenstrieme. Die Schienen sind auf der Rückseite ± rotbraun. Diese Färbung fällt aber wegen der dichten, anliegenden weißen Behaarung wenig auf, ist auf den Hinterschienen am dunkelsten, ja kann hier beinahe ganz fehlen. Die Zahl der ziemlich kurzen Borsten auf der Unterseite der Vorderschenkel scheint zwischen drei und sieben zu schwanken; wahrscheinlich aber waren öfters Borsten abgebrochen, so daß wohl stets 5—7 vorhanden waren.

(596, II.) *dactyliferus* Str. Escorial (L), Provinz Orense Galiciens (T), zusammen 2 ♂, 5 ♀.

Ich hatte nur zwei etwas durch Nässe veränderte ♂ beschrieben. Ganz unversehrte ♂ stimmen in der Körperfarbe fast genau mit *lacinulatus;* nur sind die Seitenstriemen des Thorax noch undeutlicher, fast nur als Schillerflecke bemerkbar, hingegen erscheinen die weißgrauen Saumbinden der Hinterleibsringe noch deutlicher als bei diesem. Die Legeröhre des ♀ ist so gebildet wie bei *lacinulatus:* stark komprimiert, ungefähr von der Gesamtlänge der zwei letzten Ringe, gegen das Ende verschmälert, die obere und untere Partie gleich lang, erstere aber überragt von zwei schmallinealen Endplättchen; bei *lacinulatus* sind die Endplättchen etwas kürzer und breiter. Sonst stimmen die ♀ durchaus mit den ♂, nur ist die Behaarung der Beine viel dürftiger.

1162. *lacinulatus* Loew. Baños, Juni, Rivas, 25./5. (D); die Exemplare stimmen genau mit den Beschreibungen und mit von Dr. Villeneuve aus Südfrankreich erhaltenen Exemplaren.

1163. *setibarbus* Loew. Escorial (A, L), Provinz Orense Galiciens (T); identisch mit meinen Exemplaren aus Tirol und Südsteiermark.

1164. *As.* (*Neoitamus* O.-S., *Itamus* Loew) *geniculatus* Mg. Montarco, 2 ♀ (A); nicht zu unterscheiden von meinen Exemplaren aus Steiermark und Schlesien.

(598, II.) *As.* (*Heligmoneura* Big., *Mochtherus* Loew) *lepida* Loew. Escorial, 1 ♂, 4 ♀ (L).

Das ♀ ist noch nicht beschrieben: Die letzten Hinterleibsringe sind fast so lang als die übrigen; die Legeröhre ist glänzend schwarz, kaum etwas flaumig, etwas kürzer als die drei letzten Ringe zusammen, stark komprimiert, an der Basis fast so hoch (aber viel schmäler) als der letzte Ring, gegen die Spitze allmählich verschmälert, am Ende mit zwei schmallinealen, an der dichter flaumhaarigen Spitze fast unmerklich verbreiterten Lamellchen von der Länge des letzten Abschnittes der Legeröhre. Sonst stimmt es mit dem ♂.

1165. *pallipes* Mg. La Granja (A), Prov. Orense Galiciens (T).

1166. *As.* (*Cerdistus* Loew) *Zelleri* Schin. Madrid (S). Alle drei ♀ unterscheiden sich durch die auf der Hinter- und Unterseite größtenteils roten Schenkel von *erythrurus* Mg. und stimmen sehr gut mit meinen Exemplaren aus Untersteier und Kroatien.

1167. *As.* (*Epithriptus* Loew) *setulosus* Zell. Provinz Orense Galiciens, 2 ♂ (T).

1168. *arthriticus* Zell. Provinz Orense Galiciens, 4 ♂, ♀ (T).

1168 b. *poecilogaster* Loew. Escorial, 4 ♂, 4 ♀ (L). Sehr
variabel; Loew zählt vier Varietäten auf. Auch diese Exemplare
variieren stark: Der Knebelbart ist bald ganz weiß, bald ganz fuchs-
rot, bald vorherrschend schwarz; das Hypopyg ist bei einem ♂ ganz
rotbraun, bei den übrigen ganz oder fast ganz schwarz (wie bei
den Ätna-Exemplaren Loews); der Bauch ist selten deutlich ge-
würfelt, meist fast einfärbig grau; die ♀ messen ungefähr 14, die
♂ 14—20 mm.

1169. *As. (Philonicus* Loew) *albiceps* Mg. Provinz Orense
Galiciens (T).

(602, II.) *As. (Tolmerus* Loew) *atripes* Loew. Fuente Teja
bei Escorial, 2 ♀ (L).

Leptidae.

(603, II.) *Rhagio vermileo* Deg. subspec. *nigriventris* Str. Provinz Orense Galiciens, ♂ (T).

1170. *Lampromyia cylindrica* Fbr. Escorial (L), Baños, Juni
(D), ♂, ♀.

1171. *Leptis guadarramensis* m. ♂ 7, ♀ 6 mm. *Affinis funebri
Mg.; differt abdomine flavo, nigrofasciato; thorace albidopiloso, halteribus fuscis.* Escorial, ♂, ♀ (L).

Weicht von der sehr ausführlichen Beschreibung Beckers in Wiener
Ent. Zeit., 1900, S. 65, durch die genannten Merkmale ab, stimmt aber in den
übrigen Merkmalen fast vollständig damit überein; besitze auch ein *funebris*
♀ als *funebris* und ein nicht spezifisch verschiedenes ♂ als *chrysopilaeformis*
Bezzi von Bezzi aus Italien. Noch näher verwandt ist wohl *cinerascens* Röd.
aus Sardinien, weicht aber ebenfalls ab durch den größtenteils schwarzen
Hinterleib („Hinterleib schwarzbraun mit gelben Hinterrandsäumen am 2. bis
5. Ringe“), braune Beine mit gelben Vorderschienen und gelbgestreiften Mittelschenkeln; bei *guadarramensis* ♂ sind alle Hüften und Schenkel schwarz, nur
die vier vorderen Schenkel an der Spitze schmal gelb und alle Schienen nur
in der Basalhälfte braungelb; das ♀ besitzt ebenfalls ganz schwarze Schenkel,
die Schienen sind aber bis gegen die Spitze hin gelbbraun.

♂. Fühler und Taster ganz schwarzgrau. Gesicht weiß bestäubt und
weiß behaart. Behaarung der Taster weiß, gegen die Spitze auch mit schwärzlichen Haaren gemischt. Augen zusammenstoßend. Behaarung des Thoraxrückens mäßig dicht, ziemlich lang, durchaus gelblichweiß; die schwarzen
Brustseiten und Hüften dicht weißgrau bereift, letztere durchwegs weiß behaart. Schildchen schwarzgrau mit breit rotgelbem Rande. Schwinger gelbrot mit größtenteils braunem Knopfe. Hinterleib gelbrot, die ersten fünf
Ringe mit mäßig breiter, in der Mitte und am Seitenrande etwas vorgezogener

schwarzer Vorderrandbinde; der sechste Ring schwarz, mit einem queren, gelbroten Hinterrandfleck, der siebente und das kleine Hypopyg ganz schwarz. Die
Flügel sind grau mit braunem Randmale und hinter demselben mit einer bis zur
Flügelspitze reichenden intensiveren Trübung, die in der Unterrandzelle am
deutlichsten ist, aber auch noch in den Enden der nächsten drei Zellen bemerkbar bleibt.

♀. Die graue Stirn beträgt $\frac{1}{5}$ der Kopfbreite; die Thoraxbehaarung
ist viel unscheinbarer, das Schildchen ist nur an der Basis schwarzgrau, sonst
gelbrot. Am Hinterleibe sind auch die letzten kleinen Ringe größtenteils blaß.
Das übrige wie beim ♂.

1172. *lineola* Fbr. var. *andalusiaca* m. 7—8 mm. ♂. *Differt
a typo coxis thoraceque omnino nigris, abdomine fere toto luteo,
femoribus vix maculatis.* Auf Adlerfarren in Eichenwäldern bei
Algeciras, 3 ♂ (St).

Stimmt in allen plastischen Merkmalen mit *lineola*, daher ich sie nur
als eine spanische Rasse derselben betrachten kann. Aber der ganze Thorax
nebst den ganzen Hüften ist schwarz; der Hinterleib ist bei einem ♂ ganz
rotgelb, bei den zwei anderen zeigen sich nur schmale dunkle Vorderrand-
säume und auf dem zweiten und dritten Ringe auch ein damit verbundener
Mittelfleck. Die Mittelschenkel sind wie bei der Normalform ganz gelbrot;
aber auch auf den Vorder- und Hinterschenkeln zeigt sich nur die schwache
Spur eines dunkleren Präapikalringes. Die weiß behaarten Taster sind ganz
schwarz (aber auch beim typischen ♂ sind sie ziemlich dunkel und nur beim
♀ gelbrot).

1173. *tringaria* L. Prov. Pontevedra und Orense Galiciens (S, T).

1174. *Chrysopilus auratus* Fbr. Escorial (L), Cañizares (S).

Therevidae.

1175. *Xestomyza costalis* Wied. San Fernando (Cadiz), 1 ♂
(Cz). 7 mm (inkl. antennis). Stimmt genau nach Wied. — *Chrysanthemi* Fbr. unterscheidet sich nach Duf.' Beschreibung durch eine
sehr deutliche aschgraue zottige·Behaarung am Thoraxrücken und
auf den zwei ersten Segmenten sowie durch ganz aschgrauen Hinterleib. Bei meinem ♂ ist — wie Wied. angibt — der Thoraxrücken
schwarz mit zwei undeutlichen lichten Striemen und der ganze Hinterleib schwarz, bloß mit einem sehr feinen weißen Saum am zweiten
und dritten Segmente; diese Endsäume sind nur von rückwärts
betrachtet deutlich. Die meist schwarze, aufstehende Behaarung
des Thorax und Hinterleibes ist so dürftig, daß sie die Grundfarbe
nirgends alteriert. Das dritte Fühlerglied ist dick zwiebelförmig

mit gebogenem Griffel, während die Abbildung der *chrysanthemi* in Duf. ein dünneres drittes Glied mit geradem Griffel zeigt. Aus Pardo 1 ♂ (D), bei welchem der 2., 3. und 4. Ring sehr deutlich weißgelb gesäumt sind; sonst stimmt es mit dem ersten ♂.

1176. *Therera xestomyzina* m. 7 mm. ♂. *Tota atra exclusis halteribus; abdomen fasciis 2 argenteis; antennarum articulus 1. nitidissimus; facies nuda; alae nubeculosae.* Alicante, 1 ♂ (Cz).

In Größe und Färbung äußerst ähnlich der **Xestomyza costalis**, aber in der Kopf- und Fühlerbildung eine echte *Therera;* indessen zeigt die Bildung des ersten Fühlergliedes eine Annäherung an **Xestomyza**.

Fühler kaum so lang als der Kopf; das erste und dritte Glied gleich lang, aber das erste wenigstens doppelt so dick und glänzend schwarz; das dritte ganz matt, etwas rotbraun (vielleicht unreif), mit deutlich eingeschnürtem Basalteile und einem kurzen, stumpfen, einwärts gerichteten Griffel. Kopf schwarz, nur um die Fühler mit einer Spur von weißem Schimmer, halbrund; Stirn nicht vorragend, Wangen nackt, eingedrückt, Backen schwarzhaarig, Unterkopf weißhaarig; gegen das Licht gehalten schillern die Backen- und Tasterhaare rotbraun. — Thorax und Schildchen matt schwarz, nur mit wenigen dunklen Haaren bekleidet, das Schildchen auch mit zwei langen, feinen Randborsten. Schüppchen und Schwinger rostrot, der Schwingerknopf groß, gelbweiß. Brustseiten und Hüften grau schillernd, kurz weißlich behaart. — Hinterleib nebst dem ziemlich großen, etwas aufgebogenen Hypopyg glänzend schwarz, sparsam schwarzhaarig; nur die Endhaare des Hypopyg bilden oben und unten einen etwas dichteren Schopf. Der zweite und dritte Ring besitzt eine silberweiße, nicht unterbrochene Saumbinde, die sich schmäler auch auf die Bauchschiene fortsetzt. Beine ganz schwarz, sparsam behaart und beborstet. Die Flügel sind leider etwas zerknittert und vielleicht nicht vollständig ausgefärbt. Die Basis und die Randzelle sind rostrot; vom Ursprunge der dritten Längsader läuft gegen die Flügelspitze und bis über die hintere Querader hinab eine schwärzliche Trübung, ebenso von der vorderen Querader bis zum Ende der Diskoidalzelle; die übrige Fläche ist ziemlich dunkelgrau. Die vierte Hinterrandzelle und die Analzelle sind geschlossen und ziemlich lang gestielt.

1177. *Laufferi* m. 9 mm. ♀. *Nigra, nitidissima, thorace vittis 2 albidis; abdominis segmento secundo late flavomarginato; frontis macula nigra maxima; alis immaculatis.* Escorial, 1 ♀ (L).

Stimmt mit *tristis* Loew in der breiten hellen Saumbinde des zweiten Segmentes überein, unterscheidet sich aber durch ganz ungefleckte Flügel und ist daher wohl eine verschiedene Art. Loew beschreibt *tristis* ♂ aus Sizilien.

Stirn mehr gelbfilzig, Untergesicht weißfilzig mit weißen Flaumhaaren; die glänzend schwarze, gewölbte Stirnmakel beginnt bald hinter den Fühlern, ist vorn nur wenig ausgerandet, füllt die ganze Stirnbreite aus und reicht bis zum vorderen Nebenauge. Fühler normal gebaut, schwarz, die zwei ersten Glieder grau bereift und mit steifen schwarzen Haaren besetzt. Thoraxrücken glänzend schwarz, äußerst kurz gelbflaumig, mit zwei ziemlich breiten, scharf begrenzten gelblichweißen Striemen. Schildchen ziemlich dicht gelbflaumig, mit vier schwarzen Randborsten; Schwinger rotgelb. Die Seiten der Brust, des ersten Ringes und die Hüften weißgrau bereift. Die Oberseite des ersten Ringes ziemlich dicht gelbflaumig, die übrigen Ringe fast kahl, glänzend schwarz; der zweite mit ziemlich breitem gelben Endsaume, der dritte mit einem schmalen und der vierte nur mit einem seitwärts sichtbaren gelben Saume. Der dritte bis letzte Ring sind — besonders seitwärts — mit kurzen, steifen, abstehenden schwarzen Härchen besetzt. Die Schenkel sind schwarz, die Schienen und ersten Tarsenglieder rotgelb mit schwarzen Spitzen. Flügel glashell, fast ganz ohne Trübung der Queradern; die Adern am Grunde und Vorderrande rotgelb, die übrigen schwarz. Die Analzelle und vierte Hinterrandzelle sind kurz gestielt.

1178. *poeciloptera* Loew. Auf sandigen Hügeln am Meere bei Tarifa, 26 ♂, 1 ♀, Algeciras, 2 ♂ (Cz, St).

Die Beschreibung Loews stimmt vollkommen. Die Art ist schon durch die gelblichen, reichlich schwarz gefleckten, parallel dem ganzen Spitzen- und Hinterrande mit einer Schattenbinde versehenen Flügel von allen anderen Arten leicht zu unterscheiden; der Flügelsaum selbst aber bleibt stets bandförmig glashell. Das zweite und die Basis des dritten Fühlergliedes sind stets lebhaft rostgelb; wegen der starken Behaarung des zweiten Fühlergliedes hat Loew wohl nur übersehen, daß auch dieses rostgelb ist. Das ♀ hat dieselbe Fühlerfarbe wie das ♂ und ist durch die zwei glänzend schwarzen, halbkugelförmigen, etwas entfernten Stirnhöcker sehr ausgezeichnet.

(606, II.) *nobilitata* Fbr. Auf Rainen bei Alicante, oberes Genital (Cz).

1179. *fulva* Mg. Escorial (L).

(607, II.) *bipunctata* Mg. Granada, Moreda, Jativa, oberes Genital (Cz, St); Pardo, 2./5., Escorial (D, L). Alle gehören zu der im II. Teil von mir erwähnten Varietät; die längeren Thoraxhaare des ♂ sind vorwiegend schwarz, auch im Gesichtsbarte herrschen öfters die schwarzen Haare vor.

1180. *circumscripta* Loew. Fuente Teja bei Escorial, 1 ♀ (L). Es stimmt sonst vollkommen mit *bipunctata* ♀, aber die glänzend schwarzen Stirnmakeln sind miteinander verschmolzen; da sie schmal sind und beiweitem nicht bis zu den Punktaugen reichen, stimmt dieses Merkmal genau mit *circumscripta*. Vielleicht doch nur Varietät von *bipunctata*.

1181. *marginula* Mg. Escorial (L).

1182. *arcuata* Loew. Festungsberg von Jativa (Cz).

1183. *apicalis* Wied. subspec. *hispanica* m. 9—11 mm. ♂. *Differt a typo abdomine fere toto obscure fulvopiloso, alarum furca immaculata.* Auf Sandhügeln am Meere bei Tarifa, 12 ♂ (Cz, St). Stimmt mit der ausführlichen Beschreibung der *bivittata* Loew = *apicalis* Wied. fast vollkommen überein. Das dritte Fühlerglied ist stets teilweise rotgelb; die Thoraxbehaarung ebenfalls eine kürzere braungelbe und eine längere schwärzliche etc. Die Behaarung der Brustseiten aber ist nicht ausschließlich braungelb, sondern teilweise — bisweilen sogar ausschließlich — schwarz. Die Behaarung der Oberseite des Hinterleibes ist nur in der Mittellinie schwarz, an den Seiten ganz oder beinahe ganz rotbraun; die weißlichen Hinterrandsäume sind sehr unscheinbar und nur am zweiten Ringe recht deutlich. Die Hüften und Schenkel sind nicht schwarzhaarig, sondern vorherrschend fahlgelb behaart. Die Schwinger nicht ganz gelb, sondern mit schwarzem Knopfe (aber auch mein von Loew bestimmtes *apicalis* ♂ aus Kalabrien besitzt einen schwarzen Schwingerknopf). Die Fleckung der Flügel endlich ist viel unscheinbarer und zwischen Randmal und Flügelspitze, also im ganzen Apikaldrittel, fehlt sie vollständig. Wahrscheinlich wohl selbständige Art, welcher der Name *hispanica* bleiben kann.

Scenopinidae.

(608, II.) *Scenopinus glabrifrons* Mg. Escorial, 1 ♂ (L). 1184. *fenestralis* L. var. *senilis* Fbr. Mondariz, Prov. Orense Galiciens (D, T).

Acroceridae.

(610, II.) *Cyrtus gibbus* Fbr. Madrid, Pardo, Chinchòn, 17./5., Rivas, 21./5., Provinz Orense Galiciens (A, D, L, T).

Empidae.

(615, II.) *Rhamphomyia longefilata* Str. Oberes Geniltal (Cz). 1185. *pseudocrinita* m. 5 mm. ♂. *Simillima crinitae* Becker; *differt thorace trivittato, setis dorsocentralibus pluriseriatis; femoribus posticis subtus nudis, tibiis parcius setosis, genis totis nigris.* Geniltal, 1 ♂ (St).

Besitzt genau die Größe, Schlankheit und die ganz einfachen, dünnen Beine der *crinita*, ebenso dunkle Schwinger und einfaches Hypopyg; unterscheidet sich aber doch hinlänglich: Der Thorax ist ziemlich deutlich dreistriemig und die auf den Striemen stehenden schwarzen Borstenhaare sind viel zahlreicher, auf der Mittelstrieme ungefähr zweireihig, auf den Seitenstriemen stellenweise dreireihig. Die Hinterschenkel besitzen unterseits gar keine Borsten, die Beborstung der Schienen ist kürzer und sparsamer; die Mittelschienen tragen allerdings — wie bei *crinita* — auf der Außenseite vier längere Borsten, doch fallen diese wenig auf, da sie doch viel kürzer sind als bei *crinita*. Die Flügel sind intensiv grau, alle Adern schwarz und fast alle Queradern von einem etwas dunkleren Schatten begleitet. Sonst wüßte ich keinen bemerkenswerten Unterschied. Die allenfalls noch zu vergleichende *pseudotrilineata* m. stimmt zwar in der Striemung und Beborstung des Thorax und den unterseits nackten Hinterschenkeln, unterscheidet sich aber durch viel plumperen Bau, dickere, reichlicher beborstete Beine, gelbe Schwinger und viel lichtere, teilweise gelb geaderte Flügel.

(18, I, II.) *umbripennis* Mg. und var. *obscuripennis* Mg. 3 ♂ der Varietät im oberen Geniltale (Cz, St).

1186. *bipila* m. 2 mm. ♂, ♀. Escorial, 1 ♂, 3 ♀ (L). Äußerst ähnlich der *gibba* Fll. und *crassicauda* Str., aber von ersterer schon durch die dünnen, längeren, einfachen Hinterbeine des ♂ und ♀ verschieden; von letzterer unterscheidet sich das ♂ durch zwei sehr lange feine Wimperhaare, welche am Ende der Vorderferse stehen und fast die Länge derselben besitzen, sowie durch das unverhältnismäßig große Hypopyg; das ♀ durch die nur sehr kurz behaarten Hinterbeine und den schief abgestutzten Hinterleib, da der letzte Ring, aus welchem die Lamellen hervorragen, ungefähr so breit und kurz ist als der vorletzte.

Zur Ergänzung diene noch: Sehr ähnlich einem *Microphorus*. ♂. Ganz schwarz, auch die Schwinger. Kopf viel höher als breit, Augen lang zusammenstoßend, Gesicht schmal, Rüssel nur von Kopflänge. Das dritte Fühlerglied lang, schmal, an der Basis nur mäßig verbreitert, mit kurzem, feinem Griffel. Thorax hoch gewölbt, lebhaft glänzend, nur sparsam mit kurzen, aufstehenden, bräunlichen Haaren und rückwärts mit einigen längeren schwarzen Borsten bekleidet; Schildchen mit sechs ziemlich langen Randborsten, Thoraxseiten und Hüften ziemlich dunkelgrau bereift. Hinterleib glänzend schwarz, sparsam behaart, kurz und breit. Hypopyg fast von der Länge des Hinterleibes. Die Bauchplatte springt unten weit vor, ist breit, halbkreisförmig gewölbt, glänzend schwarz. Die noch etwas längeren Haltzangen sind gerade, schief nach rückwärts und oben gerichtet, ebenfalls glänzend schwarz, gegen die Spitze stark verbreitert.

Beine ebenfalls glänzend schwarz, ganz ohne Borsten, aber reichlich mit
abstehenden dunklen Haaren bewimpert, die an den Schenkeln und Schienen
mäßig lang, an den dünnen Tarsen nur kurz sind. Die Vordertarsen sind
etwas länger als die Schienen, der Metatarsus so lang als das zweite und
dritte Glied zusammen und außer den erwähnten zwei langen, feinen Haaren
nur sehr kurz gewimpert.

Die Flügel sind ziemlich kurz, weißlich glashell, mit sehr feinen, ziemlich
blassen Adern, nur die vorderen Längsadern sind stärker und dunkler;
die Randader ist zwischen der ersten und dritten Längsader etwas verdickt
und unterseits von einer gelbbräunlichen Trübung als Andeutung eines Randmales begleitet. Die Diskoidalzelle ist langgestreckt und die sechste Längsader endet vor dem Flügelrande.

Das ♀ stimmt fast völlig mit dem ♂: Die Augen sind ziemlich schmal
getrennt, Beine etwas dicker, aber ebenfalls durchaus einfach und wie beim
♂ behaart; die Flügel sind etwas dunkler, mit einem Stich ins Gelbbraune,
besonders am Vorderrande.

1187. *Empis*[1]) (Gruppe der *stercorea*) *algecirasensis* m. ♂, ♀.
4·5—5 mm. *Maxime affinis nanae Loew: differt tantummodo fronte
et occipite totis obscuris, caesiopruinosis; abdomine nigrovittato; alis
griseis, venis totis nigris; ♂ hypopygio brevissime piloso, appendice
superiore deficiente.* In Eichenwäldern bei Algeciras auf Adlerfarren
5 ♂, 14 ♀ (Cz, St).

Äußerst ähnlich der *nana* Loew, doch sicher spezifisch verschieden, da
das Hypopyg anders gebaut ist; statt der bei *nana* ziemlich langen schwarzen
Behaarung der dreieckigen Seitenlamellen findet sich bei *algecirasensis* nur
eine sehr kurze und die bei *nana* ziemlich langen, tief zweispaltigen mittleren
Anhänge der oberen Lamelle fehlen vollständig. Ferner ist nicht bloß die
Stirn, sondern auch die ganze Oberseite des Hinterkopfes schwarz mit asch-
grauer Bereifung. Der Hinterleib besitzt eine ziemlich breite, aber schlecht
begrenzte schwarzbraune Mittelstrieme. Die Flügel sind bedeutend dunkler
mit ganz schwarzem Geäder; ein langgestreckter dunklerer Stigmastreif ist
deutlich erkennbar. Die ganze Körperfarbe ist nicht lebhaft rotgelb wie bei
nana, sondern bedeutend dunkler, mehr rostrot.

1188. (Gruppe der *nigricans*) *confusa* Loew. Algeciras (Cz, St).

(20, I, II.) (Gruppe der *tessellata*) *tessellata* L. subspec. *castellana* Str. Elche (Cz, St), Tarifa (Cz), Villaverde bei Madrid,
13. 5. (D).

Var. *tipuloides* L. Durch die nicht auffallend rostgelbe Flügelwurzel und die — mit Ausnahme der größtenteils schwarzen Basal-

---

[1]) Auch mit Benützung der von Herrn Kuntze in der Zeitschrift für
Hym. u. Dipt., 1906 und 1907, publizierten Bestimmungstabellen.

hälfte der Vorderschenkel — ganz rotgelben Schenkel von der var. *castellana* verschieden. Monistrol, Montseny, 3 ♀ (St). Forma *typica* (mit ganz schwarzen Schenkeln und rotgelben Schienen). Spanien (Villeneuve).

(22, I.) *fulcipes* Wied. Cañizares, ♂ (S). Stimmt bis auf die Geschlechtsunterschiede vollständig mit dem von mir l. c. beschriebenen ♀, also Hüften ebenfalls fast ganz dunkel etc.

- 1189. (Gruppe der *ciliata*) *dedecor* Loew. Rivas, 3./4. (D). War bisher nur aus dem östlichen Mittelmeergebiete bekannt. Stimmt genau mit meinem. ♂ aus Spalato und mit einem Originalexemplar (♀) Loews aus Tinos. Die Taster sind nicht, wie Kuntze angibt, ganz gelb, sondern nur an der Spitze ziemlich schmal gelb, sogar bei dem ♀ Loews!

(25, I.) (Gruppe der *chioptera*, a. Schwinger dunkel.) *sicula* Loew. Festungsberg von Jativa, ♂ (Cz).

1190. *alpicola* Str. Hochregion des Montserrat, am 14./5. ein typisches ♂ (St).

1191. (*b.* Schwinger licht.) *hyalipennis* Fall. San Fernando, ♂ (Cz). Stimmt genau mit steirischen Exemplaren.

1192. *Dusmetii* m. 4—4·5 mm. ♂, ♀. *Simillima vernali Mg.; differt vena 6. debili, abbreviata; thorace obsolete trivittato, longe lanuginoso et setoso; abdomine nigronitido.* Villaverde bei Madrid, 1 ♂, 2 ♀ (D).

In den Tabellen Kuntzes findet sich nur eine Art aus der Gruppe *chioptera* mit weißen Schwingern, weiß behaartem Hinterleibe und verkürzter sechster Längsader, nämlich *dasypoda* Egg., die aber durch 6·5 mm Größe, dicke Hinterferse und dicke Flügeladern sehr abweicht. Viel näher steht meine Art der *vernalis*. Sie besitzt aber nur eine schwache, vor dem Flügelrande verschwindende sechste Längsader; ferner ist die Behaarung des dunkelgrauen Thorax viel länger und dichter, so daß sie an die *ciliata*-Gruppe erinnert; doch sind die auf den drei dunklen Striemen stehenden Haare bedeutend länger und dichter als die übrigen. Beim ♂ ist die ganze Behaarung licht, auf den Striemen rotgelb, auf den Zwischenräumen weißlich, wollig; nur oberhalb der Flügelwurzel steht eine unregelmäßige Reihe von noch längeren schwarzen, mehr borstenartigen Haaren. Beim ♀ sind auch die längeren Haare der Striemen größtenteils schwarz. Das Schildchen besitzt sechs lange schwarze mittlere und einige kürzere blasse seitliche Randborsten. Schüppchen, Fallschirm und die beim ♂ lange, beim ♀ kurze Behaarung des glänzend schwarzen Hinterleibes sind weißlich. Das Hypopyg ist ziemlich schmal, gut abgesetzt, der Faden nur oberseits sichtbar. Die schmale Legeröhre des ♀ ist ziemlich lang ausgezogen, mit zwei langen dünnen Endgriffeln. Die Beine des ♂ sind zart und dünn, nur alle Schenkel und die Hinterschienen deutlich flachgedrückt und etwas rinnenförmig vertieft; die Hinterbeine bedeutend länger. Die Vorderbeine sind sehr dicht, aber nicht lang gewimpert. An den Mittelbeinen sind die Schenkel unterseits und die Schienen zweiseitig sehr lang und ziemlich regelmäßig gewimpert. Die Hinterbeine sind dicht abstehend behaart und die Schienen außerdem vorn und rückwärts zwischen den Haaren sehr lang gewimpert; ebenso die dünne Hinterferse, welche die halbe Länge der Hintertarsen besitzt. Beim ♀ sind die Unterseite der Vorderschenkel, die Ober- und Unterseite der übrigen Schenkel lang beschuppt; einzelne Schuppen zwischen den steifen Wimpern finden sich auch an den Mittel- und Hinterschienen, besonders an der Basalhälfte der Vorderseite.

Fühler schwarz, das dritte Glied aus kreisrunder Basis ziemlich plötzlich in eine lange Spitze ausgezogen. Rüssel schwarz, ungefähr von doppelter Kopflänge. Augen des ♂ zusammenstoßend; Stirn des ♀ grau, etwas schmäler als ein Auge. Flügel bei ♂ und ♀ weißlich glashell mit ziemlich feinen und blassen Adern; in der Basalhälfte sind die Adern durchaus gelb, gegen die Flügelspitze werden die meisten dunkler.

(623, II.) *tanysphyra* Loew. Oberes Genital, ♂ (St).

1193. (Gruppe der *femorata*) *mediterranea* Loew. Montarco in Galicien, 23./4., 2 ♀ (D). War bisher nur aus Kleinasien und Griechenland bekannt.

1194. *Hilara pseudocornicula* m. 3—4 mm. ♂, ♀. *Maxime affinis corniculae Loew; ♂ differt abdomine non nigro, sed obscure cinereo; alis griseis, non nigrescentibus; ♀ abdomine toto opaco; tibiis posticis non simplicibus, sed incurvis, apice paullatim incrassato.* Über Lachen bei Algeciras von uns in Menge gefangen, auch in copula; bei Tarifa ebenfalls nicht selten (Cz, St).

Stimmt so vollkommen mit meiner Beschreibung und meinen Exemplaren der *cornicula*, daß sich das ♂ fast gar nicht sicher unterscheiden läßt. Der Thoraxrücken ist meist stärker braungrau bereift und seine Borstenreihen von geringerer Länge. Der Hinterleib ist nicht schwarz, sondern nur dunkel braungrau, mit sehr geringem Fettglanze. Die Flügel sind nur einfach grau. In der Gestalt und Beborstung der Beine sehe ich keinen durchgreifenden Unterschied. Die Vorderschienen tragen oberseits ziemlich lange Flaumhaare und außerdem eine schüttere Reihe von doppelt so langen Borsten. Die Vorderferse ist walzenförmig, kaum doppelt so breit als das Schienenende und mindestens von ²/₃ Schienenlänge, mäßig lang flaumhaarig ohne längere Borsten.

Das ♀ unterscheidet sich leicht von *cornicula* durch den ganz mattschwarzen Hinterleib und die Form der Hinterschienen: diese sind nämlich hinter der Mitte deutlich gebogen und werden von da an gegen die Spitze allmählich dicker; an der Spitze sind sie ungefähr doppelt so dick als an der Basis. — Durch Hinterleibsfarbe und Hinterschienen unterscheiden sie sich auch leicht von *clypeata;* die ♂ aber durch den nicht schwarzen Hinterleib, die bedeutend dunkleren Flügel und die — wie bei *cornicula* — durchwegs längere Beborstung der Beine. Die Acrostichalbörstchen sind meist unregelmäßig 2—3 reihig. — Meiner Art sehr nahe verwandt muß auch *amaranta* Becker (♀ aus Tunis) sein, besonders stimmt die Beschreibung der Hinterschienen fast vollständig; doch beschreibt Becker die Art mit genau zweireihigen Acrostichalbörstchen, aschgrauem Hinterkopfe und breit samtschwarzen Hinterleibssäumen. Bei *pseudocornicula* ist der Hinterkopf von oben betrachtet ganz schwarz; nur von hinten betrachtet erscheint er ± bräunlich bestäubt.

(33, I, II.) *quadrifaria* Str. Tarifa (Cz, St).

1195. *escorialensis* m. 3·5 mm. ♂. Steht ganz neben *palmarum* Str. und *algecirasensis* Str.

Bei Escorial 1 ♂ (L). Mehrere daselbst gesammelte ♂ gehören wahrscheinlich hierher, waren aber durch Nässe stark verdorben.

Thorax ebenfalls graubraun bestäubt, mit drei dunklen Striemen etc.; unterscheidet sich aber von *algecirasensis* leicht durch die nur kurz beborsteten Vorderschienen und nicht beborsteten Vorderfersen, von *palmarum* durch die in der Vorderhälfte genau zweireihigen Acrostichalbörstchen und viel kürzer beborsteten Vorderschienen; von beiden außerdem durch die viel lichtere Färbung der Beine, denn diese sind nicht schwarz mit rotgelben Knien, sondern eigentlich schwarz sind nur alle Tarsen; die Schenkel sind in der Basalhälfte dunkelbraun, in der Endhälfte mehr rotbraun und die Schienen sind noch lichter, fast ganz rotgelb, nur gegen das Ende dunkler. Die Vorderferse ist ungefähr doppelt so dick als das Schienenende, äußerst kurz flaumig, nur an der Spitze mit einer längeren und stärkeren Borste; die Flügel sind ziemlich braungelblich getrübt.

(39, I, II.) *algecirasensis* Str. Bobadilla (Cz, St), Villaverde, 10./4. (D).

1196. *cinereomicans* Str. Provinz Orense Galiciens, ♂ (T).

Var.? *trigemina* m. Fuente Teja bei Escorial, 1 ♀ (L).

Stimmt sonst genau mit meinen Exemplaren der *cinereomicans,* aber die Acrostichalbörstchen sind bedeutend unscheinbarer und nicht regelmäßig zweireihig, sondern ± dreireihig; ferner ist die obere Gabelzinke durch einen rücklaufenden Ast mit der zweiten Längsader verbunden, so daß drei Unterrandzellen vorhanden sind; dieser Ast ist auf beiden Flügeln gleichmäßig ausgebildet, etwas kürzer als das Basalstück der oberen Gabelzinke und bildet mit ihm fast einen rechten Winkel. Sollte dieses Merkmal spezifischen Wert besitzen, so wäre die Art *trigemina* zu nennen. Bei *Hilara* sind mir abnorme Aderbildungen noch nie vorgekommen.

1197. *Czernyi* m. ♂ 4, ♀ 3 mm. *♂ vix differt a cinereo-micante, nisi thorace opaco, hypopygio minore, tibiis et metatarsis anticis absque setulis longioribus; ♀ differt abdomine albidopruinoso, tibiis posticis omnino simplicibus.* Algeciras, ♂, ♀ (Cz).

Das ♀ stimmt so vollkommen mit meiner ausführlichen Beschreibung und den Originalexemplaren der *cinereomicans*, daß ich es kaum unterscheiden kann. Thorax ebenfalls ziemlich dunkelgrau, undeutlich zweistriemig, mit ganz regelmäßig zweireihigen Acrostichalbörstchen, Schwinger ebenfalls dunkel, Hinterleib schwarzbraun, Beine schlank, Vorderferse fast so lang und beinahe doppelt so dick als die Vorderschiene etc.; doch sehe ich folgende Unterschiede: Der Thoraxrücken ist matt, das Hypopyg nur von mittlerer Größe, mit silberweiß schimmernder Basalplatte; die Beine sind dunkler, nur die Schenkel teilweise braungelb (bei durchfallendem Lichte sind allerdings fast die ganzen Schenkel und Schienen braungelb); die Vorderschienen tragen nur einige Apikalborsten und die ziemlich lang flaumhaarige Vorderferse ist ganz ohne längere Borsten.

Die ♀ unterscheiden sich leicht: Der ebenfalls matte Thorax ist lichter grau, die zwei dunklen Kahlstriemen daher deutlicher. Der Hinterleib ist weißgrau bereift (wie bei *litorea* ♀), die Beine durchaus einfach, auch die Hinterschienen ganz dünn und gerade. Die Färbung der Beine, die Acrostichal-börstchen, das schwarze Geäder und Randmal ist ganz wie beim ♂; *litorea* ♀ unterscheidet sich leicht durch höchst unscheinbares Randmal, vierreihige Acrostichalbörstchen, etwas komprimierte und gebogene Hinterschienen.

(40), I, II.) *cingulata* Dlb. Algeciras, Tarifa, ♂, ♀ der Normal-form (Cz, St).

1198. *marginipennis* m. 3—4 mm. ♂, ♀. *Nigra, nitida halteri-bus pedibusque obscuris, geniculis coxisque pro parte luteis; pedibus fere inermibus; alae cinereae margine anteriore apicali obscuriore. ♂: metatarso antico crassissimo, subcompresso, fere elliptico. ♀: tibiis posticis simplicibus, rectis.* An Bächen bei Algeciras 4 ♂, 5 ♀ (Cz, St).

Etwa verwandt mit *nitidula* Zett., aber mit einfachen Hinterschenkeln. Das auffallendste Kennzeichen ist die hinter dem langen schwarzbraunen Randmale beginnende und fast bis zur ersten Hinterrandzelle hinabreichende Bräunung der Flügelspitze; von der dritten Längsader abwärts sind die Flügel nur grau; die Bräunung ist nicht scharf begrenzt, aber doch deutlich.

♂. Kopf normal, samtschwarz; Fühler kurz. Thorax sehr lebhaft glänzend, schwarz, mit äußerst kurzen zweireihigen Acrostichal- und einreihigen Dorsozentralbörstchen. Hinterleib ziemlich matt, schwarz oder schwarzgrau, an der Basis rötlich behaart. Hypopyg komprimiert, mittelgroß. Schwinger und Beine schwarz, aber die Enden der Hüften, die Basis der Schenkel und der Schienen ± rotgelb, bei einigen Exemplaren in ausgedehnter Weise, bei anderen nur in geringem Grade. Behaarung der Beine nur sehr unbedeutend.

Die Vorderschienen besitzen nur an der Spitze einige Borsten; die Vorderferse ist wenig kürzer als die Schiene, fast dreimal so breit als das Schienenende, etwas komprimiert, beiderseits konvex, an Basis und Spitze etwas verschmälert, also ungefähr elliptisch; sie ist kurzflaumig, nur bei einem ♂ sehe ich vor der Spitze einige längere feine Borsten. Die drei folgenden Tarsenglieder sind sehr kurz, viel breiter als lang. Die Hinterschienen sind wohl deutlich behaart, doch rückwärts ohne deutliche Borsten.

Das ♀ unterscheidet sich durch einen bedeutend glänzenderen Hinterleib und durch ganz einfache Beine; die Hinterschienen sind deutlich dicker als die vorderen, aber fast ganz gerade. Nur bei einem ♀ sind auch die Hüften und Schenkelwurzeln rotgelb, bei den übrigen nur die Hüftgelenke und Schienenwurzeln. Die Vorderrandverdunklung der Flügel ist meist auffallender als beim ♂.

1198 b. *manicata* Mg. Escorial, ♂ (L).

1198 c. *Hybos femoratus* Müll. Escorial, ♀ (L).

1199. *Microphorus anomalus* Mg. Algeciras, Monistrol (St). (628, II.) *velutinus* Macq. Tarifa (Cz, St).

(43, I.) *pilimanus* Str. Auf Wiesen bei Algeciras (Cz, St). Die ♂ stimmen genau mit meinem Originalexemplare; das noch nicht beschriebene ♀ ist gleich den ♂ fettglänzend, an Körper, Fühlern, Schwingern und Beinen ganz schwarz, während *velutinus* ♀ einen grauen Thorax besitzt; es stimmt also in der Färbung fast ganz mit *anomalus* ♀, unterscheidet sich aber von demselben durch das nur mikroskopisch behaarte dritte Fühlerglied.

1200. *rostellatus* Loew. San Fernando, Algeciras (St).

Bei beiden Exemplaren ist der Rüssel deutlich länger als der Kopf, beim ♂ ungefähr viermal so lang als die Taster, beim ♀ dreimal so lang, da bei diesem die Taster etwas länger sind als beim ♂. Das ♂ stimmt genau mit der Beschreibung Loews; es unterscheidet sich von *velutinus* fast nur durch die Rüssellänge und durch den — von vorn betrachtet — deutlich grauen Thorax; von oben betrachtet ist er mattschwarz. Das ♀ aber stimmt nicht mit dem von Loew fraglich dazu gestellten ♀, sondern unterscheidet sich vom ♂ genau so, wie *velutinus* ♀ von *velutinus* ♂: Stirn und Thoraxrücken sind nämlich vollkommen und in jeder Richtung betrachtet dunkelgrau, matt; auch der etwas glänzende Hinterleib ist ziemlich deutlich grau bereift und die Schwinger sind gelbbraun.

1201. *truncatus* Loew. Elche (Cz). Stimmt ganz mit der Beschreibung Loews und — bis auf die Geschlechtsunterschiede —

mit dem von mir aus Villach beschriebenen ♂. Das dritte Fühlerglied ist bei ♂ und ♀ breiter und kürzer, der Griffel bedeutend länger als bei den übrigen Arten.

1202. *Ocydromia glabricula* Fall. var. *melanopleura* Mg. Hochregion des Montserrat, 14./5. (St).

(630, II.) *Hemerodromia precatoria* Fall. Escorial (L).

1203. *oratoria* Fall. var. *cataluna* m. Monistrol, 2 ♂ (St). *Differt a typo corpore fere toto obscuro.*

Selbst die dunkelsten, von Loew in Wiener Ent. Zeit., 1864, beschriebenen Exemplare sind bedeutend lichter gefärbt als meine spanischen, denn bei diesen ist der Hinterleib ganz schwarzbraun; Schildchen und Hinterrücken sind dicht braungrau bereift, so daß man die rotgelbe Grundfarbe nicht oder kaum bemerkt; bei einem ♂ sind sogar die Brustseiten ganz braungrau. Der Thoraxrücken ist ebenfalls dicht braungrau bereift, daher die rotgelbe Grundfarbe wenig hervortritt und sogar die dunklere Mittelstrieme wenig bemerkt wird. In Körperbau, Geäder und Größe sehe ich keinen Unterschied, daher ich das Tier nur für eine der in Spanien häufigen melanitischen Rassen halte.

1204. *Kowarzia barbatula* Mik. Algeciras (Cz), Wasserfälle des oberen Geniltales (St). Das Ende der Diskoidalzelle ist zwar nicht dunkel umschattet, aber die übrigen Merkmale, z. B. der längliche, unscheinbare Randmalfleck, das breite, beilförmige Endglied des Hypopyg, stimmen mit normalen Exemplaren der *barbatula*.

1205. *bipunctata* Hal. Wasserfälle des ob. Geniltales (Cz, St).

1206. *Clinocera nigra* Mg. Algeciras, Wasserfälle des oberen Geniltales, häufig (Cz, St).

1207. *appendiculata* Zett. Wasserfälle des oberen Geniltales, 3 ♂ (Cz).

(49, I, II.) *Heleodromia stagnalis* Hal. Oberes Geniltal, Malgrat (St).

1208. *Philolutra hygrobia* Loew. Bach bei Tarifa, ♂ (Cz).

1209. *aquilex* Loew. Wasserfall des oberen Geniltales (St).

1210. *Drapetis pilipes* Loew. Am Strande um Algeciras und San Fernando ♂ und ♀ ziemlich häufig, auch bei Alicante 1 ♂ (Cz, St). Bisher nur aus Sizilien (Loew) und Ägypten (Becker) bekannt.

1211. *nigritella* Zett. Oberes Geniltal, ♂ (St).

(632, II.) *setigera* Loew. Algeciras, ein ziemlich normales ♂ (Hüften und Schenkel fast ganz schwarz) und 1 ♀ der var. *dilutipes* Str. mit ganz kastanienbraunen Beinen.

1212. *ecilis* Mg., Loew. Tarifa, 22./4. (St).
(633, II.) *pusilla* Loew. Elche, Algeciras, San Fernando, Moreda, oberes Geniltal (Cz, St).

Sie stimmen zwar alle im Geäder nach Loew, variieren aber außerordentlich in der Färbung der Schwinger und Beine; sogar das Geäder ist nicht ganz konstant. Von Exemplaren mit schwarzen Schwingern und Beinen bis zu solchen mit ganz rotgelben Schwingern und Beinen gibt es die verschiedensten Übergänge, so daß man nicht einmal Varietäten fixieren kann. Die vierte Längsader besitzt zwar stets an der Basis der letzten Abteilung eine deutliche Biegung und die bis zum Rande deutliche dritte Längsader neigt sich zuletzt etwas zur vierten hinab, aber die zweite mündet bald in der Mitte zwischen der ersten und dritten, bald aber von der dritten doppelt so weit entfernt als von der ersten; und dazwischen wieder Übergänge.

1213. *(Stilpnon) lunata* Walk. Elche, 10./5. (St).
(631, II.) *aenescens* Wied. Madrid, ♂ (L).
1212b. *arcuata* Loew. Pardo, ♀ (L).

1214. *Chersodromia cursitans* Zett. Am Strande von Algeciras (St); identisch mit meinen Exemplaren aus dem österreichischen Litorale.

1215. *incana* Hal. (? oder *speculifera* Walk.? Nach Becker, Zeitschr. für Hym. u. Dipt., 1907, S. 119, dürften beide zusammenfallen). In den Salinen von San Fernando, ♂, ♀ (St).

Stimmt in Größe (fast 2 mm), Farbe und Geäder fast genau mit *cursitans*, doch sehe ich folgende Unterschiede: Die weißliche, fast reihenweise geordnete, ziemlich dichte Behaarung des rein aschgrauen Thoraxrückens ist entschieden länger und selbst beim ♀ noch recht deutlich; bei *cursitans* ist sie bedeutend dünner, dunkler, spärlicher und kürzer, beim ♀ meist kaum bemerkbar; die graue Thoraxfärbung selbst bedeutend dunkler. Über den Mittelhüften liegt ein glänzender schwarzer Fleck, den ich übrigens auch bei *cursitans* bemerke. Die Hüften und Beine sind beim ♂ und ♀ rotgelb, nur die 3—4 letzten Tarsenglieder sind dunkel; bei *cursitans* ♂ sind die Beine braun bis schwarz, aber auch beim ♀ noch bedeutend dunkler als bei *incana*. Die sparsamen Borsten der Hinterschienen (rückwärts ungefähr 4, außen 2—3) sind kaum so lang als der Durchmesser der Schiene (bei *cursitans* ungefähr ebensoviele, aber von doppelter Länge). Das glänzend schwarzbraune, ziemlich gleichbreite Hypopyg besitzt fast die Länge und Breite des Hinterleibes, hat rückwärts zwei griffelförmige Anhänge und an der Spitze der Unterseite

einen dürftigen Büschel längerer dunkler steifer Haare; bei *cursitans* ist das
Hypopyg kaum halb so lang, fast halbkugelig, ohne Griffeln und längere Behaarung der Spitze. Die Schwinger sind beim ♂ und ♀ dunkelbraun, auch
die weißlich glashellen Flügel bieten keinen Unterschied. Der viel plumpere,
oben platte Hinterleib des ♀ ist bis zur Spitze fast gleich breit und die kleinen
Endlamellen stehen ganz oben in der Mitte des Endsegmentes; bei *cursitans* ♀
verschmälert sich der Hinterleib allmählich in eine längere Spitze.

(634, II.) *Tachydromia albiseta* Pz. Alicante 1 ♂, das durch
die längere weiße Fühlerborste und etwas lichtere Beine sich von
meiner var. *brunnipes* unterscheidet und fast ganz mit der Normalform stimmt (St).

(50, I, II.) *nigritarsis* Fall. Im oberen Geniltal (Cz), Monistrol,
Hochregion des Montserrat (St).

(635, II.) *articulata* Macq. Oberes Geniltal (Cz), Elche (St).

(636, II.) *calceata* Mg. Felder bei Algeciras (St), Alicante (Cz).

(56, I, II.) *cursitans* Fabr. var. *hispanica* Str. San Celoni,
oberes Geniltal (St).

(56, I, II.) *cursitans* Fabr. var. *chrysonota* Str. Algeciras, Elche,
San Celoni (Cz, St). Statt der goldgelben Bestäubung des Thoraxrückens ist oft eine ziemlich weißgraue vorhanden; ferner besitzen
die ♂ oft — gleich den ♀ — sehr breite, in der Mitte verschmälerte
oder unterbrochene Tomentbinden der Hinterleibsringe, so daß oft
der Hinterleib grau mit schwarzer Rückenstrieme genannt werden
muß. Bei allen aber ist das dritte Fühlerglied ganz oder doch in
der Basalhälfte rot und sind alle Tarsen deutlich schwarz geringelt;
durch letzteres Merkmal unterscheidet sich auch die lichtgraue Form
von *major* Zett.

(57, I.) *pseudomaculipes* Str. Tarifa (Cz, St).

(637, II.) *maculipes* Mg. Algeciras, oberes Geniltal, San Celoni,
♂, ♀ häufig (Cz, St).

Varietät: Vorderschenkel schwarzbraun, nur im Enddrittel
rotgelb; sonst die Beine ganz rotgelb. Bei Malgrat ein übrigens
normales ♂ (St).

1216. *crassiseta* Str. (637, II als Varietät der *maculipes*). Im
oberen Genitale der Sierra Nevada 1 ♀, das vollkommen mit dem
von mir beschriebenen ♀ stimmt; ich muß daher das Tier nicht
für eine Abnormität, sondern für eine eigene, durch die Fühlerborste leicht von allen anderen unterscheidbare Art halten.

(60, I, II.) *minuta* Mg. var. *obscuripes* Str. Elche (Cz, St), Puerto del Pico in der Sierra de Gredos (L). Die Schienen sind nicht immer ganz rotgelb, sondern die Mittelschienen häufig in der Basalhälfte, die Hinterschienen öfters an Basis und Spitze schwarz. Diese mir bisher nur aus Spanien bekannte Varietät erhielt ich durch Prof. Thalhammer auch in Mehrzahl aus der Umgebung von Kalocsa in Ungarn.

1217. *pseudo-exigua* m. 1·5—2 mm. ♂, ♀. Äußerst ähnlich der *exigua* Mg., aber das dritte Fühlerglied ist fast genau kreisförmig, die vier vorderen Beine sind ganz rotgelb, die Hinterbeine fast ganz schwarz; der Thoraxrücken ist gar nicht bestäubt und die hintere Basalzelle meist etwas kürzer als die vordere. Um Algeciras in mehreren hundert Exemplaren gesammelt, auch um Tarifa und Elche nicht selten (Cz, St).

Stimmt in Größe und Färbung fast vollkommen mit *exigua*, doch sind folgende Unterschiede zu beachten: Das dritte Fühlerglied ist noch kürzer und fast genau kreisförmig, die flaumige Behaarung desselben unscheinbarer. Der Thoraxrücken glänzt lebhaft, ist gar nicht bereift, sondern nur dünn mit stellenweise gereihten weißen Flaumhärchen besetzt; die weißgraue Bereifung des Thoraxrandes aber ist mindestens ebenso deutlich wie bei *exigua* und reicht fast bis zum Schildchen. Die Vorderbeine sind ganz rotgelb, nur die Tarsenendglieder verdunkelt; die Mittelbeine ebenso, aber mit glänzend schwarzen Hüften, die Hinterbeine sind entweder ganz schwarzbraun (meist ♀) oder nur die Schenkelbasis rotgelb, bisweilen auch die Schienen ⊥ rotbraun (meist ♂); Hintertarsen ganz dunkel. Die hintere Basalzelle endet meist etwas vor der vorderen, selten gleichzeitig mit der vorderen und die Schlußader ist viel weniger schief, so daß die hintere Basalzelle auch rückwärts kürzer oder kaum länger ist als die vordere, während bei *exigua* dieselbe vorn und besonders rückwärts deutlich an Länge die vordere übertrifft. — ♂ und ♀ stimmen bis auf die Hinterleibsform vollkommen miteinander. Die Beinfärbung variiert nur wenig; bisweilen trägt die Oberseite der vorderen Schenkel eine bräunliche Strieme.

(642, II.) *rondaënsis* Str. Algeciras, 5 ♂, 2 ♀ (Cz).

(63, I, II.) *minutissima* Str. San Celoni (St).

1218. *pseudounguiculata* m. ♂. *Differt ab unguiculata Zett. tantummodo antennis fere totis flavis, femoribus omnibus aequalibus.* Algeciras (St).

Stimmt so vollkommen mit der mir bisher nur aus Alpengegenden bekannten *unguiculata*, daß ich sie nur durch zwei Merkmale unterscheiden kann: 1. Ist auch die Basalhälfte des dritten Fühlergliedes lebhaft rotgelb, während bei *unguiculata* das dritte Glied stets ganz schwarz ist. 2. Sind alle Schenkel der ganz gelben Beine vollkommen gleich dick und gleich lang, während bei *unguiculata* die Hinterschenkel deutlich länger und dünner sind als die übrigen. Die Beine sind durchaus rotgelb, was aber auch bei *unguiculata* oft vorkommt, obwohl die Beschreibungen das letzte Tarsenglied schwarz nennen. Sonst sehe ich absolut keinen Unterschied, daher eine genauere Beschreibung überflüssig wäre.

(644, II.) *Tachysta undulata* Str. Am Montseny bei San Celoni, ♀ (St), Tarifa, ♂ (Cz).

Das ♂ stimmt genau mit den ♀ bis auf folgendes: Der Flügelrand bildet vor dem Ende der Marginalzelle eine auffallende bogenförmige, beinahe halbkreisförmige Erweiterung. An den vorderen Beinen sind die Schenkel und Schienen auf den sich zuwendenden Seiten ziemlich lang flaumhaarig und die Mittelschienen sind innen an der Spitze etwas dreieckig erweitert. Das kleine Hypopyg endet mit zwei länglichen Lamellen.

Dolichopodae.

(647, II.) *Sciapus euzonus* Loew. Escorial, 4 ♂ (L).

(649, II.) *Sciapus contristans* Wied. Tarifa, Alicante, Elche, Encina, Monistrol, ♂ und ♀ nicht selten, teils mit, teils ohne deutliche dunkle Hinterleibsbinden des ♂ (Cz, St).

Var. *opacus* (Loew als Art). Tarifa, San Fernando, 3 ♂ (Cz, St). Die Exemplare stimmen genau mit einem ♂ aus Dalmatien, sind aber sicher nur eine Varietät des *contristans* mit ganz oder größtenteils gelbem dritten Fühlergliede, leicht gesäumter hinterer Querader und leicht gesäumtem Vorderaste der vierten Längsader; diese schwachen Säumungen kommen auch öfters bei ♂ mit ganz schwarzem dritten Fühlergliede vor.

1219. *fasciatus* Macq. (Dieser Name fehlt im Kat. d. pal. Dipt.) Elche, Alicante (Cz, St). Der Thoraxrücken der ♀ zeigt auf grüngrauem, bestäubtem Grunde vier deutliche purpurfärbige Striemen; die zwei seitlichen sind nur in der Hinterhälfte vorhanden, die zwei mittleren reichen nur bis zum Enddrittel. Bei *contristans* ♀ fehlen diese Striemen vollständig oder sind nur angedeutet, auch ist die Thoraxbestäubung viel dichter, so daß die grüne Grundfarbe nirgends durchscheint. Ein 6 mm großes ♂ aus Alicante stimmt in der Thoraxfarbe fast genau mit dem ♀, doch sind die vier Striemen

undeutlicher; das vierte und fünfte Glied der Vordertarsen sind,
wie Macq. angibt, schwarz, aber nicht oder kaum merklich erweitert, die ganzen Vordertarsen sind etwas robuster als bei *contristans*; sonst stimmt es vollkommen mit normalen *contristans*,
besitzt auch auf den Hinterleibsringen breite purpurbraune Binden.
Der Hinterleib der ♀ ist — wie bei *contristans* ♀ — ganz einfärbig.
Vielleicht nur als Varietät desselben aufzufassen.

1220. *albovittatus* m. ♂ 5, ♀ 4 mm. *Thorace brunneo stria
media alba: ♂ tarsis anticis nigris, articulo 3° et 4° subdilatato.*
Algeciras, 1 ♂, 2 ♀ (Cz, St).

Durch Thoraxfärbung und Vordertarsen von den übrigen europäischen
Arten sicher verschieden; gleicht in den meisten Merkmalen dem *contristans*.

♂. Gesicht und Stirn weiß, letztere mit brauner Mittelstrieme. Fühler
rotgelb, das dritte Glied schwarz. Thoraxrücken schön zimmtbraun bestäubt,
mit durchgehender weißer Mittelstrieme; auch fast der ganze Seitenrand weißgrau. Schildchen grünlichblau mit seitwärts brauner, in der Mitte weißlicher
Bestäubung. Hinterleib, Hypopyg, Flügel und Beine wie bei *contristans*, nur
sind die Vordertarsen ganz dunkel und deutlich dicker; die Ferse ist so lang
wie die übrigen Glieder zusammen, diese nehmen allmählich an Länge ab; das
zweite Glied ist etwas gebogen, das dritte und vierte deutlich breiter als das
zweite und fünfte.

Das ♀ zeigt die bei *Sciapus* gewöhnlichen Geschlechtsunterschiede;
Vordertarsen einfach, aber ebenfalls ganz schwarzbraun. Mittelschienen rückwärts mit drei kurzen Börstchen; zwischen der ersten und zweiten Rückenborste steht eine längere Innenborste, unterseits noch zwei ganz kurze Börstchen.
Die Thoraxfärbung ist genau wie beim ♂, der Hinterleib aber ohne die
dunklen Basalbinden des ♂. — Die hintere Querader und die obere Gabelzinke sind bisweilen — wie bei *opacus* — dunkler umschattet.

1221. *Neurigona biflexa* m. ♂ 5, ♀ 4—4·5 mm. *Viridis, abdomine flavo, nigrofasciato; alis immaculatis, vena 4ª biflexa; ♂
tarsis anticis nigris, simplicibus, brevibus.* In Eichenwäldern bei
Algeciras, 2 ♂, 5 ♀ (Cz, St), Fuente Teja bei Escorial, ♂, ♀ (L).

Ganz nahe verwandt mit *nubifera* Loew und *suturalis* Fall., aber von
ersterem schon durch die ganz glashellen Flügel, von allen durch die Form
der ersten Hinterrandzelle und das ♂ durch die Vordertarsen verschieden;
fehlt auch in der Monographie Oldenbergs (Zeitschrift für Hym. u. Dipt.,
1904). Der Vergleich mit meinen Exemplaren und der ausführlichen Beschreibung der *nubifera* gibt folgende Unterschiede:

♂. Thoraxrücken viel dünner bestäubt, daher die grüne Grundfarbe
sehr deutlich. Die schwarzen Querbinden des Hinterleibes sind breiter, ungefähr so breit als die gelben. Die Vordertarse ist nur ungefähr so lang als

ihre Schiene, ganz tief schwarz, durchaus einfach, fast so dick als die Schiene, dicker als die Mitteltarse, wohl wegen der dichten, äußerst kurzen schwarzen Behaarung; das erste Tarsenglied kaum so lang als die übrigen zusammen. Die übrigen Tarsen sind gelbbraun mit kaum bemerkbar dunkleren Spitzen. Die erste Hinterrandzelle ist — wie bei *nubifera* — gegen ihr Ende äußerst stark verschmälert, aber diese Verengung erfolgt nicht (wie bei *nubifera*) gleichmäßig, sondern der Endabschnitt der vierten Längsader bildet in der Mitte einen starken Bogen nach aufwärts, läuft dann eine kurze Strecke fast parallel mit der dritten, bildet knapp vor der Mündung nochmals einen kleinen Bogen nach abwärts und dreht sich endlich wieder nach aufwärts, um nahe der dritten zu münden. Von der Mündung der dritten bis zur Flügelspitze ist der Rand ganz schmal dunkel gesäumt, was man aber nur bei starker Vergrößerung bemerkt.

Das ♀ stimmt mit dem ♂, nur sind die Vordertarsen ebenso dünn und gelbbraun wie die übrigen; die Biegungen der vierten Längsader sind etwas schwächer und die Spitzensäumung fehlt beinahe ganz.

1222. *Hygroceleuthus diadema* Hal. Elche, Alicante (Cz, St).

(46, I, II.) *Dolichopus signifer* Hal. Tarifa, Elche, Alicante, oberes Genital (sehr häufig); Villaverde, 10./4. (D).

(65, I.) *andalusiacus* Str. Tarifa, ♀ (Cz). Stimmt vollkommen mit dem ♂ bis auf die gewöhnlichen Geschlechtsunterschiede: Gesicht breiter, Fühler bedeutend kürzer etc. 1 ♂ wurde von Herrn Becker auch in Algier gefangen.

1223. *griseipennis* Stann. Algeciras, Malgrat (Cz, St).

1224. *aratriformis* Becker var.? *eciliata* m. Hinterschenkel unterseits ohne längere Wimperhaare. In den Lagunen von San Fernando 1 ♂ (Cz).

Stimmt sonst vollkommen mit der Beschreibung, Abbildung und einem Originalexemplar des Autors, nur besitzen die Hinterschenkel keine Spur von längeren Wimperhaaren; es wäre immerhin möglich, daß dieselben verloren gingen, obwohl das Exemplar vollkommen unverletzt ist. Wegen der tief zweispaltigen Analanhänge (der innere Zipfel ziemlich fadenförmig, vierborstig, der äußere pflugscharförmig) kann das Tier keine andere Art sein.

1225. *Lauff'eri* m. 5 mm. ♂. *Viridiaeneus antennis nigris, coxis anticis, trochanteribus, femoribus tibiisque flavis, tarsis tibiarumque posticarum apice nigris; tibiis spinosissimis; hypopygii appendices triangulares ciliis longis, rigidis, hamatis; vena 4ᵃ leniter flexa; femora postica albociliata.* Escorial, 3 ♂ (L).

Diese Art nimmt zwischen *Dolichopus* und *Poecilobothrus* Mik eine Mittelstellung ein, so daß man für sie eine neue Gattung gründen könnte. Mit *Dolichopus* stimmt sie in der nackten Fühlerborste, dem behaarten Schildchen, der beborsteten Hinterferse. Mit *Poecilobothrus* stimmt sie wegen der dreieckigen, sehr lang und hakig gewimperten Analanhänge und des Geäders; da die dritte Längsader sich stark nach abwärts biegt und der Endabschnitt der vierten Längsader nicht zweimal gebrochen ist, sondern sich nur sanft nach aufwärts dreht, so daß die Hinterrandzelle gegen das Ende sehr schmal wird. Schon durch diesen Aderverlauf läßt sich meine Art von den übrigen *Dolichopus*-Arten sicher unterscheiden. Nach der Tabelle von Kowarz kommt man zur Abteilung: Beine gelb, untere Augenwimpern weiß, Unterseite der Mittelschienen mit mehr als einer starken Borste; von allen Arten dieser Abteilung unterscheidet sie sich schon durch die ganz schwarzen Fühler.

Als Ergänzung diene noch: Gesicht dicht grau bestäubt, mäßig breit; Stirn goldgrün, unbestäubt. Fühler schwarz, ungefähr von Kopflänge; das dritte Glied stumpf eiförmig, etwa um die Hälfte länger als breit. Thoraxrücken glänzend, sehr wenig bestäubt; die zweireihigen Acrostichalborsten kurz, die übrigen Borsten sehr lang und kräftig. Schildchen sparsam mit kurzen schwarzen Haaren besetzt und mit zwei langen Randborsten. Schwinger und die schwarz gewimperten Schüppchen rotgelb. Hinterleib metallgrün ins Kupferrote, an den Seiten deutlich weiß bestäubt. Hypopyg groß, schwarz, durch weißliche Bestäubung matt. Die äußeren Anhänge nicht gestielt, genau dreieckig, am Rande mit äußerst dichten, langen, steifen, hakenförmig gekrümmten schwarzen Wimpern. Beine rotgelb. Schwarz sind nur: die vier hinteren Hüften, ein Spitzenfleck auf der Oberseite der Hinterschenkel, das Enddrittel der Hinterschienen und die ganz einfachen Tarsen (mit Ausnahme der Vorderferse). Die vier hinteren Schenkel tragen eine starke Präapikalborste, die Hinterschenkel unterseits eine mäßig lange, feine, weiße Wimperreihe. Besonders auffallend sind die starken, langen, mehrreihig angeordneten schwarzen Stachelborsten aller Schienen, besonders der hinteren. Die Hinterferse trägt nur zwei starke Rückenborsten. Die grauen Flügel besitzen keine auffallende Randverdickung. Die vierte Längsader verläuft von der hinteren Querader an anfangs ziemlich parallel mit der dritten, dann macht sie eine schwache, etwas dunkel gesäumte Biegung und nähert sich ganz gleichmäßig der dritten, die sich ebenfalls sanft herabbiegt, so daß ihr Mündungsabstand kaum ¹/₃ des Abstandes von der zweiten Längsader beträgt.

1226. *Tachytrechus insignis* Stann. Strand bei Tarifa (St), Provinz Orense Galiciens (T).

1227. *notatus* Stann. Algeciras, oberes Genital, 4 ♂, 2 ♀, alle ganz normal (Cz, St).

(66, I, II.) *Gymnopternus appendiculatus* Loew. Wurde diesmal von uns um Algeciras und Tarifa in großer Menge erbeutet; Madrid, Pardo, 2./5., Villaverde, 2./6., 7 ♂, ♀ (L, D). Die Hinterschienen des ♀ sind meist nur im Spitzendrittel geschwärzt, genau wie beim ♂; mein aus Cardenas beschriebenes ♀ ist also eine seltener vorkommende dunklere Form (mit nur im Basaldrittel dunkel braungelben Hinterschienen).

1228. (*Hercostomus* Loew) *excipiens* Becker, Zeitschr. für Hym. u. Dipt., 1907, S. 105. ♂, ♀. 3·5—4 mm. *Valde affinis rustico; ♂ differt facie lata, antennis brevioribus, pro parte rufis, thorace nigricante, tibiis totis rufis; hypopygii appendicibus brevioribus, fere truncatis; alis obscuris.* Algeciras, Tarifa, 3 ♂, 1 ♀ (Cz, St). Ich fand weder in Loew noch in Schiner eine entsprechende Beschreibung, hingegen stimmt Beckers *excipiens* aus Algier in allen Merkmalen so gut, daß ich an der Identität nicht zweifle.

1229. *convergens* Loew. Algeciras, ein fast 5 mm großes ♀, das nach Loew recht gut stimmt; da *convergens* nach Loew auch in Sizilien vorkommt, so ist das Vorkommen an der Südspitze Spaniens nicht so auffallend; der Ausdruck „Eur. centr." im Kat. der pal. Dipt. ist also zu eng gefaßt.

(67, 1.) *rusticus* Mg. Algeciras (Cz).

(68, I.) *rostellatus* Loew. Tarifa, ♂, ♀ ziemlich häufig (Cz, St).

1230. *nigricornis* Mg. Pardo (A, D), Escorial, besonders an der Fuente Teja (L).

1231. *chaerophylli* Mg. Provinz Orense Galiciens (T).

(72, I.) *Machaerium maritimae* Hal. Salinen von San Fernando, ♂, ♀ häufig, Algeciras (Cz, St).

(73, I, II.) *Orthochile unicolor* Loew und var. *Walkeri* Rond., *nigrocoerulea* Ltr., Pal. Catal. pr. p. Algeciras, Tarifa, Malgrat, höchst gemein aber in den Palmenhainen von Elche (Cz, St); meist die Varietät, selten ♀ der Normalform mit ganz schwarzen Hinterschienen.

1232. *barbicoxa* m. 4·5 mm. ♂. *Coxis dense albopilosis; femoribus flavis, anticorum basi nigra.* Hügel oberhalb Granada, 1 ♂ (St).

Durch Behaarung und Färbung der Beine leicht von den übrigen Arten zu unterscheiden, auch bedeutend größer.

Fühler schwarz, kurz, besonders das fast gleichbreite dritte Glied. Gesicht schmal, silberweiß. Rüssel ziemlich gleich breit, nicht ganz von doppelter Kopflänge. Stirn, Thoraxrücken und Schildchen metallisch braun, der Rücken deutlich weißlich bestäubt. Hinterleib mehr grün, mit weißlicher, besonders an den Seiten deutlicher Bestäubung. Hypopyg schwarz, deutlich abgeschnürt, komprimiert, auf den Bauch eingeschlagen, ähnlich dem des *unicolor*, aber viel größer. Die äußeren Anhänge schwarz, kürzer und viel breiter dreieckig als bei *unicolor*; in der Mitte des Unterrandes zwei kahle, hornartig durchscheinende, braune, dreieckige Vorsprünge (innere Appendices?). Färbung der Flügel und Richtung der Adern genau wie bei *unicolor*, aber die Flügel verhältnismäßig länger. Hüften schwarz, die mittleren und besonders die vorderen nebst der Hinterseite des Kopfes und den vorderen Bauchringen dicht und lang weißhaarig. Schenkelringe, Schenkel und Schienen rotgelb; nur die Basalhälfte der Vorderschenkel, die Spitze der Hinterschenkel und der Hinterschienen schwarz. Metatarsus der vier vorderen Beine rotgelb mit schwarzer Spitze, alle anderen Tarsenglieder schwarz. Tarsen einfach, ziemlich kräftig, besonders die Hintertarsen. Die vier hinteren Schenkel mit einer Präapikalborste, die Vorderschienen auf dem Rücken, die übrigen dreireihig sparsam beborstet.

(75, I, II.) *Chrysotus cilipes* Mg. Am Montseny (St).

(76, I, II.) *suavis* Loew. Elche sehr häufig, Algeciras, Tarifa, San Celoni, Monistrol und oberes Geniltal nicht selten (Cz, St).

(1008, II.) *gramineus* Fall. Algeciras zwei normale ♂ und 2 ♀ einer Varietät: Hinterschienen ganz schwarz, die vorderen ganz gelbrot (Cz, St).

1233. *pulchellus* Kow. Auf Rainen bei San Celoni, 19./5. (St).

1234. *Lamprochromus elegans* Mg. Algeciras, Alicante (Cz), Elche (St).

1235. *Teuchophorus spinigerellus* Zett. Alicante, 8 ♂, ♀ (Cz, St).

1236. *longipilus* m. 2 mm. ♂. *Differt a spinigerello tibiis posticis minus curvatis, pilis 2 longissimis armatis.* Algeciras, 2 ♂, 2 ♀ (Cz, St).

♂. Stimmt in fast allen Merkmalen vollkommen mit *spinigerellus*, weicht aber durch die Hinterschienen ab. Diese sind nicht erst im Enddrittel, sondern schon von der Mitte an ganz allmählich verdickt, so daß die Verdickung viel weniger auffällt, sind nur wenig gebogen und besitzen zwei fast in der Mitte an der vorderen Außenseite entspringende lange feine Haare, welche ungefähr bis zur Spitze der Schiene reichen. An der Innenseite, etwas näher gegen die Schienenspitze, steht eine Reihe von 4—5 ziemlich langen feinen gekräuselten Haaren. Die Rückseite ist fein gewimpert mit drei längeren stärkeren und dazwischen mit mehreren kürzeren feineren Börstchen. Die Beborstung der Mittelschenkel und Mittelschienen zeigt kaum eine Abweichung: erstere haben unterseits nahe der Basis zwei stärkere und einige kürzere schwächere Borsten, letztere in der Mitte der Unterseite zwei lange, gleichlange Borsten und oberseits näher der Basis zwei ungleich lange Borstenhaare; bei *spinigerellus* sind die Borsten deutlich kürzer. Die Hinterferse, wie bei *spinigerellus*, etwas kürzer als das zweite Tarsenglied; auch die Verdickung der Randader ist dieselbe. Die zugleich mit den ♂ gefangenen ♀ kann ich von *spinigerellus* nicht sicher unterscheiden.

1237. *tennemarginatus* m. 2·5 mm. ♂. *Metallicus, abdominis segmentis primis flavis; costa non incrassata; pedibus flavis, simplicibus.* Provinz Orense Galiciens, 1 ♂ (T).

Nachdem Prof. Mik schon einen *simplex* mit einfachen Hinterschienen und schwächer verdickter Randader aufgestellt hat, glaube ich, auch ein Tier mit gar nicht verdickter Randader hierher stellen zu dürfen. Zu *Chrysotus* und *Lamprochromus* paßt es auch nicht wegen der genau einreihigen Acrostichalbürstchen, zu *Sympycnus* nicht wegen der glänzend stahlblauen Stirn; jedenfalls steht es schon ganz an der Gattungsgrenze.

Augen zusammenstoßend, daher das Gesicht nur knapp unter den Fühlern sichtbar, matt. Stirn breit, glänzend stahlblau. Fühler sehr kurz; das dritte Glied stumpf dreieckig, kaum so lang als an der Basis breit, dicht flaumhaarig; Fühlerborste lang, deutlich flaumhaarig, fast grundständig. Rüssel und Taster winzig. Thoraxrücken und Schildchen metallgrün, aber etwas bestäubt, nur mäßig glänzend, ohne Samtflecke. Dorsozentralborsten je sechs, ungefähr doppelt so lang als die genau einreihigen Acrostichalbürstchen; Schildchen zweiborstig. Schwinger und die schwarz gewimperten Schüppchen gelbweiß. Hinterleib stark komprimiert, mit winzigem, borstenlosem Hypopyg, ziemlich dicht borstig schwarzhaarig, der kurze erste Ring mit langen Wimpern; die ersten drei Ringe fast ganz rotgelb, die letzten drei glänzend dunkelgrün. Alle Hüften, Schenkel und Schienen blaßgelb, nur die Mittelhüften mit grauer Außenstrieme und das Endviertel der Hinterschenkel schwarzbraun mit deutlicher Präapikalborste; sonst sind alle Schenkel und die Vorderschienen ganz borstenlos. Mittelschienen ziemlich nahe der Basis mit drei, dann am Ende des ersten und zweiten Drittels mit je einer Rückenborste. Hinterschienen in der Mitte der Vorderseite mit einer Borste, an der Außen- und Rückseite mit je drei abwechselnd gestellten Borsten. Tarsen schlank, einfach, die vier vorderen gegen das Ende hin, die hintersten aber ganz dunkel; die vorderen Metatarsen bedeutend länger als das zweite Glied, der Metatarsus der bedeutend dickeren Hintertarsen aber beträgt nur ²/₃ des zweiten Gliedes. — Flügel grau, schwarzaderig; die 2.—4. Längsader verlaufen fast parallel, die dritte mündet genau in der Mitte zwischen der zweiten und vierten; letztere mündet genau in die Flügelspitze zugleich mit der Randader. Die hintere Querader steht senkrecht und ist etwas länger als die Hälfte des Endabschnittes der fünften Längsader. Die Analader ist fein und etwas verkürzt.

(92, I.) *Sympycnus annulipes* Mg. Oberes Geniltal, Montseny (St).

(79, 1, II.) *Schoenophilus versutus* Walk., *Pseudacropsilus maculipennis* Str. Ich habe mich seither überzeugt, daß beide Gattungen und Arten identisch sind. Tarifa, Elche (Cz, St). Wurde von Herrn Becker auch aus Algier als *Ps. mac.* angegeben.

(80, I, II.) *Micromorphus albipes* Zett. und var. *claripennis* Str. (als *Pseudacropsilus*). Elche drei Pärchen der lichtbeinigen

Normalform, Elche, Tarifa, 1 ♂, 3 ♀ der dunkelbeinigen Abart
(Cz, St).

1238. *albosetosus* m. 1 mm. ♂. *Minima thorace viridi, opaco,
setis dorsocentralibus albis.* Algeciras, 4 ♂ (St).

Wohl die kleinste Dolichopode und außerdem durch die gelbweißen
Borsten sehr auffallend. Wegen der fehlenden Acrostichalbörstchen, des
schmalen Gesichtes und der kurzen hinteren Querader stelle ich das Tierchen
lieber zu *Micromorphus*, obwohl manche Merkmale an *Medeterus* erinnern.
Wegen der Kleinheit schwer zu beschreiben.

Kopf und Fühler ungefähr wie bei *albipes.* Das Gesicht ist schmal,
unterhalb der Querleiste nackt, schwarz, oberhalb derselben weiß bestäubt.
Fühler sehr kurz; das Endglied rundlich mit ungefähr endständiger Borste.
Stirn matt, dicht grau bestäubt. Thoraxrücken mit nackter Mittellinie, aber
mit je vier langen gelblichweißen Dorsozentralborsten und gleichfarbigen,
ebenso langen Seitenborsten; auch die zwei langen Schildchenborsten gelblichweiß. Thoraxrücken und Schildchen deutlich metallgrün, aber durch feine
Bestäubung ganz matt, stellenweise etwas bräunlich. Schwinger und die
weißlich gewimperten Schüppchen blaß. Hinterleib etwas dunkler metallisch,
ebenfalls ziemlich matt, mit äußerst feinen kurzen weißen Börstchen ziemlich
dicht besetzt. Das Hypopyg ist ziemlich klein, matt, eingeschlagen, ungefähr
wie bei *albipes* gebaut, mit zwei sparsam behaarten, schmalen, fast griffelförmigen Anhängen. Beine ganz einfach, schlank, mäßig lang, äußerst kurz
behaart und ohne merklich längere Borsten; Vordertarsen viel länger als die
Schienen, Hintertarsen und Hinterschiene ungefähr gleich lang; Hinterferse
etwas kürzer als das zweite Glied. Die Vorderhüften, alle Schenkel und
Schienen rotgelb, die Tarsenglieder allmählich dunkler. Flügel graulich glashell. Die erste Ader erreicht nicht die Flügelmitte, die zweite verläuft ganz
gerade, die dritte biegt sich etwas nach abwärts und divergiert daher etwas
mit der zweiten, die vierte biegt sich von der hinteren Querader an sanft
nach aufwärts und nahe der Mündung wieder etwas nach abwärts, so daß
sie im Enddrittel mit der dritten parallel läuft; sie mündet etwas vor der
Flügelspitze und ihr Abstand von der dritten beträgt ungefähr ¹/₃ des Abstandes der dritten von der zweiten; die hintere Querader steht etwas vor
der Flügelmitte und ihre Länge beträgt etwa ¹/₃ des Endabschnittes der
fünften Längsader. Die Querader ist also wie bei *Micromorphus*, der Verlauf
der Längsadern aber ungefähr wie bei *Medeterus*.

1239. *Asyndetus connexus* Becker (als *Meringopherusa*). Alicante, in einem Palmenhaine, 8./5., 1 ♂ (St). Es stimmt genau nach
Becker und unterscheidet sich von seinen zwei anderen Arten
durch ganz gelbe Schenkel und Vorderhüften etc. — In Beckers
Gattungstabelle wird *Meringopherusa* von *Asyndetus* dadurch ab-
getrennt, daß die Randader nur bis zur dritten Längsader reicht

und daß die hintere Querader fehlt. Allein Loew in Mg., IX, S. 296, begründet seine Gattung *Asyndetus* ausdrücklich auf das Aufhören der Randader an der Mündung der dritten Längsader, auf die außergewöhnliche Divergenz der dritten und vierten Längsader und auf die außergewöhnliche Zurückrückung der hinteren Querader. Da nun *Mer. transversalis* Becker eine hintere Querader besitzt, entfällt auch der zweite Unterschied von *Asyndetus* und halte ich daher seine Gattung für synonym.

1240. *aurocupreus* m. 2·5 mm. ♀. *Aurocupreus antennis, palpis pedibusque nigris, tibiis anterioribus rufoflaris; setis acrost. fere nullis; vena 4ᵃ subinterrupta, vena transversa postica maxime retracta.* Salinen von San Fernando, 2 ♀ (Cz, St).

Diese Art stimmt fast mit der Beschreibung der *Mering. transversalis* Becker aus Tunis (Zeitschrift für Hym. u. Dipt., 1907, S. 110), doch fand ich folgende Unterschiede: Stirn, Thoraxrücken, Brustseiten und Hinterleib sind lebhaft kupferrot, nur leicht weißlich bestäubt. Acrostichalbörstchen fehlen fast ganz, nur in der Thoraxmitte sehe ich bei einem Exemplare 2—3 Börstchen. Das Gesicht ist ganz dicht weiß bestäubt. Die Schenkel sind ganz metallgrün, die Hinterschienen und alle Hüften ganz schwarz. Die Vorderschienen sind ganz blaß rotgelb, die Mittelschienen viel dunkler, braunrot; alle Tarsen schwarz. Das Geäder ist wie bei *latifrons* Loew, nur ist die hintere Querader nicht gegenüber der Mündung der ersten Längsader, sondern noch weiter gegen die Basis zurückverlegt. Die vierte Längsader ist bei einem Exemplar an der Aufbiegung nur verdünnt, aber nicht unterbrochen; beim zweiten Exemplar ist sie daselbst vollständig und sogar ziemlich weit unterbrochen. Die Schienenbeborstung ist ungefähr die der verwandten Arten: Vorderschienen und die Vorderseite der übrigen Schienen nur mit ganz unscheinbaren, spärlichen Börstchen, Mittelschienen mit zwei langen Rückenborsten, Hinterschienen mit sechs kürzeren, von denen die erste und zweite sowie die vierte und fünfte paarweise gestellt sind.

1241. *late-interruptus* m. ♀. *Differt ab omnibus vena 4ᵃ latissime interrupta.* Lagunen von Monfalcone bei Triest, 1 ♀, Admont, 1 ♀ (St). Wahrscheinlich auch in Spanien.

Diese Art erinnert durch das Geäder an *interruptus* Loew aus Kuba, denn das Endstück der vierten Längsader steht hoch über dem Basalstücke, beginnt aber nicht weiter gegen die Flügelspitze hin, sondern sogar etwas näher dem Flügelgrunde und läuft durchaus parallel mit dem Basalstücke des letzten Abschnittes; sonst stimmt das Geäder mit *aurocupreus*, die hintere Querader steht ebenfalls weit vor der Mündung der ersten Längsader. Auch die Körperfarbe ist ähnlich, aber Stirn, Thoraxrücken, Brustseiten und Hinterleib sind glänzend stahlgrün, nur hier und da etwas kupferrötlich, fast gar nicht bereift. Acrostichalbörstchen ebenfalls sehr spärlich. Hüften schwarzgrün; Schenkel nur bei auffallendem Lichte stahlgrün, bei durchfallendem Lichte aber gleich den ganzen Hüftgelenken, Knien, Schienen und Metatarsen rotgelb. Die Beborstung der Schienen ist identisch mit der von *aurocupreus*; Fühler ebenfalls schwarz mit übergreifendem zweiten Gliede, die mäßig breiten Taster aber sind weiß.

1242. *Diaphorus Gredleri* Mik subspec. *flavomaculatus* m. ♂, ♀. Differt a typo segmentorum 2. et 3. lateribus flavopellucidis. Algeciras, Tarifa, 3 ♂, 1 ♀ (Cz, St).

Da nach Becker *Gredleri* sogar noch in Algier vorkommt, so halte ich es für besser, unsere Tiere nur als eine spanische Rasse desselben zu betrachten. Sie stimmen mit *Gredleri* in den ganz schwarzen Beinen, unterscheiden sich aber dadurch, daß die Seiten des zweiten und dritten Ringes in ausgedehnter Weise durchscheinend gelb sind; diese Farbe dringt aber nicht oder nur als Vorderrandsaum bis zur Mittellinie der Oberseite, ist also nicht so ausgedehnt wie bei *oculatus* ♂. Beim ♀ ist die gelbe Partie viel kleiner, analog wie es auch *oculatus* ♀ mit fast ganz grünem Hinterleibe gibt. Die metallgrüne Thoraxfärbung ist weniger lebhaft als bei *Gredleri*, aber etwas lebhafter als bei *oculatus*, so daß meine Tiere genau eine Mittelstellung zwischen beiden bilden; es ist mir sogar wahrscheinlich, daß *Gredleri*, die ich aus Untersteier und Italien besitze, ebenfalls nur eine Rasse des *oculatus* mit ganz dunklem Hinterleibe und ganz dunklen Beinen bildet, denn plastische Unterschiede kann ich zwischen den drei Formen nicht finden.

1243. *Argyra argentina* Mg. In Hainen bei Algeciras 2 ♂ (Cz).

(81, I.) *argyria* Mg. In Hainen bei Algeciras und Elche (Cz, St).

(654, II.) *Porphyrops micans* Mg. In Palmenhainen bei Elche 2 ♂ (Cz).

(83, I, II.) *Xiphandrium caliginosum* Mg. Im oberen Geniltale (Cz).

(656, II.) *fissum* Loew. Oberes Geniltal, Algeciras (Cz, St).

1244. *Drymonoeca calcarata* Becker in Zeitschr. für Hym. u. Dipt., 1907, S. 109 (aus Tunis). In einem Palmenwalde bei Alicante, 4 ♂, 2 ♀ (Cz, St); stimmt genau mit der ausführlichen Beschreibung Beckers.

(86, I, II.) *Syntormon pallipes* Fbr. Alicante, oberes Geniltal, ♂, ♀ sehr häufig (Cz, St), Escorial (L). Die Hinterleibsfärbung variiert von größtenteils gelb bis ganz metallisch.

(657, II.) *Zelleri* Loew. Oberes Geniltal, 4 ganz typische ♂, ♀ (Cz, St).

1245. *Medeterus micaceus* Loew. Alicante, Jativa, 4 ganz normale ♂, ♀ (Cz, St); Escorial, 2 ♀ mit größtenteils gelbroten und 1 ♀ mit ganz schwarzen Beinen (L).

1246. *flavipes* Mg. Elche, Jativa (St), Escorial (L).

1247. *dendrobaenus* Kow. Encina, Malgrat (St), Escorial (L).

1248. *Hydrophorus praecox* Lehm. Algeciras, San Fernando, Elche, Alicante, häufig (Cz, St).

1249. *bisetus* Loew (aus England). Salinen von San Fernando, 9 ♂, ♀ (Cz, St). — Unterscheidet sich vorzüglich von *praecox* durch das nur zweiborstige Schildchen und den ganz matten, dicht braungelb bestäubten Thoraxrücken; auch sind die Vorderschenkel an der Basis stärker verdickt; die Dornen der Außenreihe an der Unterseite derselben sind länger, die Vorderschienen plumper und beim ♂ gegen die Spitze etwas verdickt, auf der Innenseite der Spitze ohne größeren Dorn.

(89, I.) *Liancalus virens* Scop. Escorial 3 ♂, ♀ (L).

1250. *lacustris* Scop. Salinen von San Fernando, Wassergräben bei Elche, ♂, ♀ sehr häufig, selten bei Algeciras (Cz, St).

(91, I, II.) *Campsicnemus umbripennis* Loew var. *hispanicus* Str. Oberes Geniltal (Cz), Montseny (St).

(658, II.) *magius* Loew. Algeciras (Cz, St).

(659, II.) *simplicissimus* Str. Elche, 2 ♂ (Cz, St).

(660, II.) *crinitarsis* Str. Algeciras, Tarifa, 5 ♂, 2 ♀ (Cz, St).

1250. *Epithalassius Czernyi* m. 3 mm. ♂, ♀. *Differt a S. Marcii Mik antennis brevissimis, arista nuda, facie supra angustata, coxis et trochanteribus nigris, femoribus fere totis nigris, ♂ appendicibus analibus capitatis.* Auf kahlen Sandhügeln am Meere bei Tarifa nicht selten, aber schwer zu erbeuten; wir sammelten 14 ♂, 5 ♀ (Cz, St).

Durch die dichte weißgraue Bestäubung, die durchaus weiße und lange Beborstung, die langen, einreihigen Acrostichalborsten auffallend und sicher ein *Epithalassius;* stimmt auch fast vollkommen mit der von Mik aufgestellten Art, kann aber doch nicht damit identisch sein, denn die Fühler des ♂ sind bedeutend kürzer als der Kopf, das dritte Glied ist nicht verlängert birnförmig, sondern zwiebelförmig, nicht länger als breit; die Borste ist selbst bei 30facher Vergrößerung ganz nackt. Alle Hüften, Schenkelringe sind schwarz, die Schenkel selbst nur an der äußersten Spitze rotgelb. Das Gesicht des ♂ ist oben schmal, gegen die Taster hinab aber deutlich verbreitert,

ungefähr wie bei *Campsicnemus*. Die äußeren Genitallamellen sind nicht länglich viereckig, sondern dünn, lang, fadenförmig, am Ende aber etwas verbreitert; die inneren sind ebenso lang und am Ende ebenfalls, aber stärker
verbreitert, alle sind rostgelb.

Das ♀ unterscheidet sich vom ♂ nur durch das sehr breite Gesicht und
den bloß fünfringeligen, stärker plattgedrückten, nach rückwärts allmählich
verschmälerten Hinterleib; die Legeröhre ist kahl, zweigliedrig, schwarzbraun,
ungefähr so lang als der letzte Ring; sie endet mit zwei rostbraunen winzigen
Lamellen, die von sehr kurzen dicken weißen Börstchen umsäumt sind. —
Häufig ist das Hypopyg knapp angedrückt oder die Legeröhre eingezogen,
so daß man die Struktur nicht beobachten kann; der Kopf des ♂ ist häufig
zusammengeschrumpft, so daß sich in der Oberhälfte des Gesichtes die Augen
völlig berühren.

1251. *Thinophilus Achilleus* Mik. Salinen von San Fernando,
Strand bei Alicante, 5 ♂, 4 ♀ (Cz, St). Bisher nur aus Sardinien
(Mik) und Ägypten (Becker) bekannt.

1252. *flavipalpis* Zett. Wassergräben bei Elche (Cz).
Var. *mirandus* Becker (Zeitschr. für Hym. u. Dipt., 1907, als
Art aus Algier). Beine nicht ganz schwarz, sondern alle Hüften
grau, alle Schenkel und Schienen ganz oder fast ganz gelb. Die
eigentümliche Verzierung der vier vorderen Tarsen des ♂ zeigt
keinen Unterschied von der Normalform. Die Körperfarbe ist meist
lebhafter. Meine Tiere stimmen fast genau nach Becker, nur die
von ihm angegebenen Unterschiede der Beborstung der Beine von
der Normalform scheinen mir variabel und fehlen oft bei meinen
Exemplaren gänzlich; daher halte ich *miranda* nur für eine südliche
Rasse. Algeciras, 27 ♂ und ♀ (Cz, St).

1253. *ruficornis* Hal. Wassergräben bei Elche, ♂, ♀ (St).

(661, II.) *Aphrosylus venator* Loew. Ceuta, Alicante, besonders häufig an Strandfelsen bei Algeciras (Cz, St).

1254. *fuscipennis* m. 2·5—3 mm. ♂, ♀. *Differt a venatore facie
cinnamomea, genubis anguste flavis, alis infuscatis.* An Strandfelsen
bei Algeciras, 8 ♂, 6 ♀ (Cz, St).

Unterscheidet sich von *venator* nur durch das nicht weiße oder weißgraue, sondern zimmtbraun bestäubte Gesicht, durch deutlich, aber schmal
gelbe Knie (bei *venator* sind auch die Knie ganz oder fast ganz schwarz),
endlich sind die Flügel ziemlich intensiv gebräunt, besonders längs der Adern
und am Vorderrande; bei *venator* sind sie in der Regel nur grau, selten etwas
gebräunt. Sonst finde ich keinen Unterschied. *Piscator* Lichtw. ist gelbbeinig

und bedeutend kleiner, alle übrigen europäischen Arten bedeutend größer; daher halte ich diese Art für neu.

1255. *raptor* Walk. und var. *b) celtiber* Hal. Salinen bei San Fernando und Algeciras, 5 ♂ (Cz, St).

Unsere Tiere unterscheiden sich von den zwei vorigen Arten leicht durch bedeutendere Größe (3·5—4·5 mm), ganz auffallend große, silberweiß schimmernde, gelbrote Taster, ferner durch bedeutend längere und breitere Hypopyganhänge mit viel längerem Borstenbüschel des Spitzenrandes; dann sind die Vordertarsen nicht ganz einfach, sondern das erste Glied ist an der Spitze und das zweite gegen die Basis etwas verdickt; die zweireihige Bedornung auf der Unterseite der Vorderschenkel ist nicht unscheinbar, sondern sehr kräftig und ziemlich lang, endlich ist die Färbung der Beine viel lichter. Entweder sind nur die vier hinteren Schenkel und das Spitzendrittel der Vorderschenkel rotgelb oder es sind alle Schenkel, Schienen und die Basalglieder der Tarsen rotgelb, nur die Basis der Schenkel ist meist etwas verdunkelt; zu letzterer Form (= *raptor* Walk.) gehören 3 ♂ aus San Fernando, zur dunklerbeinigen Form (= *celtiber* Hal.) die 2 ♂ aus Algeciras; außer der Färbung der Beine sehe ich keinen sicheren Unterschied.

Lonchopteridae.[1]

(663, II.) *Lonchoptera lutea* Pz. var. 4 *trilineata* Zett. Genilbach ♂, ♀ nicht selten (Cz, St).

Var. 5 *palustris* Mg. (Die drei gelben Thoraxstriemen schon sehr unscheinbar, die Brustseiten noch größtenteils gelb.) Mit der vorigen ♂, ♀ häufig (Cz, St).

Var. 6 *cinerea* Meijere (*lacustris*, 664, II). (Thorax, Brustseiten und Hinterleib ganz verdunkelt.) Am Genilbach mit den vorigen ♂, ♀ häufig (Cz, St).

(662, II.) *furcata* Fall. 1. forma *typica* Meijere (*lutea*, l. c.). (Hinterkopf, Thorax und Hinterleib fast ganz gelb, letztere zwei nur mit schmaler dunkler Mittelstrieme.) Oberes Geniltal (Cz), San Celoni (St); nur ♀.

---

[1] Die Benennungen im I. und II. Teil wurden von mir nach der Monographie des Dr. de Meijere, Tijdskrift voor Entomologie, 1906, umgeändert und die neu gesammelten Tiere darnach bestimmt.

Var. 2 *rivalis* Mg. (Hinterkopf teilweise verdunkelt; Thorax
und Hinterleib gelb, aber mit ziemlich breiter dunkler Mittelstrieme;
= *punctum* l. c.) Algeciras (Cz), Elche, Alicante, San Celoni (St);
nur ♀.

Var. 3 *lacustris* Zett. (Thorax grau, nur mit Spuren von gelb-
roten Streifen; = *pseudotrilineata* Str., l. c.) Oberes Geniltal, San
Celoni, Algeciras nicht selten, mit Übergängen in Varietät 2 und 4
(Cz, St); Madrid (L).

Var. 4 *cinerella* Zett. (Thoraxrücken und Brustseiten ganz
grau; = *tristis*, l. c.) Oberes Geniltal, Algeciras, San Celoni, Elche
♀ häufig (Cz, St).

Syrphidae.

1256. *Bacha elongata* Fbr. Provinz Orense Galiciens (T).

1257. *Sphegina limbipennis* m. 6 mm. ♀. *Nigra, thorace polli-
noso, pedibus anterioribus flavis, posticis flavoannulatis; alae hyalinae stigmate et limbo apicali obscuro.* Oberes Geniltal (Cz).

Größe und Tracht ganz wie bei der gewöhnlichen *clunipes* Fall., auch
die Form und Färbung der Beine bietet fast keinen Unterschied; nur ist an
den Hinterbeinen das Enddrittel der Schienen und der Metatarsus stärker verdickt. Kopf und Fühler ebenfalls fast identisch, doch ist die Stirn bedeutend
breiter, ganz matt, grau bestäubt. Thorax aber wenig glänzend, dicht braun
bestäubt und mit äußerst kurzen Flaumhärchen besetzt, so daß die schwarze
Grundfarbe nur wenig durchschlägt. Prothorax und Schulterbeulen bleichgelb,
auch die Brustseiten teilweise rotgelb; Schüppchen weiß, Schwinger rotgelb.
Schildchen und Hinterleib nur mäßig dicht von kurzen weißlichen Haaren
flaumig, ziemlich glänzend schwarz. Flügel fast glashell, genau mit dem
Geäder der *clunipes;* aber das lange Randmal ganz schwarzbraun und die
Flügelspitze mit einem ziemlich breiten schwarzgrauen Saume, der an der
zweiten und dritten Längsader weiter nach innen vorspringt und hinter der
vierten Längsader allmählich verschwindet.

(59, I, II.) *Neoascia podagrica* Fbr. Prov. Orense Galiciens (T).

(1009, II.) *Xanthogramma ornatum* Mg. Algeciras, 1 ♂ (Cz).
Auf den Brustseiten nur zwei gelbe Flecke, nämlich ein großer
Fleck auf der Mitte der Brustseiten und vor demselben ein sehr
kleiner; kann also noch zur Normalform gerechnet werden. Die
Hinterschienen und Hintertarsen sind ganz schwarz.

Var. *dives* Rond. Provinz Orense Galiciens (T), Algeciras (Cz).
Brustseiten mit den normalen drei Flecken und noch einem gelben

Flecke vor den Schwingern; die Hinterschienen und Hintertarsen teilweise rotbraun.

(96, I.) *marginale* Loew. Madrid, 12./6., Montarco, 18./6., 2♀(D). Die ♀ entsprechen genau der Beschreibung des typischen ♂, unterscheiden sich also von meiner var. *Morenae* durch die eine vollständige Binde bildenden Flecke des zweiten Ringes; ferner durch die eine unterbrochene Vorderrandbinde bildenden gelben Querlinien des vierten Ringes und durch den in der Vorderhälfte viel lichteren Vorderrandstreifen der Flügel; sonst stimmen sie genau mit meiner Varietät.

Var. *Morenae* Str. Algeciras (Cz), San Fernando bei Madrid (A), Viciamadrid, 18. 6. (D); alle vier ♂ stimmen genau mit meinem Originalexemplar.

(97, I, II.) *Sphaerophoria scripta* L. Pardo, Escorial, Montarco, Baños, Provinz Orense Galiciens ♂ und ♀ häufig (L, A, D, T).

(97, I, II.) Var. *dispar* Loew. Algeciras, Tarifa, Bobadilla, Monistrol, San Celoni (Cz, St); Montarco. Chinchòn, Rio Alberche, Provinz Orense Galiciens (D, T).

(97, I, II.) Var. *strigata* Staeg. Algeciras, Bobadilla, Monistrol, San Celoni (Cz, St); San Fernando, Villaverde, Rio Alberche (A, D). Var. *nigricoxa* (Zett.). Escorial (L). Die ♀ aller dieser Varietäten lassen sich von der Normalform nicht oder kaum unterscheiden und auch bei den ♂ gibt es oft Übergänge.

1258. *taeniata* Mg. Provinz Orense Galiciens, 2 ♂ (T).

(98, I, II.) *picta* Mg. Provinz Orense Galiciens, ♂ (T).

(665, II.) *nitidicollis* Zett. San Fernando, Bobadilla, 6 ♂, ♀ (Cz, St); Pardo, ♂, ♀ in copula (L).

(666, II.) *Pelecocera* (Subgen. *Chamaesyrphus* Mik) *pruinoso-maculata* Str. Encina, 3 ♀ (Cz, St).

Var.? *escorialensis* m. Escorial, ♀ (L).

Es stimmt sonst mit den normalen ♀, aber das dritte Fühlerglied ist bedeutend größer, die Fühlerborste bedeutend näher der Spitze eingefügt (wie Mik von *lusitanicus* Mik, nur 7 ♂ bekannt, angibt); die Stirn besitzt zwei scharf vertiefte Orbitallängseindrücke, die bei *pruinosomaculata* ziemlich undeutlich sind, das Gesicht ist — wie bei *scaevoides* — weiß bestäubt, gelbrot mit schwarzer, unbestäubter Mittelstrieme, während bei *pruinosomaculata* das Gesicht ganz dunkel, nur am unteren Backenrande schmal gelbrot ist (Bestäubung und glänzend schwarze Mittelstrieme aber sind identisch). Die

rote Grundfarbe auf den drei weißbestäubten Fleckenpaaren des 2.—4. Ringes
ist sehr deutlich und auch der fünfte Ring besitzt zwei rotgelbe Vorderrand-
flecke nahe dem Seitenrande. Endlich ist an der Spitzenquerader der kurze
Aderanhang (der bei *scaevoides* und *pruinosomaculata* bisweilen vorkommt,
aber auch ganz fehlen kann) nicht nach außen, sondern nach innen gerichtet
und liegt nicht nahe dem Anfange, sondern genau in der Mitte derselben,
so daß die Spitzenquerader zwei gleichlange Bögen bildet, einen stärker
gewölbten der Anfangshälfte und einen schwach gewölbten der Endhälfte;
vielleicht ist dies nur eine Abnormität, obwohl die Bildung auf beiden Flügeln
ganz gleich ist. Wahrscheinlich ist dieses Tier das ♀ zu *lusitanicus* Mik,
doch hat das ♂ ganz oder fast ganz schwarze Fühler, während bei meinem ♀
die Fühler rotgelb sind, nur das erste Glied und der Oberrand des dritten
sind schwarzbraun; dann fehlt auch allen 7 ♂ des *lusitanicus* ein Aderanhang.
Aus Pardo erhielt ich soeben von Lauffer ein ♂, das genau mit *lusitanicus*
stimmt, nur ist es ganz ausgereift, daher die Beine größtenteils schwarz sind.
Das dritte Fühlerglied ist fast ganz schwarz, aber nicht viel größer als bei
escorialensis; es ist daher *escor.* sicher nur 1 ♀ davon mit abnormem Geäder.

(668, II.) *Catabomba pyrastri* L. Algeciras, Jativa, (Cz, St);
Pardo, Escorial, Sierra Quadarrama (L), Prov. Orense Galiciens (T).
Var. *unicolor* Curt. Pardo, 1 ♀ (L).

1259. *selenitica* Mg. Madrid, Escorial, Cercedilla (L, S).

1260. *albomaculata* Macq. Auf Blumen um Algeciras, Tarifa,
San Fernando, oberes Geniltal (Cz, St), Villaverde, Baños, im Juni,
Escorial (D, L). Die Stücke stimmen genau mit meinen Exemplaren aus Dalmatien und unterscheiden sich von den vorausgehen-
den Arten leicht durch die scharf begrenzte, breite gelbe Seitenstrieme des Thoraxrückens und viel breitere, kaum halbmondförmige
Flecke des Hinterleibes.

1261. *Syrphus albostriatus* Fall. Madrid (A).

1262. *bifasciatus* Fbr. var. *trifasciatus* Str. Madrid, ♂ (S), Hoch-
region des Montserrat, ♀ (St). Der vierte Ring besitzt ebenfalls eine
Vorderrandbinde, die mindestens halb so breit ist als die des dritten
Ringes; von dieser Form finden sich auch nicht selten ♂ und ♀ in
Zentraleuropa neben der Normalform (♂, ♀: der vierte Ring ganz
oder fast ganz ohne gelbe Binde).

(99, I, II.) *balteatus* Deg. Oberes Geniltal, Algeciras, Elche,
Malgrat, Montserrat (Cz, St); Provinz Orense Galiciens (T); Madrid,
Pardo, Escorial, Chinchón, 18./5. (A, L, D).

1263. *melanostomoides* Str. Provinz Orense Galiciens, ♂ (T).
Stimmt genau mit meinen zentraleuropäischen Exemplaren.

(670, II.) *excisus* Zett. Algeciras, San Fernando, Bobadilla, Moreda (Cz, St); Madrid (L). Bisweilen ist die vordere Binde fast oder wirklich unterbrochen, daher Übergang zu *corollae* Fbr. Vielleicht gehören doch, wie Kowarz annimmt, beide zusammen; aber die ♀ besitzen in der Stirnzeichnung einen guten Unterschied. (Siehe Strobl, Dipt. Steierm., I, S. 167.)

(100, I, II.) *corollae* Fbr. und var. *fulvifrons* Macq. (Die Form mit ganz oder fast ganz rotgelben Schenkeln.) An allen von uns besuchten Standorten ♂ und ♀ der Normalform häufig; von der Varietät trafen wir nur zahlreiche ♀ (Cz, St). 12 ♀ der Varietät erhielt ich auch aus Madrid, Villaverde, Cercedilla, Pardo, Escorial, der Provinz Orense Galiciens (L, D, S, T).

Var. *nigrofemoratus* Macq. (im Katal. d. pal. Dipt. als Varietät von *luniger*). Madrid, Villaverde, San Fernando, April, Mai, 6 ♂, 3 ♀ (A, S, D).

Das ♂ ist zwar dem normalen *corollae* äußerst ähnlich, aber mit bedeutend dunklerer Beinfärbung: Alle Schenkel sind schwarz mit ziemlich schmal gelben Knien, alle Tarsen schwarz; die Hinterschienen schwarz mit ziemlich schmal gelber Basis, die vorderen Schienen braun mit gelbrotem Basaldrittel. Fühler schwarz, nur das dritte Glied unterseits an der Basis etwas lichter; auch Gesichtsstrieme und Mundrand schwarz. Das Schildchen viel dunkler als bei *corollae* und etwas metallisch, aber mit durchaus fahlgelber Behaarung. Ein ganz ähnliches ♂, aber mit viel lichterem Schildchen, besitze ich auch aus Dalmatien. Die ♀ lassen sich von der Normalform nur durch etwas ausgebreitetere schwarze Farbe der Schenkel unterscheiden.

(671, II.) *ribesii* L. Tarifa, Montserrat (Cz, St), Escorial (L), Hervas, Juni (D).

Var. *vitripennis* Mg. Provinz Orense Galiciens, 3 ♂, ♀ (T). Ist sicher nur eine Varietät mit Übergängen zur Normalform, nicht, wie der Kat. d. pal. Dipt. annimmt, eine eigene Art.

1264. *luniger* Mg. Madrid (A); oberes Geniltal, 1 ♀ (Cz), eine Varietät mit schwarzem Basaldrittel aller Schenkel; sonst normal.

(101, I.) *maculicornis* Zett. Algeciras, 5 ♂, 1 ♀ mit teils ganz getrennten, teils schmal zusammenhängenden Flecken des dritten und vierten Ringes (Cz, St); Hochregion des Montserrat, 3 ♂, 1 ♀ einer Gebirgsform mit größtenteils schwarzen Beinen; sonst normal (St).

1265. *triangulifer* Zett. Escorial (L).

1266. *cinctellus* Zett. Baños, Juni (D).

(102, I, II.) *Melanostoma mellinum* L. *a) mellinum* Mg. und *b) mellarium* Mg. Bobadilla, Malgrat (Cz, St); Provinz Orense Galiciens (T), Escorial (L).

Var. *c) unicolor* Macq. (Hinterleib ganz schwarz.) Provinz Orense Galiciens, 1 ♀ (T).

(103, I, II.) *gracile* Mg. Escorial (L).

1267. *Chilosia latifacies* Loew. Oberes Geniltal, ein typisches ♂ mit ganz schwarzen Fühlern, deutlich grau bestäubtem Gesichte und sehr lang behaarten Augenrändern (Cz); Escorial, ein identisches ♂ (L).

1268. *soror* Zett. Pardo (L).

1269. *ruralis* Mg., *praecox* Zett. Escorial, April (A).

Var. *nevadensis* m. Oberes Geniltal bis in die Hochregion der Sierra Nevada, 5 ♂, 3 ♀ (Cz, St).

Die Exemplare sind wohl nur als Gebirgsform der *praecox* aufzufassen, mit kleinen dunkelbraunen Fühlern; auch die Schwinger des ♂ sind dunkelbraun, die des ♀ aber rotgelb. Sonst sehe ich keinen sicheren Unterschied. Nach Beckers Tabellen kommt man auf *mutabilis* Fall., von der sie sich aber sicher unterscheidet durch die schwarze, ins Bläuliche spielende Farbe, die deutlich kürzere, dickere, vollständig nackte Fühlerborste, die bedeutend breiteren Wangen; ferner sind Thorax und Schildchen des ♂ durchaus mit langen und dichten abstehenden weißen Haaren besetzt, nur die 4—6 längeren Randborsten des Schildchens sind schwarz. Auch die Behaarung des streifenförmigen Hinterleibes ist rein weiß. Die Färbung der Beine ist wie bei *mutabilis*, aber auch die Hinterschienen sind an Basis und Spitze rotgelb, so daß alle Schienen rotgelb mit einer breiten schwarzen Binde genannt werden können. Die vier ersten Tarsenglieder der Mittelbeine sind ganz rotgelb, auch die Vorder- und Hintertarsen sind größtenteils rotgelb, nur das letzte Glied und die Oberseite des ersten Gliedes sind schwarz (beim ♀ weniger ausgedehnt; auch die schwarze Mittelbinde der Schienen ist beim ♀ bedeutend schmäler). Die Behaarung der Augen ist kurz, weiß. Die Flügel sind durchaus rein glashell, ohne Spur einer Trübung.

Beim ♀ ist das dritte Fühlerglied größer, etwas lichter, fast kreisförmig, die Thoraxbehaarung ist bedeutend kürzer, aber ebenfalls aufgerichtet und weiß, das Schildchen besitzt nur zwei lange schwarze Randborsten; die Schwinger sind fast rein rotgelb und die Beine — wie erwähnt — etwas weniger schwarz. Die Stirn zeigt keine deutliche Mittelfurche.

1270. *correcta* Becker. Escorial, 3 ♀ (L).

1271. *limbicornis* m. 9 mm. ♀. *Differt a chloris Mg. antennarum articulo 3. majore, rufo, nigrolimbato; pilis thoracis et abdo-*

minis erectis, longioribus, fulvis; abdomine angusto. Oberes Geniltal, 1 ♀ (Cz).

Aus der Gruppe der *chloris* (Augen behaart, Gesicht nackt, Schildchen ohne längere Borsten). Die Tabelle Beckers führt auf *chloris* und *trisulcata*, aber von beiden unterscheidet es sich durch das fast doppelt so große, rotbraune, am Ober- und Spitzenrande schwarz gesäumte dritte Fühlerglied, ferner durch schlankeren Bau, besonders den gleichbreiten, streifenförmigen Hinterleib; von *chloris* auch durch die bedeutend längeren und aufgerichteten rötlichweißen Haare des Thorax und Schildchens. Die Kopfbildung ist ziemlich identisch, das Gesicht ist unbestäubt, nur die schmalen Wangen sind grau bestäubt und weißlich behaart; die Stirn besitzt in der Vorderhälfte eine deutliche Mittelfurche (die aber auch bei *chloris* nicht ganz fehlt). Thorax schwarzgrün, fein punktiert; die Randhaare des Schildchens sind ungleich lang, aber durchaus rötlichweiß, ohne eigentliche Borsten. Flügel etwas braungelb tingiert, besonders am Vorderrande in der Spitzenhälfte. Färbung der Beine fast ganz wie bei *chloris;* rotgelb sind: die schmalen Schenkelspitzen, alle Schienen mit Ausnahme einer schmalen schwarzen Mittelbinde, die vier vorderen Tarsen mit Ausnahme des Endgliedes und die drei Mittelglieder der Hintertarsen.

1272. *Myiolepta luteola* Gmel. Pardo, 5 ♂, 4 ♀ (L).

1273. *difformis* m. ♂ 8, ♀ 9·5 mm. *Nigra, brevissime albidopubescens; antennarum articulo 3., tibiarum omnium basi, tibiarum intermediarum apice tarsorumque intermediorum articulis primis 3 totis rufobrunneis; ♀ abdomine fere toto nigro; ♂ segmento 2. luteo; alae fascia obsoleta centrali obscura.* Pardo, 2 ♂, 3 ♀ (L).

Diese Art ist von den drei in Schiner beschriebenen Arten leicht unterscheidbar, aber auch mit der von Becher in Wr. Ent. Zeit., 1882, S. 250, beschriebenen *obscura* (♀ aus Österreich) kann sie nicht identisch sein, da Becher seine *obscura* durch dunklere Fühler und Beine und behaarteres Aussehen von *rara* unterscheidet, während bei meiner Art die Färbung der Fühler und Beine wenig von *rara* abweicht, hingegen sie durch äußerst unscheinbare Behaarung sich auf den ersten Blick von derselben unterscheidet; durch den fehlenden dunklen Präapikalwisch der Flügel aber stimmt sie mit *obscura*.

Als Ergänzung diene noch: ♂. Ziemlich schmächtig. Kopf klein, Augen auf eine lange Strecke zusammenstoßend. Fühler kaum von halber Länge des Untergesichtes, das zweite Glied daumenförmig auf das dritte übergreifend; dieses ziemlich groß, kreisförmig, mit nackter Borste. Untergesicht dicht grau bestäubt, nur der kleine Höcker und die Mittelpartie kahl. Thorax rein schwarz, dicht, aber nicht grob punktiert; der Hinterrand nebst dem Schildchen metallisch dunkelblau. Schwinger blaßgelb. Hinterleib schwarz, dicht punktiert; der zweite Ring oben und unten rotgelb, nur in der Mitte des Vorderrandes mit einer kurzen schwarzen Strieme. Beine einfach mit ziemlich dicken

Schenkeln, die Hinterschenkel unterseits in der Spitzenhälfte scharf säge-
zähnig. Flügel grau mit etwas gelblicher Basis, gelbrotem Randmale und
einer kaum merklichen dunkleren Mittelbinde.

♀. Bedeutend robuster mit größerem Kopfe. Stirn von ¹/₅ Kopfbreite,
tief dreifurchig, schwarz, etwas glänzend, sehr spärlich punktiert und behaart,
die Vorderhälfte der Augenränder schmal weiß bestäubt; die bestäubte Stelle
ist in der Mitte breiter als an beiden Enden; das Gesicht knapp unter den
Fühlern mit einer weißbestäubten Binde, ohne Mittelhöcker, aber mit etwas
stärker vorspringendem Mundrande und größerer kahler Mittelpartie als beim
♂. Hinterleib schwarz, nur am Seitenrande des ersten und am vorderen
Seitenrande des zweiten Ringes etwas rotgelb, bei einem ♀ ist auch die Unterseite des zweiten Ringes rotgelb. Die Basis der Flügel ist deutlicher gelbrot
und auch die dunkle Mittelbinde etwas intensiver; sonst stimmt es genau mit
dem ♂.

(676, II.) *Volucella zonaria* Poda. Madrid, Cañizares, Collado
mediano, Pardo, Tiermas (D, S, L, Sanz).

(677, II.) *elegans* Loew. Cañizares, Collado mediano (S), Escorial (L).

1274. *inanis* L. Tiermas (Sanz).

(106, I, II.) *Eristalis aeneus* Scop. Auf einer Wiese bei San
Fernando ♂ und ♀ ziemlich häufig (Cz, St); Madrid, Retiro, Escorial, Montarco, Provinz Orense Galiciens (A, D, L, T).

(678, II.) *sepulcralis* L. Villaverde, 10./4. (A).

1275. *taeniops* Wied. In Waldlichtungen von San Pablo bei
Algeciras, 19./4., 2 ♂, 1 ♀ rüttelnd, kaum zu erhaschen (Cz, St);
stimmen genau mit Exemplaren aus Italien (Bezzi) und Korfu
(Becker).

(107, I, II.) *tenax* L. An allen von uns besuchten Standorten
♂ und ♀ häufig (Cz, St); wurde mir auch von den Tauschfreunden
aus den Provinzen Madrid, Galicien etc. in Menge gesendet.

Var. *campestris* Mg. Algeciras, Tarifa, Elche (Cz, St); wurde
mir ebenfalls aus Castilien und Galicien in Mehrzahl gesendet.

Var. *hortorum* Mg. (♂ nur am zweiten Ringe mit rotem Seitenfleck, ♀ mit ganz schwarzem Hinterleibe.) Tarifa, Bobadilla, Montserrat (St), Madrid, Escorial (A, L).

(108, I, II.) *arbustorum* L. Algeciras, Encina, Malgrat, oberes
Geniltal nicht selten (Cz, St); von den Tauschfreunden aus Galicien
und Castilien häufig erhalten.

(109, I, II.) *pratorum* Mg. Oberes Geniltal (St), Madrid (L, St).

1276. *horticola* Deg. Escorial (L).

(679, II.) *Platynochoetus setosus* Fbr. Algeciras, 1♀(Cz). Varietät: Rothaarig, aber die Stirn und Hinterhälfte des Hinterleibes
schwarzhaarig, auch der Thoraxrücken stellenweise mit schwarzen
Haaren. Die Art scheint in der Färbung der Behaarung ebenso
stark zu variieren wie *Merodon equestris*. Ich besitze aus Tunis
ein ♀ mit durchaus fuchsroter Behaarung; *Macquarti* Loew (♀ aus
Sizilien) ist höchst wahrscheinlich auch nur eine Farbenvarietät
(vide Str., Span., II).

(680, II.) *Myiathropa florea* L. Monistrol (St), Pardo (L).
Var. *flavofemorata* Str. Pardo (L).

(681, II.) *Helophilus trivittatus* Fbr. Madrid (A), Provinz Orense
Galiziens (T).

1277. *Merodon equestris* Fbr. Algeciras, ♂ (St); ganz normal:
Thorax rückwärts schwarzhaarig, Schildchen und Hinterleib ganz
einfärbig rotgelb behaart.

Var. *nobilis* Mg. Algeciras, 3 ♂, ♀ (Cz, St). Wie die Normalform, aber der Hinterleib des ♂ vom dritten Ringe an fast ganz
schwarzhaarig; beim ♀ ist nur die Vorderhälfte des dritten und
vierten Ringes größtenteils schwarzhaarig, sonst ist der Hinterleib
weißgrau behaart.

Var. *Narcissi* Fbr. (Der ganze Rückenschild gelbgrau behaart.)
Provinz Orense Galiciens, ♀ (T).

Der Kat. d. pal. Dipt. führt bald die Varietäten als Varietäten
auf, z. B. bei *Myiatropa*, bald nur als einfache Synonyme, z. B. bei
Mer. equestris; letzteres Vorgehen halte ich für ungerecht gegen die
Autoren und für verwirrend für spätere Sammler, da manche wahrscheinlich, wenn sie die vorhandenen Namen als einfache Synonyme
betrachten, dieselben Varietäten nochmals benennen und beschreiben
werden. Wenn man in den Katalogen für Koleopteren und Lepido-
pteren die Varietäten separat als solche aufführt, warum soll man
es gerade im Katalog d. pal. Dipt. nicht tun?

(682, II.) *aeneus* Mg. var. *unicolor* m. Escorial, 1 ♂ (L).

Auch die ganzen Augen gleich dem übrigen Körper durchaus einfärbig
rotgelb behaart; die Behaarung des Hinterleibes dichter und länger als bei
der Normalform, die ich von der Balkanhalbinsel und durch Herrn Bezzi aus
Piemont besitze (3 ♂, 3 ♀). Durch Herrn Bezzi erhielt ich als *aeneus* aus
Tunis ein ebenso dicht und lang rotgelb behaartes und auch sonst fast durch-

aus identisches ♂, nur ist die Oberhälfte der Augen größtenteils schwarz behaart; *aerarius* Rond. unterscheidet sich von *aeneus* leicht durch ganz rotgelbes drittes Fühlerglied, viel dünnere Behaarung etc.

1278. *geniculatus* m. 10—13 mm. ♂, ♀. Auf einer Wiese bei San Fernando 19 ♂, 9 ♀ (Cz, St).

Eine kurze, plumpe Art, viel kürzer gebaut als ein von Loew als *serrulatus* Mg. bestimmtes ♂ aus Kalabrien; die Bestimmung war aber jedenfalls irrig und wurde später von Loew selbst in *eunotus* Loew umgeändert. Das ♀ stimmt so ziemlich mit der Beschreibung des *serrulatus* Mg. (♀ aus Portugal), doch finden sich mehrere wichtige Unterschiede: 1. Ist das Untergesicht nicht bläulichschwarz, dünn greis behaart, sondern dicht graulichweiß befilzt und behaart, so daß man die Grundfarbe gar nicht bemerkt. 2. Ist der Rückenschild nicht schwarz, sondern grünlich metallisch. 3. Besitzt der dritte und vierte Ring nicht bloß zwei dickliche weißliche Striemen, sondern eine vollständige oder nur sehr schmal getrennte, fast gleichbreite weißfilzige Mittelbinde; ja sogar der zweite Ring hat eine schmal unterbrochene Binde, die aber an den Seiten sich stark verbreiternd bis zum Vorderrande zieht und einen rotgelben Seitenfleck öfters fast ganz verdeckt. 4. Sind die Beine nicht ganz schwärzlich erzgrün, sondern das Basaldrittel aller Schienen ist gelblichweiß und auch der Metatarsus aller Beine ist ±, wenigstens auf der Unterseite, rotgelb; endlich sind die Flügeladern nicht gelblich gesäumt, sondern die Flügel durchaus graulich glashell mit schwarzen, an der Flügelbasis rostroten Adern. Zur näheren Charakteristik des ♀ diene noch: Fühler kurz, schwarz, das dritte Glied stumpf, breit elliptisch, unterseits gewöhnlich rotbraun, nicht viel länger als das zweite; Stirn mäßig breit, dicht bestäubt, nur in der Scheitelgegend glänzend und hier schwarzhaarig, sonst ist der Kopf rötlichweiß behaart; Augen durchaus kurz weißhaarig. Thorax dicht und kurz rotgelb behaart, meist mit Andeutung von vier dunklen und fünf lichteren Striemen; Schüppchen und Schwinger blaß, rötlichweiß; Hinterleib schwarz, dicht grob punktiert, ziemlich glänzend und fast kahl, nur auf den Filzbinden und an den Endsäumen stehen reichlichere gelbweiße Haare. Der Zahn der Hinterschenkel ist rückwärts deutlich gesägt; die Hinterschienen sind plump und verdicken sich allmählich gegen die Spitze.

Das ♂ gleicht vollkommen dem ♀; außer den breit zusammenstoßenden Augen und dem Hypopyg sehe ich nur folgende Unterschiede: Das dritte Fühlerglied ist bisweilen ganz schwarz, der Thorax ohne Spur von Striemen. Die Hinterbeine sind nicht ganz einfach: Die Hüfte besitzt einen kurzen, dreieckigen, behaarten Fortsatz; die Hinterschienen sind noch plumper und nicht fast gerade, sondern das Endfünftel ist nach vorne gebogen und die Spitze springt mehr oder weniger dreieckig vor. Alles übrige wie beim ♀, auch in der Behaarung kein nennenswerter Unterschied.

Var.? *escorialensis* m. ♂, ♀. Escorial, ♂, ♀ in copula (L); Chinchòn, 7./5., 1 ♀ (D).

Alle Schienen rotgelb mit einer ziemlich unscheinbaren schwärzlichen Querbinde, auch die Tarsen etwas ausgedehnter rotgelb; Hüftfortsatz des ♂ länger, die Spitze der Hinterschienen aber viel weniger und nur stumpf vorgezogen. Sonst sehe ich keinen Unterschied. Da die *Merodon*-Arten oft nicht nur in der Färbung, sondern auch in den sekundären Geschlechtsauszeichnungen variieren, so ist es oft schwer zu entscheiden, ob man eine Varietät oder eine neue Art vor sich hat.

1279. *serrulatus* Wied. Escorial an der Fuente Teja, Juli (L).

Nachdem ich meine Beschreibung des *geniculatus* und die Vergleiche mit der Beschreibung des *serrulatus* schon vollendet hatte, erhielt ich von Herrn Lauffer ein ♀ des seit 1822 nicht mehr gesammelten *serrulatus*, denn mein *serrulatus* aus Dalmatien (Wr. Ent. Zeit., 1893, S. 76) ist *eunotus* Loew. Es stimmt vollkommen nach Wied., nur ist mein Exemplar ziemlich abgeflogen, so daß die Thoraxbehaarung anstatt gelblichgrau weißgrau ist. Das Untergesicht ist schwarz, etwas ins Bläuliche, dünn greis behaart; nur an den Augenrändern ist die Behaarung dichter und länger. Die Behaarung des rein schwarzen Thorax ist ziemlich dicht, aber kurz. Die Grundfarbe des Hinterleibes ziemlich lebhaft violett, die Punktierung nicht dicht und ziemlich fein, der rotgelbe Seitenfleck des zweiten Ringes genau wie ihn Wied. beschreibt; die weiße Binde des dritten und vierten Ringes ziemlich weit unterbrochen, also in zwei Striche aufgelöst. Beine durchaus schwarz, nur die vier vorderen Knie schmal rötlich. Die Hinterschenkel sind ganz auffallend verdickt und viel länger als die übrigen; ihr Zahn groß und am Hinterrande mit scharfen Dornen bewaffnet. — Noch wäre zu erwähnen: Die Fühler sind ganz schwarz; das dritte Glied ist allmählich verschmälert, stumpfspitzig, etwa um die Hälfte länger als am Grunde breit. Die Stirn ist halb so breit als ein Auge, nur an den Augenrändern weißflaumig, sonst aber glänzend schwarz und von der Basis der Fühler an mit aufstehenden schwarzen längeren Haaren mäßig dicht bekleidet. Die weißliche Behaarung der Augen ist kurz und ziemlich sparsam.

1280. *spinipes* Fbr. Baños, ein normales ♂, Juni (D); Escorial, Madrid, ♂, ♀ (L).

Var. *obscuritarsis* m. Bayona, Juli, 1 ♂; Chinchòn, 24./5., ♂, ♀ (D).

Das ♂ unterscheidet sich von der Normalform durch oberseits ganz dunkle, nur unterseits ± rötliche Tarsen; beim ♀ ist die Mittelferse ganz rotgelb, sonst sind die Tarsen wie beim ♂; auch ist die Scheitelgegend des ♀ fast durchaus hell behaart, während bei normalen ♀ daselbst ziemlich viele schwarze Haare stehen. Ist sicher nur eine Varietät, denn auch einige ♀ des *spinipes* aus Dalmatien besitzen auf der Oberseite größtenteils dunkle Tarsen; *nigritarsis* Rond., auf welchen man nach den Tabellen von Schiner und Rondani gelangt, besitzt ein viel längeres drittes Fühlerglied, viel weniger dicht behaarten Thorax und daher viel deutlichere Thoraxstriemen.

1281. *albifrons* Mg., *varius* Rond., II, 64 (im Kat. d. pal. Dipt. irrig als eigene Art aufgeführt). Alicante (Cz), genau mit von Loew als *albifrons* bestimmten ♂ aus Korfu und Calabrien übereinstimmend.

1282. *unguicornis* m. 8 mm. ♂. *Viridiaeneus lateribus 2. et 3. segmenti rufis; antennarum articulo 3. sublunari; pedibus posticis simplicibus, femoribus paullo incrassatis, dente minuto.* Rivas, 21./5., 1 ♂ (D).

Dieses Tierchen ist vielleicht das ♂ zu *chalybaeus* Wied. in Mg., III, S. 365 (♀ aus Portugal); doch ist die Identifizierung zu fraglich, daher ich einen neuen Namen vorziehe. Durch geringe Größe, die Form der Fühler und Hinterschenkel ist es von anderen Arten leicht zu unterscheiden.

Kopfbau wie bei *cinereus;* Gesicht und Stirn grünblau, mäßig dicht mit ziemlich langen weißen Haaren bekleidet. Behaarung der Augen ziemlich lang, weißlich, in der Oberhälfte allmählich dunkler, doch nicht schwarz. Fühler klein, schwarz, nur das dritte Glied mehr dunkelbraun; es ist etwa doppelt so lang als an der Basis breit, am Oberrande konkav, am Unterrande konvex, so daß es ziemlich halbmondförmig erscheint mit etwas aufgebogener Spitze; Fühlerborste schwarz mit rotgelber Basis. — Thoraxrücken und Schildchen ziemlich matt dunkelgrün, überall dicht und lang gelblichweiß behaart, ohne Spur von Striemen. Schüppchen weißlich, gelb gewimpert; Schwingerknopf schwarz. Hinterleib ebenfalls dunkelgrün, überall dicht und ziemlich lang behaart, die Haare der Vorderhälfte rostgelb, besonders dicht und lang auf den Seiten des zweiten Ringes; nach rückwärts werden sie etwas kürzer und mehr weißlich; der ganze Seitenrand des zweiten und die Vorderhälfte des Seitenrandes des dritten Ringes ist ziemlich breit rostrot. Alle Ringe ohne Spur von Querbinden. Die Beine sind schwarzgrün, nur die vier vorderen Knie schmal rotgelb. Die Hinterschenkel sind etwas länger und dicker und der Zahn derselben bildet nur eine wenig vorspringende Ecke, ohne kleinere Sägezähne; die Hüften sind ohne Vorsprung, die Schienen ohne Höcker, sie werden einfach gegen die Spitze allmählich dicker und sind etwas gedreht; die Hinterferse ist doppelt so dick als die folgenden Glieder und so lang als alle zusammen. Flügel graulich glashell.

(110, I, II.) *Syritta pipiens* L. Die Normalform wurde von uns an allen unseren Standorten häufig gesammelt und mir auch aus den Provinzen Castilien, Estremadura und Galicien in Mehrzahl gesendet; die Farbe des dritten Fühlergliedes wechselt von ganz rot bis größtenteils schwarz.

(110, I.) Var. *obscuripes* Str. Algeciras, Tarifa, 1 ♂, 3 ♀, nebst Übergängen in die Normalform (Cz, St).

Auffallend ist eine Varietät, von der ich bei Tarifa 1 ♂ und
bei San Fernando 1 ♀ sammelte:

Das dritte Fühlerglied ist ganz schwarz, das zweite ganz oder größtenteils rot, die vier vorderen Beine sind ganz rotgelb, auch die zwei roten
Binden der Hinterschenkel sind ausgedehnter als bei der Normalform; das
zweite und dritte Segment sind größtenteils rotgelb, nur eine Mittelstrieme
und der Endsaum schwarz. Das ♀ stimmt genau mit zwei von Herrn Becker
aus Beirut (Syrien) als *spinigera* Loew erhaltenen ♀; die von Herrn Becker
als *spinigera* aus Kairo mitgeteilten ♂ aber weichen durch in der Basalhälfte
schwarze vordere und ganz schwarze Hinterschenkel ab; diese Beinfärbung
stimmt fast genau mit meiner var. *obscuripes*. — Nach meiner Ansicht gehört
auch *spinigera* in den Formenkreis der *pipiens*.

(683, II.) *Spilomyia saltuum* Fbr. Pardo (A).

(684, II.) *Eumerus strigatus* Fall. Algeciras, Tarifa, San Fernando, Montserrat 2 ♂, 6 ♀ der Normalform mit größtenteils oder
ganz dunklen Tarsen, dunklem dritten Fühlergliede und nur zwei
Aderfortsätzen der Spitzenquerader (Cz, St); Madrid, Rivas, Rio Alberche (D), Escorial (L).

Var. *funeralis* Mg. Escorial (L), 1 ♂ mit ganz schwarzen
Fühlern, fast ganz schwarzen Tarsen und — wie Rondani angibt — drei Aderanhängen der Spitzenquerader. 1 ♀ mit drei Aderanhängen sammelte Abt Czerny bei Algeciras. Der mittlere Aderanhang ist wohl nur eine zufällige Abnormität.

1283. *pulchellus* Loew. Escorial (L) 1 ♂, zwar mit ganz rotem
dritten Fühlergliede, aber vielleicht doch nur eine Varietät des
strigatus, da es sich sonst nicht davon unterscheidet. Ganz oder
beinahe identische Exemplare besitze ich auch aus dem österreichischen Litorale und vom Monte Gargano in Italien.

1284. *ruficornis* Mg. Chinchòn, ♂ (D).

1285. *tarsalis* Loew. Escorial, Juli, ♀ (L).

1286. *sabulonum* Fall. Hervas, Juni, ♂ (D).

1287. *micans* Fbr. Andalusien, ♀ (Villeneuve). Die Beschreibung des ♂ stimmt so ziemlich, besonders bezüglich des Hinterleibes und der Beine fast vollständig, so daß meine Bestimmung
richtig sein dürfte und die Differenzen wohl fast nur Geschlechts-
differenzen sind.

11 mm, breit und plump. Die Fühler sind nicht brennend rotgelb (wie
beim ♂), sondern rotbraun; das dritte Glied ist groß, fast kreisförmig, vorn
mit einer kleinen Ecke. Die Stirn ist für ein ♀ auffallend schmal, kaum von

¹/₇ Kopfbreite. Die Behaarung der Augen, des Gesichtes und der Stirn ist weißgrau, nur ist die Stirn in der Ozellengegend ziemlich breit schwarzhaarig. Auch die Behaarung des blauschwarzen Thorax und Schildchens ist durchaus weißgrau, ziemlich dicht, aufstehend, mäßig lang; Striemen fehlen vollständig. Die weißliche Behaarung des fast rein schwarzen Hinterleibes ist nur an den Seiten ziemlich dicht und lang; auf der Oberfläche sind nur die drei Paare weißbereifter Mondflecke dicht weiß behaart. Beine — wie Wied. angibt — schwarz, nur bei durchfallendem Lichte erscheint das Wurzeldrittel der Schienen deutlich braunrot; die Außenseite aller Schienen ist sehr dicht weißhaarig. Die verdickten Hinterschenkel tragen am Spitzendrittel unterseits ungefähr acht ziemlich lange Stacheln. Flügel wasserklar, dunkeladerig; die Spitzenquerader ohne Aderfortsätze. — *Eum. angustifrons* Loew, auf den man wegen der schmalen Stirn denken könnte, ist nach der mir von Dr. Kertesz mitgeteilten Beschreibung weit verschieden durch nur 2·5 lin. (kaum 6 mm) Größe, viel schmäleres schwarzbraunes drittes Fühlerglied, schwarzgrünen, deutlich gestriemten Thorax etc.

(685, II.) *Milesia semiluctifera* Vill. Madrid, Pardo (A, D).

1288. *crabroniformis* Fbr. Provinz Orense Galiciens (T).

(111, I.) *Orthoneura frontalis* Loew. Am Strande bei Tarifa ♂, ♀ häufig (Cz, St). Die Exemplare stimmen genau mit solchen aus Triest und Ungarn; der letzte Ring des ♀ ist nicht, wie Schiner angibt, ganzrandig, sondern dreieckig ausgeschnitten.

1289. *Chrysogaster coemeteriorum* L., *solstitialis* Fall., Kat. d. pal. Dipt. Baños, Juni (D).

(688, II.) *chalybeata* Mg., *basalis* Str. (non Loew?), var. *coerulea* m. Escorial, 2 ♂, 4 ♀, Spanien, ♂, ♀ (L). Die spanischen ♀ unterscheiden sich von meinen mitteleuropäischen ♀ durch eine schön blaue Färbung des Kopfes, Thorax und der Hinterleibsränder, doch ziehen letztere etwas ins Grüne. Die ♂ sind schwarz mit einem Stich ins Violette oder Grüne und weichen kaum von mitteleuropäischen ♂ ab. Die Flügel sind in der Mitte meist stärker verdunkelt als bei der Normalform und nähern sich dadurch der *basalis* Loew, die wohl auch nur eine Varietät der *chalybeata* ist. Meigen beschreibt den Thorax als schwarzblau, Schiner als fast schwarz.

1290. *splendens* Mg. Algeciras (Cz, St), Escorial (L).

1291. *longicornis* Loew. Algeciras (St), Madrid (Bolivar), Pardo, Escorial (L). Stimmen genau mit meinen syrischen Exemplaren.

1292. *hirtella* Loew var. *claripennis* m. 7 mm. ♂, ♀. *Differt a typo colore obscure coeruleo, alis prorsus hyalinis.* Algeciras, 2 ♂, 3 ♀ (Cz, St).

Unterscheidet sich von *Macquarti* und *hirtella* durch ganz wasserhelle Flügel, die dunkelblaue, nicht deutlich grüne Färbung des Rückenschildes, von *Macquarti* auch durch reichlichere und steifere Behaarung des Hinterleibes, daher ich sie lieber zu *hirtella* stelle; wahrscheinlich ist aber *hirtella* auch nur eine Varietät von *Macquarti*. Die Stirn des ♀ ist sehr breit, nur vorn jederseits mit einigen Querfurchen; die Schwinger des ♀ sind braun, die des ♂ schwarz, auch die Thoraxhaare des ♂ sind schwärzlich, der Thorax selbst noch dunkler, beinahe schwarz.

(113, I, II.) *Pipizella virens* Fbr. var. *maculipennis* Mg. Baños, Juni (D), Madrid (L).

Var. *varipes* Mg. Villaverde, 2./6. (D).

1293. *Heringii* Zett. var. *hispanica* m. Montserrat, 14./5., 1 ♀ (St), Fuente Teja bei Escorial, 1 ♂ (L).

7 mm. Das ♀ stimmt mit meinen normalen ♀ in Größe, Körper- und Flügelbau, der schwärzlichen Behaarung der Stirn, der langen weißlichen Behaarung des rein schwarzen Körpers sehr gut überein; unterscheidet sich nur durch dunklere Schwinger (da der rotbraune Knopf einen schwärzlichen Fleck besitzt, während bei normalen ♀ die Schwinger ganz rotgelb sind) und etwas durch die Farbe der Tarsen: Die Mittel- und Vorderferse sind nämlich oberseits schwarz, unterseits deutlich rotgelb, während beim typischen ♀ die Mittelferse fast ganz rotgelb und die Vorderferse ganz schwarz ist; doch wechselt auch bei der mitteleuropäischen *Heringii* die Färbung der Tarsen etwas, so daß man auf kleine Differenzen nicht viel Gewicht legen kann. Das ♂ stimmt fast vollkommen mit dem ♀. Die Mittelferse ist rotgelb mit schwarzer Spitze, die Vorderferse schwarz, nur an der äußersten Basis rotgelb, die Schwinger rötlichgelb mit teilweise gebräuntem Knopfe, alle Knie beim ♂ und ♀ schmal rotgelb; die Flügel beim ♂ und ♀ glashell, nur von der Mitte an etwas verdunkelt. Wegen des lichteren Schwingerknopfes wäre das ♂ nach der Tabelle Kowarz' *flavitarsis* Mg., es ist aber bestimmt das ♂ zu meiner spanischen Rasse.

(114, I, II.) *Paragus bicolor* Fbr. forma *typica*. (Hinterleib gelbrot mit schwarzer Wurzel und Spitze, die Segmente mit weißen Haarbögen.) Algeciras, Tarifa, Elche, Alicante (Cz, St), Madrid, San Fernando, Chinchón (D).

Var. *taeniatus* Mg. (Wie die Normalform, aber der Hinterleib ohne weiße Haarbögen.) Algeciras (St), Sierra de Momayo (L).

Var. *zonatus* Mg. (Hinterleib schwarz, nur der dritte Ring mit schmaler roter Binde oder auch der zweite Ring mit rotem Fleck oder Binde.) Elche, Alicante (Cz, St).

Var. *testaceus* Mg. (Hinterleib rot mit schwarzer Basis.) Escorial (L), Montarco, Provinz Orense Galiciens (D, T).

1294. *strigatus* Mg., ♀, *bimaculatus* Wied. (♂). Granada, Elche, San Fernando, Encina, Malgrat (Cz, St); Madrid, Villaverde (A, D). Die Hinterleibfärbung stimmt zwar nicht ganz nach Meigen und Schiner, doch zweifle ich nicht, daß es diese Art ist. ♀. Hinterleib rot, aber der erste Ring fast ganz schwarz oder nur in der Mitte ausgedehnt rot. Der zweite Ring besitzt je zwei schwarze seitliche Querflecke; der am Vorderrande hängt mit der schwarzen Färbung des ersten Ringes zusammen. Der dritte und vierte Ring besitzen beiderseits je einen queren, nach innen etwas schief aufsteigenden Hinterrandfleck, die vom Seitenrande ziemlich so weit entfernt sind als voneinander. Der fünfte Ring besitzt in der Mitte des Hinterrandes einen halbkreisförmigen schwarzen Fleck; die dreieckige Legeröhre ist ganz schwarz. — Das ♂ besitzt fast dieselbe Zeichnung, nur sind die Querflecke des dritten und vierten Ringes kleiner (bei einem ♂ fehlen sie am vierten Ringe ganz); der fünfte Ring ist ganz rotgelb oder besitzt zwei genäherte Längsflecke und das Hypopyg ist ebenfalls rotgelb. Wenn man in Meigens Beschreibung des *strigatus* ♀ statt „1.—4. Ring" 2.—5. Ring setzt und statt „5. Ring" Legeröhre, so stimmt seine Beschreibung fast genau; die übrigen Angaben Meigens stimmen ebenfalls.

(690, II.) *quadrifasciatus* Mg. Madrid, Rivas, Provinz Orense Galiciens, 4 ♂, 2 ♀ (A, D, T). Die ♂ gehören zur Normalform; die ♀ besitzen keine schwarze Gesichtsstrieme, gehören also zur var. *pulcherrimus* Str., Wr. Ent. Zeit., 1893, S. 78, die ich als eigene Art aufgestellt habe, jetzt aber richtiger nur als Varietät betrachte; bei Untersuchung einer größeren Zahl von Exemplaren aus Dalmatien und Spanien sah ich leider, daß alle von mir angegebenen Unterschiede sich verwischen.

(115, I, II.) *tibialis* Fall. var. *a) tibialis* Mg. (Hinterleib ganz schwarz, Hinterschienen mit schwärzlichem Ringe.) Algeciras, San Fernando, Elche, Alicante, Encina, Jativa, Monistrol, San Celoni, ♂, ♀ häufig (Cz, St).

Var. *obscurus* Mg. (Wie *a,* aber Hinterschienen ganz gelb.) Mit var. *a,* aber bedeutend seltener und meist ♀ (Cz, St).

Var. *c) trianguliferus* Zett. (Der dritte Ring besitzt einen roten dreieckigen Fleck oder auch der vierte und fünfte sind rot gesäumt; Übergangsform zu var. *d).* Jativa, Oberes Geniltal, 3 ♂ (St).

Var. *d) haemorrhous* Mg. (Hinterleib schwarz mit blutroter Spitze oder Hinterhälfte.) Pardo (A), Baños (D), 3 ♂.

(691, II.) *Chrysotoxum intermedium* Mg. Algeciras, Alicante (Cz), Hochregion des Montserrat (St), Madrid, Escorial, Montarco (L, S, D).

(693, II.) *vernale* Loew. San Fernando (A), Villaverde (D).

1295. *octomaculatum* Curt. Provinz Madrid und Orense Galiciens (L, T), Hervas auf *Thapsia villosa*, Juni (D).

1296. *bicinctum* L. Escorial, Montarco (L, A).

(695, II.) *Cerioides vespiformis* Ltr. San Fernando (Madrid), Rio Alberche, Pardo, Escorial, Montarco (A, L, D).

1297. *conopoides* L. San Fernando (Madrid), Escorial, Montarco (A, D).

Pipunculidae.[1])

1298. *Pipunculus fluviatilis* Beck. (aus Ägypten). Alicante, 1 ♀ (St). Stimmt genau nach Becker; ebenfalls 3 mm, ebenfalls durch die sehr großen Pulvillen und Klauen der vier vorderen Beine auffallend etc.

(117, I.) *fuscipes* Zett. Monistrol, 1 ♂, die Normalform mit ganz dunklen Schulterschwielen (St).

1299. *zonatus* Zett. Montserrat, 14./5., 1 typisches ♀ (St).

(118, I, 696, II.) *nigritulus* Zett. Elche, 3 ♂, 5 ♀ (Cz, St). Die Stirn ist bisweilen fast ganz grau (= var. *griseifrons* Str. aus Südfrankreich), aber die Tarsen sind stets ganz dunkel; bei *griseifrons* (118, I) steht durch Druckfehler „Taster" statt „Tarsen".

1300. *mutatus* Beck. Escorial (L). Unterscheidet sich von *silvaticus* durch die grauen Seitenflecke der Hinterleibsringe und die fast ganz gelbroten vier ersten Tarsenglieder.

1301. *argyrostictus* m. 4·5 mm. ♂. *Differt a nigritulo: thoracis parte antica albopollinosa, femoribus anterioribus tibiisque omnibus retro argenteo-micantibus; halteribus nigris; femoribus posticis ciliatis.* Monistrol, 15./5., 1 ♂ (St).

Nach den Bestimmungstabellen Beckers gelangt man auf *nigritulus* Zett., also: Randmal ungefärbt, der dritte Abschnitt der Randader nur halb so lang als der vierte, die kleine Querader auf der Mitte der Diskoidalzelle, Fühler dunkel mit ziemlich lang zugespitztem dritten Gliede, Stirn schmal, Augen zusammenstoßend; Hinterleib mit nur kurzer und feiner Behaarung, glänzend schwarz ohne seitliche Bestäubung, Beine schwarz mit rotgelbem

---

[1]) Nach Th. Beckers Monographien (1897 und 1900) bearbeitet.

Basaldrittel der Schienen. Sie unterscheidet sich aber durch bedeutendere Größe, dann schimmert das Stirndreieck durchaus silberweiß; ferner erscheint, von vorn betrachtet, das ganze vordere Thoraxdrittel weißgrau bestäubt, ebenso schimmert, von rückwärts betrachtet, der Eindruck vor dem Schildchen weißgrau; die ganzen Schulterbeulen sind weißgelb, die Schwinger sind nicht gelbbraun, sondern ganz schwarz, der Hinterleib besitzt, von vorn betrachtet, am zweiten und dritten Ringe eine weißgraue Vorderrandbinde. Die Vorderschenkel schimmern rückwärts in der ganzen Endhälfte silberweiß; die Mittelschenkel ebenso, aber nur im Enddrittel. Ebenso schimmert die Rückseite aller Schienen silberweiß, nur in der Mitte wird dieser Schimmer durch eine schwarze Stelle unterbrochen. Die innere Unterkante der Hinterschenkel ist mit mäßig langen braungelben, schimmernden, feinen Haaren bewimpert. Das Hypopyg ist ziemlich klein, rückwärts mit einer sehr großen, breit eiförmigen Spalte.

Phoridae.[1])

1302. *Phora concinna* Mg. Algeciras, Monistrol (St).

(711, II.) *unispinosa* Zett. Algeciras, Montserrat (St).

(122, I.) *(Aphiochaeta) ciliata* Zett. Hochregion des Montserrat, 14./5. (St).

(123, I, II.) *nitidifrons* Str. Algeciras (Cz), Montserrat (St).

(170, II.) *xanthozona* Str. Oberes Geniltal, Montserrat (St).

(124, I, II.) *pulicaria* Fall. var. *rufipes* Mg. Algeciras, Elche, Montserrat (Cz, St).

Forma *genuina* Str. Algeciras, Monistrol, San Celoni, Montserrat (St).

Var. *nigra* Str. (Nach Becker ist *nigra* Mg. = *pusilla* Mg.; aber *pusilla* ist nach meiner Überzeugung ebenfalls nur eine Varietät der *pulicaria* und da *nigra* Mg. in der Färbung mit meiner Varietät stimmt, so kann man wohl Mg. pr. p. setzen.) Algeciras, Elche, San Fernando (Cz, St).

Var. *luctuosa* Str. (non *luctuosa* Mg., die nach Becker synonym mit *concinna* Mg. ist). Oberes Geniltal, Montserrat, 2 ♂ (St).

Var. *pumila* Str. (nach Becker ist *pumila* Mg. ebenfalls nur *pusilla* Mg., diese aber, wie erwähnt, nur eine Varietät der *pulicaria*). Algeciras, Monistrol, oberes Geniltal (St).

---

[1]) Bearbeitet nach Beckers Monographie in diesen „Verhandlungen", Jahrg. 1901, und nach Strobl in Wr. Ent. Zeit., 1892.

Var. *pusilla* Mg. Ich begreife unter *pusilla* alle kleineren Übergangsformen zwischen *pulicaria* und *pygmaea* Zett.; letztere bildet wohl nur das kleinste Endglied der ganzen Formenreihe. Oberes Geniltal, Elche, Montserrat, 5 ♂, 1 ♀ (St).

1303. *nudipes* Beck. (♀), var. Jativa, 12./5., 1 ♂ (St). Stimmt mit der Beschreibung des ♀, aber die Stirn ist ziemlich matt. Fühler ziemlich groß, das mäßig große Hypopyg endet in zwei lappenförmige Fortsätze. Ich sammelte auch in Steiermark ein Pärchen; das steirische ♂ besitzt aber eine stark glänzende Stirn, wie Becker vom ♀ angibt.

1304. *flava* Fall., Beck. Algeciras, 1 ♂ (St).

(714, II.) *Trineura velutina* Mg. Algeciras, Elche (Cz, St).

1305. *Conicera atra* Mg. Algeciras, 1 ♂ (Cz).

Muscidae calypterae = *Muscaria schizometopa* Br.[1])

1306. *Meigenia majuscula* Rond. Elche (Cz). Die Augen sind zwar nur sehr spärlich behaart, aber sonst stimmt dieses ♀ ganz nach B.-B. und meinen mitteleuropäischen Exemplaren.

1307. *bisignata* Mg. Rivas, ♂, ♀ der Normalform (D); Pardo 1 ♀ mit ganz einfärbig grauem Hinterleibe (A).

1308. *floralis* Mg. Algeciras, Elche (Cz, St).

1309. *Ceromasia* (Subgen. *Paraphorocera* B.-B.) *senilis* Mg., *tincta* B.-B., teste Villn.! (die Type Meigens ist teste Villn. verschwunden). Malgrat, 21./5., 1 ♀ (St).

1310. (Subgen. *Dexodes* B.-B., *Lydella* R.-D., Kat. d. pal. Dipt.) *nigripes* Fall., *machairopsis* B.-B. Algeciras (Cz), Escorial, 2 ♂ (D).

1311. *albisquama* Zett., *spectabilis* B.-B. Baños, Juni, 2 ♀ (D).

1312. *Gymnochaeta viridis* Fall. Oberes Geniltal (Cz).

---

[1]) Die Anordnung erfolgt wieder der Konformität wegen und weil Brauers Anordnung nach dem Urteile Dr. Villeneuves weitaus die naturgemäßere ist nach Brauers „Vorarbeiten etc." in diesen „Verhandlungen", Jahrg. 1893 (IV. Teil); der 1. Teil erschien 1889, der II. 1891, der III. 1893 in den Sitzungsber. d. kais. Akad. d. Wissensch. in Wien. Bezzi im Kat. d. pal. Dipt., 1907, gibt eine ganz andere Anordnung und hat vielfach eine verschiedene Nomenklatur, da er auf die von den meisten Kritikern sehr ungünstig beurteilten Werke Rob.-Desv. zurückgreift; auch enthält sein Katalog nach Villeneuves Mitteilung viele Irrtümer, die sich allerdings ohne Untersuchung der Typen nicht vermeiden lassen. Dr. Villeneuve hatte auch die außer-

(715, II.) *Exorista* (Subgen. *Parexorista* B.-B.) *agnata* Rond. Hervas, Juni (D).

(716, II.) *confinis* Fall. Hervas, Juni (D), Escorial, 2 ♂ (L).

(717, II.) *Cheloniae* Rond., *Carcelia Chelonia*, Kat. d. pal. Dipt. Cercedilla (L), Hervas, Juni (D), Pardo, 4 ♂, 2 ♀ (L).

1313. *polychaeta* Macq. Aranjuez, ♂ (L).

1314. *fimbriata* Mg. Algeciras (Cz).

1315. (Subgen. *Nemorilla*) *maculosa* Mg. Elche, Alicante (Cz, St), Pardo (A), Hervas, Juni (D).

1316. *notabilis* Mg., *amica* Rond. San Pablo bei Algeciras (St).

1317. (Subgen. *Myxexorista* B.-B., *Zenillia* R.-D., Katalog d. pal. Dipt.) *libatrix* Mg., var. *grisella* Rond. (als *Phorocera*). Elche, 1 ♀ (Cz).

(718, II.) „*Hypochaeta castellana* Str., Madrid, 2 ♂"; sind teste Villn. = *distincta* Mg.; das ♀ dazu ist *inepta* Mg. Type.

1318. *Frontina* (Subgen. *Parerynnia* B.-B.) *vibrissata* Rond. Escorial, August, ♀ (leg. L., det. Villn.).

1319. *Phorocera* *pavida* Mg., *cilipeda* Rond., *Pales pavida*, Kat. d. pal. Dipt. Hervas, Juni (D).

1319 b. *pumicata* Mg. Madrid, ♀ (L).

1320. (Subgen. *Tritochaeta* B.-B.) *pullata* Mg., Type teste Villn., *polleniella* Rond., *prosopoides* B.-B. Moreda, Encina (Cz, St), Hervas, Juni (D).

1321. (Subgen. *Setigena* Rond., B.-B.) *assimilis* Fall., *grandis* Rond., *Leptochaeta ptilopareia* B.-B., sec. typ. teste Villn. Escorial 1 ♀ (L).

1322. (Subgen. *Parasetigena* B.-B.) *segregata* Rond. San Fernando, ♂ (Cz), Granada, ♀ (St); besitzen eine deutliche Aderfalte, sonst aber normal.

1323. *Sturmia* (*Blepharipoda* B.-B., *Masicera* Schin. pr. p.) *scutellata* R.-D. Baños, Juni (D), Provinz Orense Galiciens (T).

1324. *Tachina* (*Eutachina* B.-B.) *rustica* Mg. Escorial, 2 ♂ (L).

---

ordentliche Güte, alle mir zweifelhaften Arten zu untersuchen, mit den Typen Meigens und B.-B. zu vergleichen und ihre Synonymie anzugeben, so daß wohl nur wenige irrige Bestimmungen in meiner Arbeit vorkommen dürften; bei jeder von ihm untersuchten Art wird dies ausdrücklich durch den Beisatz „teste Villn." angegeben.

1325. (Subgen. *Tricholyga* Rond.) *grandis* Zett., *pavoniae* Zett., *lasiommata* Loew, *major* B.-B., sec. typ. teste Villn., non Rond. San Fernando, oberes Geniltal (Cz).

Anmerkung. *Pokornya aberrans* Str. (1893) gehört teste Villn. sec. typ. ebenfalls zu *Tricholyga*, kommt nach Villeneuve auch auf Korsika und in der Provence vor; synonym damit ist *deligata* Pand., sec. typ. (1896) teste Villn.

1326. *Stomatomyia* (B.-B.) *filipalpis* Rond. Algeciras, San Fernando, häufig (Cz, St).

1326 b. *Germaria ruficeps* Fall. Pardo, ♂ (L).

(131, I, II.) *Gonia cilipeda* Rond. Tarifa, Bobadilla, Alicante, 7 ♀ (Cz, St).

(132, I, II.) *atra* Mg. Pardo (A, L).

1327. *fasciata* Mg. Madrid und Torrelodones bei Madrid, März und April, 1 ♂, 3 ♀ (L, A).

1328. *ornata* Mg., *capitata* Schin., non Deg. Escorial, Pardo (L).

1329. *Cnephalia bucephala* Mg., *hebes* Rond., non Fall. Escorial, 1 ♀ (A).

1330. *Baumhauera goniaeformis* Mg., Schin., B.-B. Moreda, 1 ♂, oberes Geniltal, 1 ♀ (Cz). Das ♀ besitzt kahle Augen und läßt sich von österreichischen Exemplaren nicht unterscheiden; das ♂ aber weicht von den Beschreibungen ab durch ziemlich dicht und lang behaarte Augen.

1331. *Brachychaeta strigata* Mg., sec. typ. teste Villn., *spinigera* Rond., B.-B. Oberes Geniltal, 1 ♀ (Cz).

1332. *Aporomyia dubia* Fall., B.-B. Hochregion des Montserrat, 2 ♂ (St).

(719, II.) *Mintho lacera* Rond. Algeciras, Granada (Cz), Provinz Madrid (L).

(133, I.) *Macquartia occlusa* Rond., Str. Algeciras, Granada, Moreda, Encina, Monistrol, oberes Geniltal (Cz, St, richtig teste Villn.), Escorial (L).

1333. *maculifemur* m. 9 mm. ♂. *Obscure grisea, thorace quadrivittato, abdomine subtesselato; genis pilosis; antennis pr. p., palpis et macula femorum infra apicem rufis.* Oberes Geniltal, 1./5., 1 ♂ (St); gute Art teste Villn.

Durch die behaarten Wangen verwandt mit *occlusa* Rond., derselben auch sehr ähnlich, aber durch die bedeutendere Größe und die Färbung leicht zu unterscheiden. Der Kopf ist fast identisch, Stirn rückwärts sehr schmal. Die ganzen Taster, die zwei Basalglieder und die Basis des dritten Fühlergliedes sind lebhaft rotgelb. Die ganzen Wangen sind schwarzhaarig, nur knapp neben den Augen bleibt ein Streifen kahl. Thorax dunkelgrau, von rückwärts betrachtet mit vier gleich weit voneinander entfernten schwarzen Streifen, die äußeren breiter, die mittleren reichen etwas über die Quernaht; in der Hinterhälfte aber sieht man statt der zwei nur eine Mittelstrieme. Der Hinterleib ist ziemlich gewölbt, ebenfalls dunkelgrau mit ziemlich deutlichen Schillerflecken. Das Hypopyg steht bedeutend vor, ist fast schwarz und glänzt ziemlich stark. Die Beine sind schwarz, nur die äußersten Schienenspitzen sind rotgelb und alle Schenkel besitzen an der Spitze unterseits einen länglichen rotgelben Fleck, der, sich verschmälernd, fast bis zur Mitte reicht. Die Flügel sind grau mit starkem Randdorne; die kleine Querader steht etwas vor der Mündung der ersten Hauptader und ist schwach gesäumt, die hintere Querader ist stark geschwungen und steht bedeutend näher der Spitzenquerader als der kleinen, die Spitzenquerader beugt stumpfwinkelig ab und ist ziemlich gerade, die Hinterrandzelle ist schmal offen. *Occlusa* unterscheidet sich durch die geschlossene Hinterrandzelle, geringe Größe, ganz schwarze Fühler und Beine, schwarzen, nur vorn etwas gestriemten Thorax; *dispar* Fll. und *atrata* Fll. weichen noch mehr ab, die übrigen Arten besitzen ganz nackte Wangen.

1334. *chalconota* Mg. var. *nitida* (Zett., Schin., Rond. als Art). Tarifa, oberes Geniltal (Cz, St), Fuente Teja bei Escorial (L).

(720, II.) (Subgen. *Minella* R.-D., *Ptilops* Rond. und B.-B. als Gattung) *nigrita* Fall., Schin., B.-B. Algeciras, Monistrol 3 typische ♂ (Cz, St). Das von mir in 720, II aus Malgrat beschriebene ♂ mit geschlossener Hinterrandzelle ist teste Villn. = var. *infans* (Rond. als Art).

1335. *Demoticus* (Subgen. *Rhinotachina* B.-B.) *modestus* Mg., *Tachina demotica* Egg., Schin., *sybarita* Mg., B.-B. Escorial (L, A), Madrid, 6 ♂ (L).

1336. *Zophomyia temula* Scop., Schin., Rond. (als *Avernia temula*). Algeciras, ♂, ♀ (Cz).

(722, II.) *Eriothrix* (Mg. = *Olivieria* R.-D.) *latifrons* Br. Montseny, 19./5, ♂ (St).

1337. *rufomaculatus* Dg., Rond., *lateralis* Fbr., Br., Schin. Pardo, Escorial (L, D).

1138. *Cylindromyiopsis* (Bezz. = *Cylindrogaster* Rond.) *sanguinea* Rond., B.-B. Madrid (Bolivar), Pardo, 2 ♂, 3 ♀ (L).

1339. *femoralis* Mg., ♂, ♀, sec. typ. teste Villn., siehe auch Stein, Ent. Nachr., 1900, S. 136, non *Rhin. femoralis* Schin., die sich durch beborstete Wangen unterscheidet. Granada, oberes Geniltal (St, Cz), Escorial, Pardo (L); besitze auch 1 ♀ aus Algier (det. Villen.). Unterscheidet sich von *cylindrica* durch die fast gerade Spitzenquerader, den etwas längeren, nicht oder kaum aufgebogenen Stiel der Hinterrandzelle, stärker verdunkelten Vorderrand der Flügel, besonders aber durch fast doppelt so breite Wangen, so daß die Stirn viel stärker vorspringt; da aber bei der nahe verwandten Gattung *Eriothrix* Flügelfärbung und Geäder stark variieren, so dürfte auch bei *femoralis* wohl nur die Wangenbreite als maßgebender Unterschied übrig bleiben. Meigen selbst stellt VII, 210 die Art irrig zu *Rhinophora* (mit beborsteten Wangen).

1340. *Ocyptera bicolor* Ol., Schin., Rond. Sierra de Moncayo, ♂ (L).

(726, II.) *pilipes* Lw., Schin., *tincticornis* Rond. Rio Alberche, ♂ (D).

(727, II.) *intermedia* Mg. Nach Villeneuve in Wr. ent. Zeit., 1903, S. 40 auch = *cylindrica* Mg. und *excisa* Loew. San Fernando bei Madrid, ♂, Pardo, ♀ (A).

Meine *excisa* var. *rufiventris* hat Herr Villeneuve untersucht und als richtig erklärt; sie muß aber *intermedia* var. *rufiventris* heißen.

1341. *Boscii* R.-D., Mg., *cylindrica* Fbr., Schin., Rond., non Deg. Oberes Genital, 1 ♂ (Cz).

1342. *scalaris* Loew, Schin. (♀). Prov. Orense Galiciens, 1 ♀ (T); es stimmt genau mit Exemplaren der Sammlung Schiners und meinen ♀ aus Istrien; da aber das ♂ noch unbekannt ist, sind die Artrechte noch fraglich und könnte das Tier auch eine kleine Form der *pilipes* mit vollständiger Hinterleibstrieme sein.

(724, II.) (Subgen. *Exogaster* Rond.) *rufifrons* Loew, Schin., *carinata* Rond. Escorial (L), Provinz Orense Galiciens, 5 ♂, ♀ (T).

(728, II.) (Subgen. *Ocypterula* Rond.) *pusilla* Mg., Schin. Hochregion des Montserrat, 14./5. (St).

1343. *Micropalpus comtus* Fall., Rond., *fulgens* Mg., Schin., *Linnaemyia comta*, Kat. pal. d. Dipt. San Fernando (Cz, St), Madrid, Pardo, Escorial (L, A).

1344. (Subgen. *Homoeonychia* B.-B.) *lithosiophagus* Rond., Str.
San Celoni (St). Ist teste Villn. richtig, auch identisch mit Exemplaren der Sammlung Rondanis und stimmt genau mit meinem ♂ aus Zara.

Czernya m. ♀. *Differt a Micropalpo oculis nudis, antennis angustis, rostro longo, corneo, palpis crassis, tarsis anticis minime dilatatis.*

1345. *longirostris* m. *14 mm long., 5 mm lat., rostr. 4 mm. Nigra, cinereopollinosa; antennarum articulis basalibus, palpis, scutello et abdomine rufis, tibiis piceis.* Pardo, 1 ♀ (D).

Nach der Bestimmungstabelle Brauers gelangt man auf die Sectio *Micropalpus*, da die Taster kaum ¹/₅ der Rüssellänge besitzen; doch sind sie nicht dünn, sondern ziemlich dick und in der Endhälfte deutlich verbreitert. Durch Rüssel, Tarsen etc. unterscheidet sie sich aber hinlänglich von *Micropalpus* und ist teste Villn., der das Tier untersuchte, eine neue Gattung und neue Art. In Tracht, Beborstung und Geäder steht sie am nächsten dem *Microp. haemorrhoidalis* Fll.

Der dicht weißbestäubte Kopf ist ziemlich viereckig, da die Wangen und Backen mindestens die halbe Länge der Augenhöhe besitzen. Die Stirn hat fast die halbe Kopfbreite; die schwarzbraune, matte Stirnstrieme ist etwas schmäler als die Stirnseiten. Alle Stirnborsten sind sehr kräftig, in der vorderen Stirnhälfte stehen je zwei Orbitalborsten und rückwärts außerhalb der Ozellen noch jederseits drei sehr genäherte; die starken Ozellarborsten sind nach vorn, die ebenso starken Scheitelborsten nach aufwärts gerichtet, außerdem ist die Stirn und das obere Drittel der Wangen mit sparsamen schwarzen Borstenhaaren besetzt; sonst sind die Wangen ganz nackt. Auch die Backen sind nackt, nur der Unterrand ist mit einer starken Borstenreihe besetzt und knapp oberhalb derselben stehen einige schwächere schwarze Borstenhaare. Der Clypeus ist nicht gekielt und kaum etwas verengt. Der Mundrand steht sehr wenig vor und die stärkste Vibrisse steht knapp an der Mundecke; die Vibrissen steigen nicht ganz bis zur Mitte der Gesichtsleisten auf. Die Fühler reichen nicht ganz bis zum Mundrande; die zwei ersten Glieder sind ganz rotgelb, das dritte ist dunkelbraun, dicht flaumig, mit schmal rotgelber Basis, es ist etwas über doppelt so lang als das zweite, schmal lineal, gegen die Spitze etwas verschmälert und daselbst halbkreisförmig abgerundet. Die Fühlerborste besitzt ungefähr die Länge des dritten Fühlergliedes, ist dick, dicht kurzflaumig, etwa bis zur Mitte gleich dick, dann allmählich verschmälert, mit haarfeiner Spitze; das erste Borstenglied ist sehr kurz, das zweite etwas länger als breit. Der 4 mm lange Rüssel ist hornig, in der Endhälfte etwas verdünnt; die kurzflaumige Saugscheibe ist weicher, nur wenig verbreitert und etwas flachgedrückt. Der Thoraxrücken ist — ganz wie bei *Microp. haemorrhoidalis* — ziemlich dicht grau bestäubt, mit vier nur in der Vorderhälfte bemerkbaren dunkleren Striemen; auch die Beborstung ist identisch. Schildchen rotgelb, etwas bestäubt, mit langen, nach rückwärts gerichteten, gekrenzten Apikalborsten. Der breite Hinterleib ist etwas durchscheinend rotgelb, aber ziemlich dicht mit weißem, stellenweise silberschimmerndem Staube bedeckt und dadurch schillerfleckig. Der etwas verkürzte erste Ring besitzt keine mittleren, sondern nur zwei seitliche Makrochäten; der zweite Ring hat zwei mittlere Diskal- und vier Randmakrochäten, außerdem je zwei seitliche Makrochäten; der dritte Ring ebenfalls zwei Diskal-, aber 10 Randmakrochäten, die eine nur in der Mitte unterbrochene Reihe bilden; der vierte Ring besitzt zwei unregelmäßige Reihen schwächerer Makrochäten. — Die Beine sind ziemlich lang und dünn, schwarz mit pechbraunen Schienen; alle Tarsen sind gleichmäßig dünn und etwas länger als die Schienen. Die Flügel stimmen ganz mit denen des *Microp. haemorrhoidalis*, nur ist der Aderanhang bedeutend schwächer; die dritte Längsader trägt ebenfalls nur am Grunde einige Borsten. — *Microp. longirostris* Macq. aus Frankreich ist mit meiner Art nicht identisch, denn er besitzt nach der Beschreibung rotgelbe Beine, der gelbrote Hinterleib hat eine schwarze Rückenstrieme und schwarze Spitze etc.

1346. *Erigone* (= *Ernestia* R.-D., Kat. d. pal. Dipt.) *radicum* Fbr., Schin., Rond., Str., Br. Moreda bei Granada, 1 ♀ (Cz).

(729, II.) *castellana* Str. ist teste Villn. eine gute Art und nicht bloß Rasse von *latifrons* Br.

(730, II.) *Echinomyia grossa* L., Schin. ᐧ Provinz Orense Galiciens (T).

(733, II.) *fera* L. var. *virgo* Mg. (Beine ganz gelbrot.) Prov. Orense Galiciens (T), Escorial (L).

1347. (Subgen. *Pareudora* Wachtl) *praeceps* Mg., Str. Madrid 1 ♂, das genau mit meinen Exemplaren aus Triest stimmt (A); San Fernando bei Cadiz (Cz) eine Varietät: Fühler fast ganz schwarz, nur die zwei ersten Glieder mit schmalem roten Endsaum.

(732, II.) (Subgen. *Eudoromyia* Bzz., *Eudora* R.-D. u. Wachtl) *magnicornis* Zett., Schin., *nupta* und *conjugata* Rond. Granada, Monistrol (Cz, St), Cañizares (S).

(731, II.) (Subgen. *Peleteria*) *tessellata* Zett., Schin., Rond., non Fbr.?, *prompta* Mg., Kat. d. pal. Dipt. Granada, Elche, 3 ♂, 2 ♀ (Cz, St); Madrid, Pardo, Escorial, Sierra de Gredos, Bayona, Prov. Orense Galiciens, 24 ♂, ♀ (L, A, D, T).

1348. *ferina* Zett., Schin., Rond., Bezzi. Madrid, 3 ♀ (L, A, S).

1349. *ruficeps* Macq., Rond., Bezzi. Madrid, 4 ♂, 1 ♀ (L, D), Pardo, 2 ♀ (L). Das ₊ stimmt genau mit den von Herrn Bezzi aus Italien erhaltenen Exemplaren; 2 ♂ stimmen sonst ebenfalls genau, aber die Stirn besitzt jederseits drei Frontoorbitalborsten; 2 ♂ besitzen hinter der Quernaht vier, 2 ♂ aber nur drei Dorso-zentralborsten.

1350. (Subgen. *Servillia*) *ursina* Mg., Schin., Rond. Oberes Genital, 1 ♂ (Cz).

1351. (Subgen. *Laufferia* m. *Articulis antennarum 2. et 3. aequilongis, palpis filiformibus, genis non setosis, tarsis anticis ♀ subdilatatis*.) *fulvicornis* m. 15 mm. Madrid, ♀ (L). Stimmt mit keiner mir bekannten Art, da das dritte Fühlerglied so lang und nur wenig breiter ist als das zweite; die in dieser Beziehung heranzuziehende *Mikia magnifica* weicht durch keulenförmig erweiterte Taster, nicht erweiterte Vordertarsen und andere Beborstung ab.

Mein Tier sieht der *fera* habituell sehr ähnlich und besitzt ungefähr dieselbe Beborstung des Hinterleibes: der erste Ring mit zwei mittleren Rand-und je einer Seitenmakrochäte; der zweite Ring mit vier mittleren und je drei seitlichen Randmakrochäten; der dritte am ganzen Endrande (mit ungefähr 16), der vierte in der ganzen Endhälfte mehrreihig beborstet. Der Kopf schillert fast ganz goldgelb, die dunkelbraune Stirnstrieme ist grau bestäubt, die Stirn ist vorn. viel breiter, rückwärts mindestens so breit als ein Auge; die zwei Orbitalborsten sind sehr lang. Fühler hell rotgelb, nur der Oberrand des dritten Gliedes etwas gebräunt, Fühlerborste dunkelbraun; das erste Glied nur so lang als breit, das zweite doppelt so lang; das dritte mäßig lang, in der Basalhälfte dick, dann ganz allmählich fein zugespitzt, sehr kurz flaumhaarig. Taster hell rotgelb, fein fadenförmig, in der Endhälfte unterseits mit langen steifen schwarzen Haaren sparsam besetzt. Wangen und Backen mit ziemlich langen feinen weißen Haaren schütter besetzt. Thorax schwarz, etwas glänzend, nur ganz vorn dichter gelbgrau bestäubt und mit Anfängen von Striemen. Schildchen und Hinterleib dunkel braunrot, letzterer mit vollständiger, aber ziemlich schmaler schwarzer Rückenstrieme. Hüften und Schenkel schwarz, die Knie, Schienen und Tarsen aber braunrot; Vordertarsen etwas erweitert. Flügel graulich glashell mit ziemlich stark rostgelber Wurzel und durchaus rotgelben, nur gegen das Ende mehr braunen Adern.

Dr. Villeneuve, dem ich das Tier sandte, schrieb mir, daß er 1 ♂ in der Provence gefangen und 1 ♂ auch in der Sammlung Brauers gesehen habe; Brauer in Musc. schiz., IV, S. 614, hielt es irrtümlich für das ♂ der *magnifica* Mik; es ist aber teste Villn. eine neue Art, die wegen der Taster- und Vordertarsenbildung auch nicht zu *Mikia* gestellt werden darf.

Anmerkung. 1352. Aus Thüringen erhielt ich ein 15 mm großes ♀
einer Art mit gleichlangem zweiten und dritten Fühlergliede, aber mit stark
keulenförmigen Tastern und nicht erweiterten Vordertarsen, das also zu *Mikia*
gehört; auch Dr. Villeneuve erklärte es als eine *Mikia*. Von der Beschreibung der *magnifica* Mik et Kowarz unterscheidet es sich aber durch in der
ganzen Oberhälfte geschwärztes drittes Fühlerglied, vorgezogenen Mundrand,
ganz schwarzen Hinterleib, nur 10 (nicht 20) Randborsten des dritten Ringes,
schwarz behaarte Wangen und Backen; von der vorigen Art, mit der sie in
Kopf- und Fühlerbildung genau übereinstimmt, ebenfalls leicht durch Taster-
bildung, die schwarze Färbung der Wangen- und Backenhaare, ganz schwarze
Beine und Hinterleib, verwaschen schwärzlich tingierte Flügel und weiß-
rötliches Gesicht. Der erste Ring ist ohne Makrochäten, der zweite trägt
zwei mittlere und je zwei seitliche Randmakrochäten; ich nenne das Tier
(*Mikia*) *aterrima*.

(136, I.) *Plagia* (*Voria*, Kat. d. pal. Dipt.) *ruralis* Fall., Schin.,
Rond. Algeciras, 1 ♀ (Cz).

1353. (Subgen. *Cyrtophlebia* Rond.) *ruricola* Mg., Schin., Rond.
Algeciras, 1 ♀ (Cz).

1354. *Anachaetopsis ocypterina* Zett., Schin., B.-B. Auf Hügeln
bei Granada, 2./5., 1 ♂ (St); Escorial, ♂ (L); stimmen genau mit
einem ♂ aus Südsteiermark.

1355. *Phorichaeta* (Rond., *Scopolia* R.-D., Schin., *Wagneria*
R.-D., Kat. d. pal. Dipt.) *lacrimans* Rond. Oberes Geniltal, ♂, ♀ (Cz);
stimmt genau mit einem ♂ aus Kalabrien (Coll. Bezzi).

1356. (Subg. *Petinops* B.-B.) *Handlirschi* B.-B., III (aus Südtirol
als *Phorichaeta*). Moreda, Granada, 10 ♂, 8 ♀ (Cz, St, det. Villen) Die
♀ kann ich von *carbonaria* Fall. kaum unterscheiden; sämtliche ♂
aber besitzen bei durchfallendem Lichte ganz glashelle, in der Hinterhälfte weißliche Flügel; nur gegen eine dunkle Fläche gehalten
erscheint die Vorderhälfte ± verdunkelt. Die Queradern der ♀ sind
deutlich gesäumt, die der ♂ gar nicht oder nur unmerklich. Die
Fühler sind schwarz, nur an der Basis des dritten Gliedes schmal
oder sehr schmal rotgelb; die des ♂ reichen bis zum Mundrande
und das dritte Glied ist sechsmal länger als das zweite; beim ♀ ist
es nur etwa viermal länger. Die Körperfarbe ist bald rein schwarz,
bald etwas bläulich. Nach Villeneuve ist *Petinops* mit *Phorichaeta*
zu vereinigen.

1357. *Phytomyptera nitidiventris* Rond. var. *unicolor* Rond. In
den Salinen von San Fernando, 2 ♂, 5 ♀ (Cz, St).

1358. *Tryptocera* (Subgen. *Neaeropsis* B.-B.) *incurva* Zett., teste Villn., *laticornis* Schin., B.-B., non Meig. Wiesen bei Malgrat, 7 ♂, 1 ♀ (St).

1359. (Subgen. *Actia* R.-D., *Gymnoparcia* B.-B.) *selecta* Pand., sec. typ. teste Villn. Hervas, Juni, 1 ♀ (D). Fast identisch mit *bicolor* Mg., aber „*bicolor* hat einen anders gefärbten Thorax und die Wimpern der dritten Längsader gehen bedeutend über die kleine Querader hinaus, während sie bei *selecta* kaum bis zur Querader reichen; *bicolor* Zett. ist von beiden verschieden" (Villen.).

1360. *Villeneuvii* m. 4 mm. Elche, 10./5., 3 ♂, ♀ (Cz, St). ♀. Die Fühlerborste ist nicht gekniet und nur undeutlich dreigliedrig; das erste Glied ist kaum zu unterscheiden, das zweite kaum länger als breit, das dritte ist etwas länger als das dritte Fühlerglied, nicht ganz bis zur Mitte verdickt und nur mikroskopisch behaart. Die Fühler reichen fast bis zum Mundrande, die Basalglieder und die Basis des dritten Gliedes sind rotgelb, das schwarze dritte Glied ist fast dreimal länger als das zweite, mäßig breit lineal mit rechtwinkeliger Ober- und breit abgerundeter Unterecke. Mundrand etwas vorgezogen, mit einer langen Borste knapp an der Mundecke; über derselben nur einige kurze Vibrissen. Stirnstrieme rotbraun, Stirn fast von halber Kopfbreite und nebst dem Gesichte gelbgrau bestäubt. Taster kurz, rotgelb, am Ende stark keulenförmig verdickt. Wangen schmal und ganz nackt. Zwei starke Orbitalborsten. — Thorax und Schildchen ganz einfärbig grau, etwas ins Gelbliche, ohne Spur von Striemen. Schwinger rotgelb, Schüppchen rötlichweiß. Hinterleib — von hinten betrachtet – schiefergrau mit ganz schwarzem ersten Ringe, einer sehr feinen, stellenweise undeutlichen dunklen Rückenstrieme und etwas verdunkelten Endsäumen; der erste Ring ohne, die übrigen mit kurzen Randmakrochäten. Beine schwarz, nur die Schenkel sind an der Spitze unterseits etwas rötlich, auch die Spitze der Vorderhüften rotgelb. — Flügel glashell, schwarzaderig. Die erste Hauptader mündet fast genau gegenüber der kleinen Querader und ist nicht bedornt; Randdorn klein. Nur die dritte Längsader ist genau bis zur kleinen Querader bedornt. Die hintere Querader steht in der Mitte zwischen der kleinen Querader und der vollkommen bogenförmigen Beugung der vierten Längsader; die erste Hinterrandzelle mündet sehr schmal offen, fast genau an der Flügelspitze.

Das ♂ unterscheidet sich durch ganz schwarze, bedeutend plumpere Fühler, auch bedeutend dunklere Stirnstrieme und Thoraxrücken. Dr. Villeneuve schrieb mir, daß das Tier sicher eine neue Art ist und daß er 1 ♂ auch in der Provence gefangen habe. — *Evoleta* Mg. und *tibialis* Desv. = *evoleta* Schin., Mik, non Mg. unterscheiden sich leicht durch die Fühlerborste, erstere auch teste Villn. durch viel breitere, in der oberen Hälfte sehr flammhaarige Wangen etc.

1361. *Atylomyia Loewii* Br. var.? *nitidifrons* m. Monistrol, Encina, 2 ♀ (St).

Dr. Villeneuve hält meine Tiere für eine Varietät der *Loewii* und schreibt, daß er in der Provence zwei ♂ gesammelt und auch aus Gyon, 17. Juni, zwei identische ♀ durch Stein zur Ansicht erhalten habe. Die Typen aus Berlin sah er nicht und hält es für möglich, daß unsere Exemplare eine zweite Art bilden. Brauer beschreibt nur das ♂ genauer; vom ♀ erwähnt er nur, daß die Vordertarsen etwas platt und breit am Ende seien, die auffallende Stirnfärbung des ♀ wird gar nicht besprochen. Bei meinen ♀ sind alle Tarsen ziemlich plump, die Vordertarsen kaum breiter als die übrigen. Die Stirn hat ungefähr ⅓ der Kopfbreite, die ganz matte schwarzbraune Stirnstrieme ist jederseits von einer ungefähr halb so breiten glänzend schwarzen Orbitalleiste, auf welcher die zwei langen, vorwärts gerichteten Orbitalborsten stehen, umsäumt; diese Leisten stoßen nur rückwärts an die Augen; vorn ist der Raum zwischen Leiste und Auge eine ± silberweiß schimmernde, allmählich sich verschmälernde Fortsetzung des silberweiß schimmernden Gesichtes. Auch das Ozellendreieck ist glänzend schwarz. Sonst stimmt die Beschreibung Loews; nur möchte ich erwähnen, daß oberhalb der knapp am Mundrande stehenden langen Borste nur 2—3 ganz kurze Vibrissen stehen und daß die vierte Längsader bei beiden Exemplaren eine kurze Zinke besitzt.

(137, I.) *Siphona* (Mg., *Bucentes* Ltr., Kat. d. pal. Dipt.) *cristata* Fbr., Schin. San Fernando, Elche, 7 ♂, ♀ (Cz, St).

(138, I, II.) *geniculata* Deg., Schin., *cinerea* Mg., Rond. Oberes Genital (Cz), Bayona (D).

1362. *flavifrons* Stg., Schin., *geniculata* Rond. Auf Rainen bei Malgrat (St).

(140, I.) *Parahypostena diversipes* Str. Algeciras, ♂, ♀ häufig, seltener um Tarifa, Granada, Moreda, Monistrol (Cz, St), Montarco (D).

(141, I, II.) *Melanomelia aterrima* Str. Algeciras, Tarifa, San Fernando, 16 ♂, ♀ (Cz, St).

(736, II.) *Gymnosoma rotundatum* L., Schin. Alicante, San Celoni (Cz, St), Escorial (L), Provinz Orense Galiciens (T).

1363. (Subgen. *Stylogymnomyia* B. B.) *nitens* Mg., Schin., Rond. Montseny, 19./5. (St).

1364. *Besseria melanura* Mg., Schin. Escorial, ♂ (L).

1365. *Phania vittata* Mg., Schin., Rond. Algeciras, ♀ (Cz).

1366. *Leucostoma* (Mg., *Psalida* Rond.) *aterrimum* Vill., *breve* Ross., Rond., *anale* Mg., Schin. Escorial, 2 ♂ (L).

1367. *simplex* Fall., Schin., Rond. Escorial (D).

1367 b. *Labidogaster pauciseta* Rond. Pardo, ♀ (L).

1368. *Graphogaster restita* Rond., B.-B., teste Villn., *maculata* Str., Wr. Ent. Zeit., 1893, S. 95 (als *Paracyrillia*), var. *andalusiaca* m. Encina, Elche, Alicante, ♂, ♀, sehr häufig gestreift, Jativa, 1 ♀ (Cz, St).

Ich beschrieb daselbst nur das ♂ aus Dalmatien. Das ♀ unterscheidet sich auffallend: Stirn, Thorax und Schildchen sind ganz grau, entweder ziemlich dunkel aschgrau oder etwas bräunlich, der Hinterleib ebenfalls grau oder bräunlichgrau, stets dunkler als der Thorax, aber der erste und zweite Ring mit je drei schwarzen Hinterrandflecken, die seitlichen bedeutend größer als der mittlere. Der dritte Ring mit einem mittleren Hinterrandfleck und meist je drei Seitenflecken, auf welchen die Randmakrochäten stehen; diese drei Flecke können auch zu einem Querfleck verschmolzen sein. Auch die Makrochätenreihen des vierten Ringes stehen fast durchgehends auf schwarzen Punktflecken und selbst die kürzeren Borstenhaare stehen auf schwarzen Punkten. Die Stirn ist mindestens so breit als ein Auge und besitzt drei Orbitalborsten, die hintere nach rückwärts, die zwei vorderen nach vorn gerichtet; die braunrote bis schwarze Mittelstrieme beträgt kaum ¹/₅ der Stirnbreite. Die letzten Glieder der Vorder- und Mitteltarsen sind etwas verbreitert. — Die ♂ stimmen genau mit dem ♂ aus Dalmatien, nur sind die Seitenflecke des zweiten und dritten Ringes stets kleiner, fast immer in schwarze Punktflecke, auf welchen die Randmakrochäten stehen, aufgelöst, auch der mittlere Randfleck des dritten Ringes ist fast immer nur halb so lang als beim dalmatinischen Exemplar; man kann daher die südspanischen Tiere wegen ihrer konstant geringeren Hinterleibfleckung des ♂ als besondere Rasse abtrennen. Das Geäder variiert nur wenig: die hintere Querader steht oft der kleinen Querader nicht näher, sondern genau in der Mitte; die Spitzenquerader biegt oft nicht bogenförmig, sondern genau recht- oder etwas stumpfwinkelig ab.

Var. *nigriventris* m. ♀. Hinterleib ganz glänzend schwarz, sonst identisch mit den übrigen ♀. Monistrol 1 ♀. Villeneuve schrieb dazu: „eodem nom. vel nov. spec."

(738, II.) *Phasia crassipennis* Fbr., Schin., ♂, *analis* Fbr., Schin., ♀, var. *strigata* Girschn. Provinz Orense Galiciens, 1 ♂ (T).

1369. *Allophora* (Subgen. *Hyalomyia* R.-D.) *obesa* Fbr., Schin., Rond., Girschn. Alicante, 8./5., 1 ♀ (St).

(143, I, II.) (Subgen. *Parallophora* Girschn.) *pusilla* Mg., Schin. Algeciras, San Fernando, San Celoni, 14 ♂, ♀ (Cz, St).

1370. *Clytiomyia* (Rond., *Clytia* R.-D., Schin., B.-B.) *continua* Pz., Schin., Rond. Hervas, Juni, ♂ (D).

1371. *helluo* Fbr., *helvola* Mg., Schin., Rond. Algeciras, 1 normales ♂.

Var. *sejuncta* (Rond. als Art). Villaverde, 1 ♀ (D). Dem ersten Ringe fehlt die schwarze basale Mittelstrieme, sonst kann ich keinen Unterschied von der Normalform finden. Dr. Villeneuve hält das Tier wegen der sehr breiten Stirn für eine neue Art, aber bei meinen ♀ der *helluo* ist die Stirn fast ebenso breit.

(739, II.) *Catharosia nigrisquama* Zett. var. *nigripes* Str. und (740, II.) *Frauenfeldia rubricosa* Mg. sind auch teste Villn. richtig bestimmt.

1372. *Phyto melanocephala* Mg., Schin., *nigra* R.-D., Schin., Rond. *(Savia)*. Algeciras (Cz), San Celoni (St), Pardo, Escorial (L). Das ♂ unterscheidet sich fast nur durch vier Borstenreihen der Stirn von der bloß zwei Borstenreihen besitzenden folgenden Art.

1373. *discrepans* Pand., teste Villn. et comm. Ex. e Gallia mer., wahrscheinlich = *adolescens* Rond. Die Makrochäten des Hinterleibes stimmen zwar nicht ganz mit Rondanis Angaben, doch scheint dieses Merkmal variabel. Algeciras, Tarifa, San Fernando, Elche, Alicante, 8 ♂ (Cz, St).

1374. *Plesina phalerata* Mg. Oberes Geniltal, 1 ♂ (St, det. Villen.). Dadurch sehr interessant, daß das Vaterland bisher unbekannt war. Stein in Ent. Nachr., 1900, schreibt: „Ist sicher eine außereuropäische Art.‟

Eine ausführlichere Beschreibung dürfte wohl erwünscht sein: 4 mm. Kopf halbkugelig, Stirn nicht vorspringend, nach rückwärts sehr verschmälert, so daß die Augen nur durch eine feine schwarze Mittelstrieme und schmale weiße Orbiten getrennt werden. Das Gesicht wird nach unten breit, der Mundrand ist etwas vorgezogen und beiderseits von einem Büschel gleichlanger Vibrissen eingefaßt; Vibrissen nicht aufsteigend, aber die silberweißen Wangen mit einer Reihe feiner schwarzer Haare besetzt. Fühler sehr tief stehend und sehr kurz, so daß sie den Mundrand nicht erreichen; Fühlerborste nackt, kurz, in der Basalhälfte etwas verdickt, dann haarfein. Backen sehr schmal. Thorax blauschwarz, glänzend, im vorderen Drittel weiß bereift, nur mit sparsamen langen, ziemlich feinen Borsten. Schildchen mit zwei starken Apikalborsten. Schüppchen rötlichweiß, ziemlich klein; Schwinger schwarz, unbedeckt. Hinterleib zylindrisch, vierringelig, der erste Ring deutlich länger und schmäler als die übrigen; der vierte ziemlich kolbig, gerade abgestutzt, die Genitalien in der Spalte fast ganz versteckt. Die zwei ersten Ringe sind hinter der Mitte stark niedergedrückt, am Hinterrande wulstig aufgeworfen. In der Mitte des Hinterrandes stehen am 1.—3. Ringe zwei starke Makrochäten; vor dem Wulste stehen am ersten und zweiten Ringe in der Einsattlung 2—3 viel kürzere

und dünnere Diskalmakrochäten, der dritte Ring ist sonst nackt und auch der
vierte trägt nur sparsame kurze Makrochäten. Sonst ist der Hinterleib fast
kahl und glänzend blaugrün. — Die Beine sind dünn, ziemlich lang und fast
kahl, nur die Vorderschenkel unterseits ziemlich dicht gewimpert. Die hinteren
Schienen tragen nur in der Mitte eine etwas deutlichere Borste, die Vorderschienen sind borstenlos; auch die Apikalborsten der Schienen sind klein, die
Krallen und Haftläppchen sind sehr kurz, sogar an den Vorderbeinen kaum
so lang als das Endglied. — Die Flügel sind mäßig breit und reichen ungefähr bis zum Hinterleibsende. Die Basis ist rotgelb, an sie schließt sich
eine schiefe, bogenförmig um die Basalqueradern ziehende, etwa bis zur Analader reichende, mäßig breite, schwarzbraune Binde. Die zweite, etwas breitere
schwarzbraune, überall gleichbreite Binde geht in die Flügelmitte, hinter der
Mündung der ersten Hauptader, vom Vorderrande über die beiden Queradern
nicht ganz bis zum Hinterrande. Die dritte, schmälere, in der Unterrandzelle
schmal unterbrochene Binde geht vom Ende der zweiten Längsader über die
Spitzenquerader ebenfalls nicht ganz bis zum Hinterrande. Die hintere Querader steht knapp hinter der vorderen, der Abstand ist kaum so lang als die
vordere Querader; beide sind gerade, senkrecht und parallel, ebenso bildet
die Spitzenquerader zwei rechte Winkel und verläuft parallel mit beiden Queradern; der Gabelstiel ist länger als die Spitzenquerader und mündet in die
Flügelspitze.

1375. *Melanophora roralis* L., Schin., Rond., var. *atra* R.-D.,
Schin. (Die Beugung der vierten Längsader ist nicht winkelig,
sondern bogenförmig.) Alicante, 1 ♀ (Cz).

1376. *Acemyia* (R.-D., *Ancylocera* Macq., Schin.) *acuticornis*
Mg., *subrotunda* Rond., *grisea* Zett., *nigra* Macq.? Alicante (St.),
Escorial (L). Diese Exemplare scheinen Villeneuve eine neue Art
zu bilden, denn 1. sind die Taster rotgelb, 2. sind nur zwei Paare
Acrostichalborsten entwickelt und 3. ist der Cubitus „*late apertus,
nec rotundatus*". Ich halte sie nur für jene Varietät des ♀ mit rotgelben Tastern, die ich bereits in Dipt. Steierm., II, S. 30, aus Cilli
beschrieb.

1377. *Rhinophora* (*Stevenia*, Kat. d. pal. Dipt.), *umbratica* Fall.,
simplicissima Loew, Schin. Algeciras, 2 ♂, 2 ♀ (Cz, St), Provinz
Madrid (L).

(741, II.) *bicincta* Mg. Monistrol, 1 ♀. Ist teste Villn. richtig
= *atramentaria* Rond. und = *distans* Mg. Type in litt.; er besitzt
sie auch aus der Provence.

1378. *Clista* (*Rhinophora*, Kat. d. pal. Dipt.) *lepida* Mg., Schin.,
aenescens Zett., Schin., *ignota* B.-B., typ. teste Villn. Escorial, ♂ (L).

1379. *moerens* Mg., Schin., Rond., Stein, Villen. Algeciras, Hochregion des Montserrat, ♂, ♀ (St). Stimmt genau mit der Typenbeschreibung Steins und mit Pariser Exemplaren Villeneuves. (742, II.) *Sarcophaga*[1]) *carnaria* L., Schin., Rond., Str., mit den Varietäten: *a) coerulescens* Rond. (Mittelschienen des ♂ ebenfalls zottig behaart), *b) carnaria* Rond. (Mittelschienen des ♂ nur kurz behaart), *c) matertera* Rond. (der zweite Ring des ♂ ohne mittlere Randmakrochäten). Algeciras, oberes Geniltal, Madrid, Escorial, Pardo, häufig (Cz, St, L, A). Meist var. *a* und *b*, bei Pardo auch var. *c*.

(743, II.) *atropos* Mg. var. *filia* Rond., Str. Monistrol, 3 ♂ (St). Var. *noverca* Rond., Str. Montserrat, 1 ♂ (St). Var. *privigna* Rond., Str., *aratrix* Pand. (nach einem Exemplar Villeneuves). Algeciras, Tarifa, oberes Geniltal, 4 ♂ (Cz, St); Madrid, ♂ (A).

1380. *soror* Rond., Str. Algeciras (Cz), Monistrol, 4 ♂ (St).

1381. *albiceps* Mg., Schin., Str. Tarifa, Elche (Cz), Locchas, Madrid, Escorial, 6 ♂, ♀ (A, L). (147, I, II.) *melanura* Mg., Rond., Str., *striata* Schin., non Mg. (*maculata* Mg. kann ich nach von Dr. Villeneuve mitgeteilten Exemplaren nicht sicher davon unterscheiden; scheint mir nur eine Varietät, bei der auch die Mittelschienen deutlich zottig behaart sind). Algeciras, Alicante, Malgrat (Cz, St), Villaverde, Escorial (D, L).

(744, II.) *pumila* Mg., Schin., Str. Monistrol, Malgrat (St).

1382. *lineata* Fall., Schin., Rond. Algeciras, Encina (Cz, St), Villaverde, Hervas, Juni (D, det. Villen.), Escorial (L), zus. 6 ♂.

(745, II.) *nigriventris* Mg., Rond., Str. Algeciras, Tarifa, San Fernando, Elche, Alicante, Monistrol, ♂, ♀ häufig (Cz, St).

(746, II.) *depressifrons* Zett., Schin., *arvorum* Rond., non Mg., da nach Villeneuves Typenuntersuchung *arvorum* Mg. = *sinuata* Mg., Str. ist. Encina, ♂, ♀ (Cz). Stimmt sonst genau nach Rondani, ist aber nur 5 mm groß und die Hinterschienen des ♂ tragen innen gar keine deutlichen Wimperhaare; wohl nur als Zwergform aufzufassen.

---

[1]) Anordnung und Bestimmung nach Rondani und nach meinen Dipt. Steierm., II. Leider sind fast alle Merkmale ± variabel, so daß die Artgrenzen schwer zu ziehen sind; die ♀ können oft nur mutmaßlich untergebracht werden.

(149, I, II.) *setipennis* Rond., Str. Algeciras, Tarifa, San Fernando, Elche, Alicante, Monistrol, sehr häufig (Cz, St).

1383. *dissimilis* Mg., Schin., Str. (*setinervis* Rond. und *offuscata* Mg. sind wohl nur Varietäten davon). Monistrol, 3 ♀, eine Form mit ganz glänzend schwarzem Hinterleibe (St).

(749, II.) *nurus* Rond., Str., *haemorrhoidalis* Mg., teste Villn., Schin., non Fall. Algeciras, Tarifa, San Fernando, Elche, Alicante, Encina, Bobadilla, häufig, auch in copula gefangen (Cz, St); Madrid, Pardo, Escorial, Sierra de Gredos, Provinz Orense Galiciens (L, A, S, T).

Var. *dalmatina* (Schin. als Art) Str. Nach den Typen Schiners ist das ♂ nur verschieden durch nach rückwärts verschmälerte Stirnstrieme und dadurch, daß auch das erste Afterglied rot ist; beide Merkmale variieren aber, daher sicher nur Varietät. Algeciras, Elche, 2 ♂ (Cz, St).

(150, I.) *haemorrhoidalis* Fall., Zett., Rond., var. *cruentata* Mg., Str. Algeciras, San Fernando, Monistrol, einige ♂, ♀ (St).

1384. *erythrura* Mg., Rond., Str. Hervas, Juni, ♂, ♀ (D).

1385. *haemorrhoa* Mg., Zett., Schin., Rond., Str. *a)* Normalform: Die Zotten der Hinterschienen des ♂ nur sparsam und unscheinbar, bisweilen ganz fehlend; der zweite Ring bald mit, bald ohne mittlere Randborsten. Algeciras, Tarifa, San Fernando, Elche, 10 ♂, 3 ♀ (Cz, St).

b) var. *nepos* Rond. = var. *vulnerata* (Schin. als Art). Hinterschienen des ♂ mit langen, aber sehr schütteren Zottenhaaren, das zweite Segment mit zwei sehr deutlichen mittleren Randborsten; meist etwas größere Form. Algeciras, Tarifa, San Fernando, 4 ♂, 6 ♀ (Cz, St).

c) var. *amita* Rond. Wie var. *nepos,* aber das zweite Segment ohne mittlere Randborsten. Auf Sandhügeln am Meere bei Tarifa ♂, ♀ sehr häufig, Algeciras, San Fernando, Alicante (Cz, St).

(750, II.) *consanguinea* Rond. Algeciras, Tarifa, San Fernando, Alicante, Encina, Jativa, Monistrol (Cz, St), Bayona (D).

(151, I, II.) *haematodes* Mg., Rond., Str. Tarifa, Elche, Encina, Malgrat, oberes Geniltal (Cz, St); Rio Alberche, Baños, Juni (D).

(751, II.) *longestylata* Str. Algeciras, Tarifa, San Fernando, ♂, ♀ häufig, bisweilen auch Zwergexemplare von kaum 3 mm (Cz,

St). — Die ♂ unterscheiden sich nur wenig von den ♀: Die Stirn ist nur wenig schmäler, ungefähr von der Breite eines Auges und nur mit der Innenreihe der Orbitalborsten, während das ♀ zwei Reihen besitzt (durch Druckfehler steht in der Beschreibung „2 Orbitalborsten" anstatt „2 Reihen von Orbitalborsten"). Das Hypopyg ist, wie bei den verwandten Arten, zweigliedrig, beide Glieder vorstehend und glänzend schwarz. Die Beine sind fast wie beim ♀, nur besitzen die Hinterschienen innen eine Reihe von höchstens acht sehr langen, feinen Wimpern und die Hinterschenkel tragen, wie bei den meisten Arten, außer den zwei oberen Reihen auch eine nach abwärts gerichtete untere Reihe von kräftigen Borsten.

(752, II.) *Sarcophila latifrons* Fall., Schin., Rond. Tarifa, San Fernando, Malgrat (Cz, St); Madrid, Escorial, Hervas (L, D).

1386. *Wohlfartia magnifica* Schin., B.-B. Tarifa, Granada, Moreda (Cz, St), Madrid (S), zusammen 3 ♂, 2 ♀.

(753, II.) *Agria tertripunctata* Duf. (♂), *hispanica* Str. (♀, durch Druckfehler steht daselbst ♂). Encina, 11./5., 1 ♂ (Cz). Es stimmt genau mit der Beschreibung Dufours; die von ihm nicht erwähnte Fühlerborste ist bis zur Mitte verdickt und ziemlich langflaumig, aber nicht gefiedert, dann nackt und haardünn. Das von mir als *hispanica* beschriebene ♀ unterscheidet sich durch die nur sehr kurzflaumige Borste, stimmt aber sonst so genau mit *tertripunctata,* daß ich es jetzt nur für eine Varietät (oder Geschlechtsdifferenz?) halten kann. Brauers Angabe, daß *tertripunctata* eine kurzgefiederte Fühlerborste besitze, hatte mich zur Annahme einer neuen Art verleitet. Dr. Villeneuve hatte die Güte, Dufours Type zu untersuchen; der Hinterleib fehlt ihr, aber Kopf und Thorax sind intakt, sie besitzt „eine bis zur Mitte verdickte und sehr kurzflaumige Fühlerborste, dann ist die Borste dünn und fast nackt". Sie ist also wie bei meiner *hispanica*. Die Etiquette trägt die Aufschrift: „*Agria bella* Macq. = *tertrip.* Duf."

1387. *Zeuxia Palumbii* Rond., teste Villn. San Fernando, Algeciras (Cz, St), Cardenas (Str. als *Syntomocera cristata* Rond.). Von der äußerst ähnlichen *cinerea* Mg. verschieden durch ganz schwarze Fühler und Taster sowie durch die nur kurzflaumige Fühlerborste; Stirn des ♂ — wie bei *cinerea* — mit vier Borstenreihen, Hinterleib des ♀ ganz dunkel, des ♂ seitwärts rot. Herr

Villeneuve sammelte die Art auch in der Provence und häufig bei Bastia auf Korsika.

(152, I, II.) *Nyctia halterata* Pz. f. *genuina* (Hinterrandzelle schmal offen), *maura* Fbr. Monistrol (St).

Var. *caminaria* Mg. (Hinterrandzelle kurz gestielt). Algeeiras, Elche, Encina, Jativa, Malgrat, häufig (Cz, St).

1388. *Morinia* (*Anthracomyia* Rond.) *anthracina* Mg., ♂, Schin., ♂, *digramma* B.-B., non Mg., teste Villn. San Celoni (St), Escorial, 3 ♂, 3 ♀ (L, teste Villn.).

Die 6—7 mm großen, sehr schlanken ♂ stimmen vollkommen mit den zitierten Beschreibungen, z. B. Thorax ganz schwarz mit weißer Schulterlinie, Hinterleib mit drei schmalen, unterbrochenen Vorderrandbinden, langen Diskal- und Marginalmakrochäten, Augen genähert, vierte Längsader mit stumpfwinkeliger, fast bogenförmiger Beugung, Hinterrandzelle schmal offen oder am Rande geschlossen etc.; nur nennen Meigen und Schiner die Fühlerborste lang gefiedert, während sie bei meinen ♂ nur mäßig lang gefiedert ist; B.-B. aber nennt sie kurzhaarig. Die ♀ sind ebenfalls schlank, messen aber nur 4—5 mm; die Fühlerborste ist etwas kürzer gefiedert, fast nur flaumhaarig. Die glänzend schwarze Stirn ist mindestens doppelt so breit als beim ♂, in der Hinterhälfte mit zwei nach vorn gerichteten Orbitalborsten; die zwei Borstenreihen der matten samtschwarzen Stirnstrieme sind bedeutend kürzer und schütterer als beim ♂. Die langen Makrochäten des zweiten und dritten Ringes sind nur marginal, doch stehen die zwei längeren Mittelmakrochäten bedeutend weiter nach innen als die seitlichen. Die Klauen sind ganz auffallend kürzer als beim ♂. Die Körperfärbung ist identisch. B.-B. scheint nur ♂ gekannt zu haben. *Digramma* Mg. Type besitzt nach Stein eine nackte Fühlerborste, gehört nach Villeneuve i. l. zu *Clairvillia*, wurde von ihm bei Rambouillet und von Becker auf Korsika gesammelt.

1389. *Succingulum transvittatum* Pand., ♀ (teste Villn., der aus der Provence auch das ♂ besitzt). Pardo (L).

5 mm. Durch die Färbung sehr auffallend und an *Limnoph. notata* erinnernd. Die Vorderhälfte des Thorax ist lebhaft weißgrau mit einer vierzackigen Vorderrandbinde, welche aber nur bis zu den Schulterschwielen reicht; die Hinterhälfte ist in eine breitere, samtschwarze vordere und eine schmälere weißgraue hintere Partie zerlegt. Das Schildchen ist samtschwarz mit schmal weißgrauer Spitze. Hinterrücken weißgrau. Das erste Segment samtschwarz mit schmal weißgrauem Endsaume; das zweite samtschwarz mit etwas breiterem weißgelben Vorder- und Seitenrande; das dritte weißgrau mit zwei großen queren schwarzen Hinterrandflecken; das dreieckige vierte Segment ist ganz weißgrau. Alle Borsten entspringen auf weißgrauem Grunde aus kleinen schwarzen Punkten. — Fühler, Taster, Beine und Stirnstrieme sind schwarz, die Schwinger rotgelb. Kopf weißgrau, Stirn fast so breit als ein Auge, rück-

wärts mit zwei nach vorn gebogenen Orbitalborsten. Fühler kürzer als das Untergesicht, das dritte Glied etwa um die Hälfte länger als das zweite; Borste lang, fein, ziemlich lang flaumig, aber nicht gefiedert, an der Basis mäßig verdickt. Die längste Vibrisse ganz nahe der Mundecke, oberhalb derselben nur 2—3 kurze Vibrissen. Wangen unten sehr schmal, nach oben dreieckig erweitert; Backen kaum von $^1/_5$ der Augenhöhe. Augen rotbraun, bei 20facher Vergrößerung äußerst kurz flaumhaarig. Eine Dorsozentralborste vor und drei hinter der Quernaht; die zwei langen Apikalborsten des Schildchens nach rückwärts gerichtet, divergierend. Brustseiten größtenteils weißgrau; drei starke Mesopleuralborsten, zwei starke vordere und eine hintere Sternopleuralborste. Hinterleib mit Makrochäten und borstenartigen Haaren: Der erste Ring nur mit zwei langen mittleren Randmakrochäten; der zweite ebenso, aber auch mit zwei etwas kürzeren Diskalmakrochäten; der dritte mit vier langen mittleren Rand- und zwei kürzeren Diskalmakrochäten, außerdem jeder Ring mit einigen Seitenmakrochäten; der schmälere vierte Ring fast nur mit Borstenhaaren. Die Legeröhre steht etwas röhrenförmig vor. Beine nur sparsam und mäßig lang beborstet; alle Tarsen schmal, die Klauen winzig klein. Schüppchen schneeweiß, groß; das hintere steht sehr weit vor. Flügel mäßig lang, fast glashell, nur die dritte Längsader am Grunde mit 2—3 Börstchen. Die Spitzenquerader beugt in einem rechten, aber stark abgerundeten Winkel ab, ist ziemlich konkav und läßt die Hinterrandzelle schmal offen. Die hintere Querader ist schwach gebogen, fast so lang als die Spitzenquerader und steht deutlich hinter der Mitte der Hinterrandzelle. Die kleine Querader steht vor der Mündung der ersten Hauptader.

1390. *Miltogramma aurifrons* Duf. An Eisenbahndämmen von San Pablo bei Algeciras, ♂ sehr häufig, ♀ selten, Tarifa (Cz, St). Stimmt genau mit Exemplaren aus Südfrankreich (leg. Villen.), läßt sich aber von *Germari* Mg. kaum unterscheiden, nur besitzen die 2—3 letzten Glieder der Vordertarsen des ♂ einige ziemlich kurze, wenig auffallende Wimperhaare, manchmal fehlen diese fast ganz (oder fielen ab) und dann sehe ich keinen Unterschied von *Germari;* die Basalglieder der Fühler sind bei beiden größtenteils rotgelb. Sicher nur als südliche Rasse aufzufassen.

1391. *murina* Mg., Schin., Rond. (die Form ohne deutliche dunkle Hinterrandsäume der Segmente). Alicante, 1 ♀ (Cz).

1392. Var.? *ruficornis* Mg., Schin., Rond. (die Form mit dunklen Hinterrandsäumen). Provinz Madrid, 1 ♂ (L). Nach Villeneuve ist *ruficornis* Mg. eine eigene Art, die er aus Korsika und der Provence besitzt.

1393. *pilitarsis* Rond., Schin. Provinz Orense Galiciens, ♂ (T), Granada, ein kaum 5 mm großes ♂ (Cz).

1394. *punctata* Mg., Schin., Rond. Algeciras, 4 ♂ (Cz, St), Sierra de Gredos, 15./5., ♀ (L).

1395. (Subgen. *Setulia* R.-D., *Metopodia* B.-B.) *grisca* Mg., *intricata* Mg., Schin., Rond. Escorial, ♂ (L).

1396. *pilicornis* Pand. Escorial, ♂ (L). Identisch mit von Dr. Villeneuve aus Südfrankreich mitgeteilten Exemplaren.

1397. (Subgen. *Sphixapata* Rond.) *albifrons* Rond. Madrid, Pardo, Villaverde, 2 ♂, 1 ♀ (A, D). Nach dem Kat. d. pal. Dipt. irrig als = *conica* Fall. angenommen; letztere besitzt aber schwarze, nicht gelbe Taster und ist teste Villn. eine gut verschiedene Art, die ich nur aus mehr nördlichen Gegenden besitze.

1398. *Apodacra bembicisequax* Pand. sec. typ. San Fernando bei Madrid, 1 ♀ (D). Unterscheidet sich teste Villn. von *seriemaculata* Macq. „1. durch kürzere Fühler, 2. durch drei Mundborsten, 3. durch zahlreichere und ungeordnete Orbifrontalborsten"; er sandte mir auch ♂ und ♀ der *seriemaculata* aus Südfrankreich. Die Färbung zeigt ebenfalls Differenzen: bei *seriemaculata* sind die Beine schwarz mit gelben Knien, bei meiner *bembicisequax* sind die Mittelschienen ganz rotgelb, an den Vorderschienen ist ein Basaldrittel, an den Hinterschienen sind zwei Basaldrittel rotgelb. Thorax blaugrau, ganz ohne Striemen; Schildchen blaugrau mit breit blaßgelbem Spitzenrande. Hinterleib weißgrau, der erste Ring mit zwei schwarzen bindenförmigen Seitenmakeln, der 2.–4. ebenso, aber auch mit einer ziemlich quadratischen mittleren Randmakel. Die Binden des zweiten und dritten Ringes gehen fast bis zur Mitte der Unterseite.

1399. *Araba fastuosa* Mg., Schin., B.-B., Rond. Auf Steinen an Wegrändern des oberen Geniltales 2 ♂ (Cz); war gleich der folgenden Art daselbst nicht selten, aber fast nicht zu erbeuten.

1400. *Czernyi* m. 6 mm. ♂. *Similis Arabae Mannii B.-B.; differt scutello nigro, abdominis segmentis 3 ultimis argyreis, alarum fascia 1. late interrupta, ♂ metatarso antico fasciculato.* Mit der vorigen 4 ♂ (Cz); auch teste Villn. eine gute Art.

Unterscheidet sich von allen Arten B.-B.s durch drei silberweiße Segmente; nur das erste Segment ist ganz schwarz, das zweite und dritte silberweiß mit drei schwarzen Saumflecken, die aber nur in gewisser Richtung deutlich getrennt erscheinen; in anderer Richtung bilden sie eine vollständige

Saumbinde. Das vierte Segment aber besitzt gleich *fastuosa* eine glänzend
schwarze Hinterhälfte. Ferner ist das Schildchen, von vorn oder oben betrachtet, ganz samtschwarz, nur von rückwärts betrachtet erscheint die Endhälfte bräunlich, aber nie silberweiß. Der Thorax ist, von rückwärts oder
oben betrachtet, ganz samtschwarz; von vorn betrachtet aber stark bläulich-
weiß bereift. Endlich stimmen die zwei Flügelbinden nicht mit der Beschreibung der *Mannii:* die vordere ist in zwei weit getrennte braune Flecke aufgelöst; der obere Fleck füllt den Raum zwischen der Hilfsader und der ersten
Hauptader, ist blaßbraun und geht nur wenig unter die Hauptader hinab; der
untere Fleck bildet eine nach unten viel breiter werdende Umsäumung der
kleinen Querader. Die hintere Binde ist ziemlich breit, bedeckt die hintere
Hälfte des zwischen der ersten und zweiten Längsader liegenden Teiles der
Randader und zieht sich, etwas schmäler und blasser werdend, deutlich bogenförmig quer durch die ganze erste Hinterrandzelle bis zur Hälfte des Ader-
anhanges; in der Mitte der Hinterrandzelle ist sie durch eine schmale glashelle
Strieme unterbrochen. — Der Kopf stimmt vollkommen mit dem der *fastuosa.*
Die Vordertarsen der *fastuosa* sind einfach, das erste Tarsenglied bedeutend
länger als das zweite; bei *Czernyi* aber ist das erste Glied bedeutend kürzer
als das zweite, schon an der Basis ziemlich dick, gegen die Spitze stark erweitert, ungefähr dreieckig und gegen die Spitze unterseits mit einem dichten
Kranze gleichlanger, etwas gekrümmter Wimperhaare besetzt; diese Wimpern
besitzen die Länge des ganzen Tarsengliedes; die übrigen Tarsenglieder sind
dünn und einfach.

1401. *Metopia leucocephala* Ross., Schin., Rond. Monistrol (St),
Escorial (L).

1402. *Heteropterina multipunctata* Rond., Schin., B.-B. Rivas, ♂
(D). Stimmt genau mit meinen Exemplaren aus Berlin und Livland.

1403. *Pachyophthalmus signatus* Mg., Schin., B.-B., *Sphixapata maculosa* Br. (das ♂ der Type mit kurz beborsteten, das ♀ mit
nackten Wangen). Die Wangenborsten sind aber bei *signatus* ♂
sehr spärlich, so daß sie wohl auch fehlen können; B.-B. selbst gibt
die Wangen als nackt an. Alicante, 1 ♂ (Cz).

(756, II.) *Nemoraea rubrica* Mg., Schin., *nupta* Rond. La
Granja, ♂ (L).

(757, II.) *Dexiosoma disjuncta* Wied., *longifacies* Rond., *Micro-
phthalma europaea* Egg., Schin. Madrid, ♂ (A).

1404. *Dexia rustica* Fbr., Schin., Rond. Malgrat, 21./5. (St),
Rivas (D).

1404b. *Dexiomorpha picta* Mg. Escorial, ♂ (L).

1405. *Myiostoma microcerum* R.-D., teste Villn., *pectinatum*
B.-B., non Mg. und Schin. Unterscheidet sich von *pectinatum* be-

sonders durch nur niedrigen Nasenkiel und Diskalmakrochäten.
Escorial, Baños, 3 ♂ (D).

1406. (Subgen. *Myxodexia* B.-B. = *Tropidomyia* B.-B., non
Will.) *macronychia* B.-B. (aus Syrien). Pardo, ♀ (L). Auch Dr. Villeneuve hält meine Bestimmung für richtig.

1407. (Subgen. *Rhynchodinera* B.-B.) *cinerascens* B.-B. Algcc-
iras, 1 ♂ (St); wurde auch am Mt. Gargano in Italien von Herrn
Hummler häufig gesammelt und ♂, ♀ mir mitgeteilt (det. Villm.).
Gehört nach meiner Überzeugung als Untergattung zu *Myiostoma*
und steht zwischen *Myxodexia* und *Dexiomorpha*; von *Dex. picta*
unterscheidet sie sich durch das bedeutend längere dritte Fühlerglied, welches fast die doppelte Länge des zweiten besitzt, und
durch die Färbung, stimmt aber in der reichlichen Hinterleibs-
beborstung überein; von *Myx. macronychia* durch kürzere Fühler
und durch Diskalmakrochäten.

15—16 mm. Größe und plumper Bau ganz wie bei *macronychia*, Färbung
ebenfalls ganz schwarz, auch die Fühler; nur die schlanken Taster sind braun,
beim ♀ ziemlich rotgelb. Kopf des ♂ bläulich silberweiß, Stirn ungefähr von
Augenbreite, nach rückwärts etwas verschmälert, ohne Orbitalborsten. Stirnstrieme schwarz, von der Breite einer Orbita; Orbita, Backen und Oberhälfte
der Wangen fein schwarzhaarig, Backen ungefähr von halber Augenhöhe.
Fühlerborste kurz gefiedert. Thorax weißgrau bereift mit drei dicken schwarzen
Striemen, die mittlere nur undeutlich dreiteilig; vier Dorsozentralborsten hinter
und drei vor der Quernaht, Schildchen mit zwei Borstenreihen. Hinterleib
dunkel bereift, daher von oben betrachtet fast schwarz, von rückwärts betrachtet dunkelgrau mit schwärzlichen Schillerflecken. Der erste Ring nur
mit einigen seitlichen Randmakrochäten; der zweite mit einer ziemlich voll-
ständigen Reihe von Randmakrochäten, die zwei mittleren stehen mehr auf
der Scheibe und vor ihnen steht noch ein Paar von Diskalmakrochäten; der
dritte und besonders der vierte Ring sind reichlich und stark beborstet; das
Hypopyg steht ziemlich vor. Die Beine sind lang und schlank, besonders die
Tarsen; Klauen und Haftläppchen sehr verlängert, alle Schienen ganz ungleich-
mäßig beborstet. Flügel ganz glashell, nur die kleine Querader etwas verdickt und fast unmerklich gesäumt; Adern größtenteils gelblich, der Aderverlauf genau wie bei *picta*, nur liegt die kleine Querader näher der Mündung
der Hilfsader, die Spitzenquerader ist wenig konkav, mit einem kurzen dicken
Aderanhange. Das ♀ hat nur die gewöhnlichen Geschlechtsunterschiede: Stirn
bedeutend breiter, mit zwei Orbitalborsten; Klauen kurz.

1408. *Morphomyia caliendrata* Rond. Escorial, ♂, ♀ (L, det.
Villen.). Das ♂ stimmt genau nach Rondani, das ♀ unterscheidet

sich von seiner Beschreibung durch den nicht grauen, sondern — wie beim ♂ — fast durchscheinend roten Hinterleib; ♂ und ♀ besitzen paarweise gestellte dunkle Schillerflecke. *Clista iners* Mg. Type ist nach Villeneuves Mitteilung ein ♀ mit ganz grauem Hinterleibe, entspricht also der Beschreibung Rondanis; es wäre daher *iners* Mg. der ältere Name. Ein fast identisches ♂ sammelte ich auch in den Admonter Alpen; es unterscheidet sich fast nur durch die bloß sehr sparsam behaarten Wangen und ist teste Villn. = *tachinoides* Fall. Die ♀ beider „Arten" lassen sich nach Villeneuve kaum unterscheiden, da beide nur sehr sparsam behaarte Wangen besitzen; wahrscheinlich ist *caliendrata* nur eine Behaarungsvarietät der *tachinoides;* die von Rondani angegebenen Unterschiede der Färbung der Taster und Schenkelspitzen sind nach meinen Exemplaren nicht stichhältig.

(758, II.) *Rhynchomyia ruficeps* Fbr., Mg., Schin. Bayona (D), Provinz Orense Galiciens (T), Cañizares (S), Escorial (L), 2 ♂, 4 ♀. Forma *hermaphroditica* m. Kopf und After des ♀, Färbung des Hinterleibes und der Beine aber genau die des ♂. Escorial (L). Var. *transiens* m. Pardo, ♀ (L). Stimmt sonst genau mit normalen ♀, aber die Oberseite des Hinterleibes ist nicht ganz rotgelb; sondern das dritte und vierte Segment vollständig metallgrün, das zweite metallgrün mit zwei großen gelbroten Vorderrandflecken, das erste gelbrot mit grünem Mittelstreifen und je einem kleinen isolierten grünen Seitenfleck. Am Bauche ist der erste Ring ganz rotgelb, der zweite rotgelb mit ziemlich schmalem, der dritte rotgelb mit sehr breitem grünen Seitenrande, der vierte ganz metallgrün. Die Färbung bildet also einen Übergang zu *cyanescens* Lw. Einen weiteren Übergang bilden die zwei dunklen, an die Augen stossenden Querstreifen (eigentlich nur Schattenflecke) des Gesichtes, die ich bei normalen ♀ nicht bemerke, während *cyanescens* dieselben und überdies noch einen dritten Querstreifen auf den Backen besitzt. Man möchte beinahe an eine Bastardierung denken, doch ist mir *cyanescens* aus Spanien noch nicht bekannt.

1409. *Stomatorrhina* (Rond., *Idia* Mg., non Lam.) *lunata* Fbr., Schin. Algeciras (Cz, St), Pardo, Escorial (L), Bayona und Rivas (D). Die Vorderbeine sind stets ganz schwarz, die übrigen besitzen nicht selten ± rotbraune Schienen und Tarsen.

(154, I, II.) *Stomoxys calcitrans* L. etc. Pardo, Madrid, Escorial, Provinz Orense Galiciens (A, L, T).

(155, I.) *Haematobia irritans* L.?, *atripalpis* Bezzi. Moreda (Cz), Madrid, Villaverde, Chinchòn (L, D), Provinz Orense Galiciens (T). Die ♂ stimmen genau nach Bezzi und sind auch teste Villn. identisch; die ♀ sind lichter grau, die Thoraxstriemen meist etwas deutlicher, die mittleren ebenfalls — wie beim ♂ — weiter voneinander entfernt als von den Seitenstriemen, die Hinterschienen sind nur außen kurz gewimpert, die langen Innenwimpern des ♂ fehlen ganz. ♂ und ♀ unterscheiden sich von *tibialis* durch bedeutendere Größe, durch auch unterseits mit einigen Fiederchen besetzte Fühlerborste und die weniger weit offene Hinterrandzelle. Ich besitze die Art auch aus Ungarn und Dalmatien und halte sie für die echte *irritans* L., Mg., Zett.; zur völligen Sicherheit wäre es allerdings notwendig, die schwedischen Sammlungen zu vergleichen.

1410. (Subgen. *Lyperosia* Rond.) *tibialis* R.-D., teste Villn., *irritans* Rond. Algeciras, 1 ♀ (St). Da nach Rondani auch die ♀ der *serrata* sägeförmig erweiterte und lang behaarte Hintertarsenglieder besitzen, dieses ♀ aber ganz einfache, fast nackte Hintertarsen zeigt, so ist es die echte *tibialis*. Die mir als *irritans* Rond. aus Dalmatien mitgeteilten ♂ besitzen ebenfalls lange, dünne, nicht auffallend behaarte Hintertarsen; ich erhielt ♂ und ♀ auch aus Ungarn.

1411. *serrata* R.-D., Mg., Rond. Algeciras, 1 ♂ (St). Nach dem Kat. d. pal. Dipt. synonym mit voriger, aber mein ♂ unterscheidet sich auffallend durch ziemlich kurze, gegen die Spitze erweiterte und mit sehr langen Wimperhaaren besetzte Glieder der Hintertarsen, sonst stimmen allerdings beide Arten fast vollkommen überein; Dr. Villeneuve bestätigte meine Bestimmung.

(759, II.) *Pollenia rudis* Fbr. etc. An allen von uns besuchten Standorten häufig, auch die meist kleinere Form mit geschlossener Hinterrandzelle (*varia* Mg.); Madrid, Escorial etc. beide Formen (L, A).

(760, II.) *atramentaria* Mg., Schin., *paupera* Rond. (Die Art mit schwarzem Hinterleibe, geschlossener und meist kurzgestielter Hinterrandzelle.) Alicante, Malgrat, oberes Geniltal (Cz, St); Madrid, Escorial (L).

1412. *vespillo* Fbr., Schin., Rond. (Hinterrandzelle offen, sonst fast == *atram.*; nach dem Kat. d. pal. Dipt. sind beide synonym, doch habe ich nie deutliche Übergänge in der Form der Hinterrandzelle gefunden.) Malgrat (St), Madrid (A).

(762, II.) *Dasyphora pratorum* Mg., Schin., Rond. Oberes Geniltal, Montseny (Cz, St), Madrid (A), Escorial, nebst *versicolor* Mg. (L).

(763, II.) *Lucilia caesar* L. Algeciras (Cz, St); Madrid, Escorial, Provinz Orense Galiciens (L, A, T). Ist in Südspanien jedenfalls viel seltener als die zwei folgenden.

(158, I, II.) *sericata* Mg. nebst der oft schwer unterscheidbaren kleineren Abänderung *latifrons* Schin., *nobilis* Mg. ♀. An allen Standorten Südspaniens ♂ und ♀ sehr häufig, meist var. *latifrons* (Cz, St); Madrid, Pardo, Escorial, Villaverde, Provinz Orense Galiciens, meist die größere Normalform (L etc.).

(159, I, II.) (Subgen. *Pseudopyrellia* Girschn.) *cornicina* Fbr. Algeciras, Tarifa, San Fernando, oberes Geniltal, in Menge gesammelt (Cz, St); Madrid, Pardo, Cercedilla, Escorial, Provinz Toledo und Galicien häufig (L, A, T).

1413. (Subgen. *Chrysomyia* R.-D., *Pycnosoma* B.-B.) *flaviceps* Macq., teste Villn., Meig., Rond. Escorial, ♂ (L).

(764, II.) *Calliphora erythrocephala* Mg. An allen von uns besuchten Standorten ♂ und ♀ häufig; auch aus den Provinzen Castilien und Galicien häufig erhalten (L, A, S, T).

1414. *vomitoria* L., Schin. Escorial (L).

1415. (Subgen. *Protocalliphora* Hough.) *azurea* Fall., Schin., Str., *sordida* Zett., Rond. Im Kat. d. pal. Dipt. wird auch *chrysorrhoea* Mg. als Synonym dazugezogen; allein meine *azurea* ♂ unterscheiden sich von *chrysorrhoea* durch viel schmälere Stirn und die nur an der Spitze schwarzen Taster, die ♀ durch nicht blaue, sondern grüne Färbung. Escorial (L), Hervas, Juni (D).

(144, I, II.) *Onesia sepulcralis* Mg., Schin., Hendel. Madrid, Normalform (L).

(145, I, II.) Var. *floralis* R.-D., Schin., Hendel. Algeciras, Encina, San Celoni, Malgrat, ♂ und ♀ nicht selten (Cz, St).

(145, II.) Var.? *clausa* Macq., Mg. Algeciras, Elche, Alicante, 3 ♀ (Cz, St), Pardo, ♂ (L); mit den von mir l. c. beschriebenen identisch. Villeneuve bemerkt dazu: „*Onesia* verwandt mit *sepulcralis*.“

(146, I, II.) *cognata* Mg., *coerulea* Mg. (nonWied.). Escorial, ♂ (L).

1416. *Graphomyia maculata* Scop., Schin., Rond. Escorial (L).

(160, I, II.) *Pyrellia cadaverina* L., Schin., Rond. Algeciras, Monistrol, ♂ und ♀ nicht selten (Cz, St); Madrid, Pardo, Escorial, Baños (L, S, D).

(161, I, II.) *Musca domestica* L. etc. An allen Standorten nicht selten (Cz, St); Pardo, Madrid, Alberche (L, D).

Var.: Kaum 4 mm; die hintere Querader steht fast genau in der Mitte zwischen der vorderen und der Spitzenquerader; die größtenteils rotgelbe Färbung des Hinterleibes ist genau wie bei der Normalform. Algeciras, 1 ♀ (St); Villeneuve hält das Tier ebenfalls für eine Varietät von *domestica*.

1417. *corvina* Fall., Schin., Rond. Algeciras, Tarifa, häufig (Cz, St); Madrid, Pardo, Escorial (L, A, D).

(162, I.) *tempestiva* Fall., Schin., Rond. Algeciras und besonders im oberen Geniltal häufig (Cz, St); Madrid, Escorial, Sierra de Gredos, Pardo (L, A).

1418. *vitripennis* Mg., Schin., Rond. San Fernando, Alicante, San Celoni (Cz, St); Madrid, Pardo, Rivas (A, D).

1419. *Cyrtoneura* (*A. Morellia* R.-D.) *hortorum* Fall., Schin., *pilipes* Rond. Escorial, 3 ♂, ♀ (L).

1420. *simplex* Loew, Schin., *hortorum* Rond., non Fall. Escorial, ♂ (L).

(765, II.) (*B. Muscina* R.-D.) *stabulans* Fall., Schin., Rond. Bobadilla, Alicante, Monistrol, vereinzelt (Cz, St); Madrid (A, S).

1421. *pabulorum* Fall., Schin. Algeciras (Cz), Madrid (S), Provinz Orense Galiciens (T).

1422. *assimilis* Fall., Schin. (inkl. *cacsia* Mg.), Rond. Algeciras (Cz).

(163, I, II.) *Myiospila meditabunda* Fbr., *Mydaea med.*, Kat. d. pal. Dipt. Tarifa, Algeciras, San Fernando, oberes Geniltal (Cz, St), Pardo (L).

1423. *Polyetes lardaria* Fbr., Schin., Rond. Escorial (L).

1424. *Aricia* (*A. Phaonia* R.-D., Kat. d. pal. Dipt.), *errans* Mg., Schin., Rond. Fuente Teja bei Escorial ein normales ♂ (L), San

Celoni, ♂ (St). Var.: Nur die Vorderschenkel schwarz, die übrigen ganz rotgelb; sonst normal.

1425. *erratica* Fall., Schin., Rond. Escorial (L).

1426. *trimaculata* Bouché, *meridionalis* Rond. Algeciras, 1 ♂ (Cz). Stimmt genau nach Rondani, nur besitzt das Schildchen außer den Seitenmakeln auch eine basale Mittelmakel, die auch etwas auf den Thorax übergreift.

Var.: Hinterschienen fast ganz rotgelb, die vier Thoraxstriemen auffallend breit, unterbrochen, fleckenartig; sonst stimmt das Tier genau mit dem vorigen Exemplar. Am Strande bei Tarifa, 1 ♂ (St).

(164, I, II.) (*B. Mydaea* R.-D., Kat. d. pal. Dipt., *Spilogaster* Aut. pr. p.) *lucorum* Fall., Schin. *(Aricia)*, Rond. Algeciras, Bobadilla, Alicante, Encina, Jativa, ♂, ♀ häufig (Cz, St); Escorial, Villaverde, Pardo (L, D).

(170, I, II.) *duplicata* Mg., *Spilog. dupl.* Schin., Rond., Stein. An allen von uns besuchten Standorten sehr häufig; Madrid, Pardo, Villaverde, Escorial häufig (L, A, D).

1427. *flagripes* Rond. *(Spilogaster)*. Pardo, 4 ♀ (A).

1428. *pubescens* Stein *(Spilog.)*. Jativa häufig (Cz, St), Pardo, Escorial (D, L).

(171, I.) *calceata* Rond., Stein *(Spilog.)*. Malgrat (St), Pardo, Villaverde, Hervas, Juni (A, D), spärlich.

1429. *depuncta* Fall., Schin. *(Spilog.)*, *demigrans* Zett., Stein, *tetrastigma* Mg., Schin. Escorial, ♂ (L).

(777, II.) *uliginosa* Fall., Schin., Stein *(Spilog.)*. Jativa (St), Madrid (A); gehören zur Normalform, nicht zur var. *almeriensis* Str.

(166, I, II.) (Subgen. *Hebecnema* Schnabl, Kat. d. pal. Dipt. als Gattung) *umbratica* Fall., Schin., Rond. *(Aricia)*. Jativa, Malgrat (St), Madrid, Escorial, Villaverde (L, D).

Var. *fumosa* (Mg., *carbo* Schin. und Kat. d. pal. Dipt. als Art; ist wohl nur eine größere Form mit stärker gebräunten Flügeln des ♂). Algeciras, Jativa (Cz, St).

(169, I.) *vespertina* Fall., Schin., Rond., Stein *(Spilog.)*. Algeciras, Tarifa, 2 ♀. Varietät: Alle Schienen ± rotbraun, eine Form, die auch in Steiermark etc. bisweilen vorkommt (Cz, St).

1429 b. *dispar* Fll., Stein (als *Spilog.*). Escorial, ♂ (L).

(768, II.) *Limnophora notata* Fall., Schin., Roud., Stein *(Spilog.)*. Algeciras, Tarifa, häufig, oberes Geniltal (Cz, St); Pardo, Escorial, Provinz Orense Galiciens (L, A, T).

1430. *solitaria* Zett., Str. Oberes Geniltal, 7 ♂, 6 ♀ (Cz, St). Kann ich von den Exemplaren unserer steirischen Alpen nicht unterscheiden, höchstens dadurch, daß der Thorax des ♂ nicht ganz einfarbig blaugrau ist, sondern entweder eine feine braune Mittelstrieme oder gar — gleich dem ♀ — drei breite braune Striemen besitzt; bisweilen kommen aber auch in den Alpen solche ♂ vor.

1431. (Subgen. *Pseudolimnophora* Str., *Stroblia* Pok., *Neolimnophora* Schnabl) *maritima* Röd., *virgo* Villn. Strand bei Tarifa, ♂ (St), San Fernando, ♀ (Cz). Die Exemplare stimmen genau mit Typen Steins und Villeneuves; ich erhielt sie auch aus Zara (Dalm.).

1432. *pacifica* Mg., Schin., Str., *triangula* Rond., non Fall. *(Coenosia)*. Am Meere bei Tarifa, 3 ♂, ♀ (Cz).

1433. *triangula* Fall., Schin., Str., *nigripes* Macq., Rond. *(Coenosia)*. San Pablo bei Algeciras, ♂ (Cz).

1434. *rufimana* Str., Pok. Algeciras, Tarifa, Malgrat, oberes Geniltal, 3 ♂, 4 ♀ (Cz, St).

1435. *Pogonomyia Meadei* Pok., *Limnophora atramentaria* Schin., Str., non Mg. Puerto del Pico in der Sierra de Gredos, Escorial, 13 ♂, ♀ (L). Stimmt genau mit Exemplaren der steirischen Alpen.

1436. *Hydrotaea*[1]) *occulta* Mg., Schin., Str., Stein. Oberes Geniltal, Monistrol, 2 ♀ (St).

1437. *cyrtoneurina* Zett., Stein, *silvicola* Loew, Schin. Tarifa, 22./4., ♂ (St).

1438. *Bezzii* Stein. Oberes Geniltal, ♀ (Cz).

1439. *armipes* Fall., Schin., Str., Stein. Provinz Orense Galiciens, 2 ♂ (T).

(772, II.) *velutina* R.-D., Stein, *brevipennis* Loew, Schin. Escorial (L).

1440. *cinerea* R.-D., Stein. Algeciras, 2 ♂ (Cz), Hochregion des Montserrat, 2 ♂ (St).

---

[1]) Bearbeitet nach der Monographie Steins in diesen „Verhandlungen", Bd. LIII, 1903, S. 285—337.

1441. *irritans* Fall., Schin., Str., Stein. Escorial, ♂, ♀ (L).

1441 b. *dentipes* Fbr. Escorial (L).

(773, II.) *penicillata* Rond., Stein. Algeciras und Tarifa, 2 ♀ (Cz). Es wäre möglich, daß diese ♀ die noch nicht beschriebenen ♀ von *cinerea* sind; allein sie stimmen bis auf die ganz kahlen Augen vollkommen mit der Beschreibung Steins. Die Schwinger sind braungelb, aber auch bei meinen ♂ der *cinerea* sind sie ± braun.

(174, I.) *Ophyra anthrax* Mg., Schin., Rond. In Straßengräben neben dem Friedhofe von Algeciras flogen Mitte April die ♂ sehr häufig, die ♀ spärlich (Cz, St).

(774, II.) *leucostoma* Wied., Schin., Rond. Algeciras, Elche (Cz), Madrid (S), Provinz Orense Galiciens (T).

1442. *Homalomyia*[1]) (Bch., *Fannia* R.-D., Kat. d. pal. Dipt.) *scalaris* Fbr., Schin., Str., Stein. Provinz Orense Galiciens (T).

(175, I, II.) *canicularis* L., Schin. An allen von uns besuchten Standorten ♂ häufig gesammelt, ♀ seltener (Cz, St); Escorial, Provinz Orense Galiciens (L, T).

1443. *difficilis* Stein. Algeciras, 1 ♂, 2 ♀ (Cz, St).

1444. *glaucescens* Zett., Stein, *herniosa* Rond. Villaverde, 2 ♂ (D). Stimmen genau mit Typen Steins.

(775, II.) *incisurata* Zett., Schin., Stein. Algeciras, Elche, Monistrol (Cz, St), Madrid (A), 4 ♂.

(776, II.) *nitida* Stein. Provinz Orense Galiciens, ♀ (T) [2])

1445. *Azelia parva* Rond., Loew, Monogr. Algeciras, 1 ♀ (St). Wegen der geringen Größe (2 mm), der weißgrauen Stirnleisten, weißen Schüppchen, des einfärbig bräunlichgrauen Thoraxrückens kann ich dieses ♀ nur für *parva* halten; die Mittelflecke der Hinterleibsringe stehen am Vorderrande, die Seitenflecke ziemlich nahe dem Hinterrande; alle sind ziemlich gleich groß.

---

[1]) Bearbeitet nach Steins Monographie.

[2]) Meine *Gymnochoristomma bosnica* Str., Bosn., 1900, S. 613 (Sep. 63), wurde von Herrn Stein, der das Tier untersuchte, für den von ihm in der Monogr., S. 117 beschriebenen Bastard zwischen *Homalomyia scalaris* und *incisurata* gehalten; mein ♂ weicht aber durch zwei starke Orbitalborsten von der Beschreibung seiner Bastarde ab und eine Bastardierung ist, wie Stein selbst angibt, noch nicht mit Sicherheit an Dipteren beobachtet worden.

1446. *Lasiops triseriata* Stein. Granada, Moreda, 4 ♂, 2 ♀ (Cz, St); bei Villaverde ein 6 mm großes ♀ (D). Die Exemplare stimmen vollständig mit der ausführlichen Beschreibung Steins; die ♀ aber stimmen in der Größe ziemlich mit den ♂, während Stein ein auffallend kleines ♀ (4 mm) beschreibt.

(177, I, II.) *Hylemyia variata* Fall., Schin., Rond., Str. San Celoni, ♂ (St).

(178, I, II.) *strigosa* Fbr., Schin. In Eichenwäldern bei Algeciras nicht selten (Cz, St), Provinz Orense Galiciens (T). Die Exemplare sind ganz normal, nur die Vorderschienen meist größtenteils schwarz, was aber auch bei mitteleuropäischen Exemplaren nicht selten vorkommt.

1447. *antiqua* Mg., Schin., Rond. Monistrol, ♂, ♀ (St).

(180, I, II.) *pullula* Zett., Schin., Rond. Elche, Jativa, Monistrol, San Celoni, Malgrat, oberes Geniltal, Montserrat, ♂, ♀ häufig (Cz, St); Villaverde (D). Die vier hinteren Schienen der ♀ sind bisweilen ± rotbraun.

1448. *cardui* Mg., *penicillaris* Rond., Stein. Hochregion des Montserrat, ♂ (St), Pardo, Escorial, ♂, ♀ (A, L).

1449. *brunnescens* Zett., Stein, l. c., *cardui* Schin., non Meig. San Celoni, 3 ♂ (St). Sie stimmen in der Färbung vollkommen mit der Beschreibung Steins, besitzen aber gleich *penicillaris* an der Basis des zweiten Tarsengliedes der Mittelbeine eine merkliche Erweiterung, sind also möglicherweise nur eine ganz auffallend dunkle Varietät derselben; Stein erwähnt bei *brunnescens* nichts über die Tarsen.

1450. *criniventris* Zett., Stein, *tibiaria* Rond. Rio Alberche, Escorial, 3 ♂, ♀ (L, D).

1451. (Subgen. *Hydrophoria* R.-D.) *Wierzeyskii* Mik (*Spilogaster*). Oberes Geniltal, 1 ♀ (Cz). Stimmt vollkommen nach Mik und mit Exemplaren Steins.

(182, I, II.) *Anthomyia* (1. *Anth.* s. str.) *pluvialis* L. An allen unseren Standorten ♂ und ♀ häufig, auch aus vielen Orten der Provinz Castilien und Estremadura erhalten (L, A, D); die var. *imbrida* Rond. viel seltener.

(777, II.) *albicincta* Fall., Schin., Rond. Algeciras, 4 ♂, 1 ♀ (Cz).

(778, II.) *pratincola* Panz., Schin. Moreda (Cz), Madrid, Loerches (A), 4 ♂, 5 ♀.

(183, I, 779, II.) *radicum* L., Schin., Rond. Malgrat, Montserrat (St), Madrid, Provinz Orense Galiciens (A, T).

(780, II.) (Subgen. *Pegomyia* R.-D.[1]) *nigritarsis* Zett. var. *exilis* Str. Aus San Celoni ein ♀; ist teste Stein, der das Exemplar untersuchte, *nigritarsis* Zett.

(781, II.) „*versicolor.*" Malgrat, 1 ♂; ist teste Stein *rufina* Fall.

(181, I.) *silacea* Mg., Stein, *flavcola* Fall. var. *β. silacea* Mg., Str. (das dritte Fühlerglied ganz rot). Escorial, 2 ♂ (L).

1452. *bicolor* Wied., Stein. Algeciras, ♀ (Cz).

1453. *caesia* Stein. Hochregion des Montserrat, 1 ♀ (St). Stimmt genau nach der Tabelle und Beschreibung Steins. Die Beine sind ganz rotgelb mit Ausnahme der Tarsen und einer Rückenstrieme der Vorderschenkel; von der sehr ähnlichen *nigritarsis* unterscheidet sie sich durch deutliche Kreuzborsten, viel stärkere Acrostichalborsten, eine viel kürzere Präalarborste und viel stärker verbreiterte Taster.

1454. *rufipes* Fall., Stein. Provinz Orense Galiciens, ♀ (T).

1455. *hyoscyami* Pz., Stein. Elche, Alicante, 2 ♀ (Cz).

Var. *nigricornis* m. Moreda, 1 ♂ (St).

Stimmt sehr gut mit der von Stein beschriebenen dunklen var. *betae* Curt. und einem mir von Stein revidierten ♂ derselben, ist aber noch viel dunkler gefärbt: Fühler und Stirnstrieme ganz schwarz, Taster dunkelbraun mit schwarzem Enddrittel; der ganze Körper bei oberflächlicher Betrachtung schwarz, nur bei genauer Betrachtung erscheint der Thorax etwas grau bestäubt mit weißlichem Vorderrande und drei schwarzen Längsstriemen, der Hinterleib weißgrau mit schwarzer Mittelstrieme, Beine schwarz, nur die Schienen ganz rotgelb; die auf der Rückseite der Hinterschienen stehende untere Borste ist — wie bei der Normalform — mindestens doppelt so lang als die obere. — Möglicherweise eigene Art.

1456. *terminalis* Rond., Stein (♀). Algeciras, Tarifa, oberes Genital, 4 ♂, 5 ♀ (Cz, St).

Die ♀ stimmen genau nach Stein und gehören durchwegs zur ersten von ihm beschriebenen Form (Beine mit Ausschluß der Tarsen ganz rotgelb). Das ihm unbekannte ♂ stimmt in Größe (4—5 mm) und Beborstung vollkommen mit dem ♀, in der Färbung aber so ziemlich mit *maculata* Stein,

---

[1] Bearbeitet nach Stein in Wr. Ent. Zeit., 1906, S. 47—107.

auf welche man in der Bestimmungstabelle Steins gelangt. Taster und Fühler sind schwarz, die Stirnstrieme rötlich bis schwarz, die Augen stoßen rückwärts fast ganz zusammen. Thorax und Schildchen sind dunkler grau als beim ♀, schwärzlichgrau; von rückwärts kann man drei ziemlich deutliche schwarze Striemen unterscheiden. Schüppchen gleich groß, weißlich, Schwinger gelb wie beim ♀. Der Hinterleib ist schmal, streifenförmig, gleich breit, der dritte und vierte Ring gleich lang; die Oberseite ist ganz grau, weißlichgrau bestäubt, mit schmalen weißlichen Säumen und einer deutlichen schwarzen, nur durch die weißlichen Säume unterbrochenen Rückenstrieme; das mäßig kolbige Hypopyg ist ± rot; die Bauchseite ist grau oder, besonders an der Basis, deutlich rotgelb. Die Hüften und Vorderschenkel sind ganz grau; die Mittel- und Hinterschenkel gelbrot, aber in der Spitzenhälfte entweder ganz schwarz, ziemlich glänzend oder nur an der Unterseite streifenförmig gelbrot (ungefähr so wie Stein das dritte ♀ beschreibt). Alle Schienen sind fast ganz gelbrot, alle Tarsen dunkel.

(185, I, II.) (3. Subgen. *Chortophila* Macq., Str. — Dunkelbeinige Arten mit ± walzenförmigem Hinterleibe des ♂.) *varicolor* Schin., Rond., non Mg. Nach Villeneuve sind die Pariser Typen von *varicolor* Schin. et Rond. verschieden und = *trapezina* Zett.; Schiner gab aber seine Beschreibung ebenfalls nach Typen Meigens. Es weichen also, wie öfters, die Wiener Typen von den Pariser Typen ab; meine Exemplare stimmen teste Villn. mit Schiner und Rondani. Algeciras, Tarifa, Moreda, oberes Geniltal, 1 ♂, 9 ♀ (Cz, St).

(187, I, II.) *cinerella* Fall., Rond., *pusilla* Mg., Schin. Wieder an allen Standorten in Menge gesammelt (Cz, St); Castilien, Galicien etc., häufig (L, A, D, T).

(188, I, II.) *longula* Fall., Schin., Rond. Algeciras, Tarifa, San Fernando, Elche, Malgrat, Montserrat, ziemlich häufig (Cz, St); Escorial, ♂, ♀ (L).

(782, I.) *sepia* Mg., Zett., Schin., Rond. Algeciras, Tarifa, Bobadilla, oberes Geniltal, Montserrat (Cz, St), Madrid (D).

1457. (Subgen. *Phorbia* R.-D., Str.; wie *Chortophila*, aber der Hinterleib des ♂ flach, streifenförmig.) *humerella* Zett. Hochregion des Montserrat ein typisches ♂, das genau mit Exemplaren Steins stimmt (St).

1458. *gnava* Mg., *lactucae* Bouché, Schin., Str. Provinz Orense Galiciens, 1 ♀ (T). Stimmt genau nach Schiner und nach Exemplaren Steins.

1459. *discreta* Mg., Schin., Str., *trapezoides* Zett. (teste Stein dürftige, spärlicher beborstete Exemplare). Tarifa, oberes Geniltal, 5 ♂, 1 ♀ (Cz, St). Decken sich mit Exemplaren Steins.

1460. *floralis* Fall., Stein, non *flor.* Mg., Schin., Rond., welche = *floccosa* Macq. ist und sich durch an der Basis dicht- und kurzborstige Hinterschenkel des ♂ unterscheidet. Algeciras, Tarifa, 2 ♂ (Cz), Villaverde, 3 ♀ (D). Stimmen genau mit Typen Steins.

1461. *muscaria* Mg., Rond., Str. Encina, 1 ♂ (Cz). Stimmt sonst sehr gut mit meinen typischen Exemplaren, nur sind die Flügel ganz weißlich.

(190, 1, II.) *cilicrura* Rond., Str., *platura* Mg. pr. p., Schin. pr. p. An allen von uns besuchten Standorten die gemeinste Art; auch aus den Provinzen Castilien, Galicien, Estremadura in Menge erhalten (L, A, D). Die nahe verwandte *trichodactyla* Rond. aber erhielt ich auch diesmals nie.

(191, I.) *striolata* Fall., Zett., Str. Jativa, ♂ (Cz).

(783, II.) *Hammomyia unilineata* Zett., Stein. Tarifa, Moreda, Bobadilla, oberes Geniltal, 2 ♂, 2 ♀ (Cz).

1462. *buccata* Fall., Mg., Zett., Schin., Rond., Stein. Algeciras, Granada (Cz, St), Villaverde (D), 4 ♂.

1463. *albiseta* Ros., *albescens* Zett., Schin., Rond. San Celoni (St), Madrid, Villaverde, Montarco (D), 2 ♂, 2 ♀.

1464. *Chirosia albitarsis* Zett., *albimana* Zett., Rond. Algeciras, 3 ♂ (Cz).

(192, 1, II.) *Lispocephala Mikii* Str. var. *hispanica* Str. Algeciras, Tarifa, 2 ♂, 2 ♀ (Cz, St).

1465. *alma* Mg., Schin., Str. Algeciras (St) ein typisches ♂ (Hinterleib teilweise rotgelb).

(193, I, II.) *Coenosia tricolor* Zett., Stein., Str. (die kleineren Exemplare), *infantula* Rond., *pumila* Str., non Fall. Granada, Moreda, Elche, Jativa, Monistrol, Montserrat (Cz, St); Madrid, Villaverde (D).

(194, I, II.) *nigridigita* Rond., Stein, *tricolor* Str. (die größeren Exemplare). Oberes Geniltal (Cz), Pardo, Villaverde (A, D), Escorial (L).

(195, I.) *pumila* Fall., Schin., Stein, *albicornis* Mg., Str. pr. p. Oberes Geniltal, ♂ (Cz).

1466. *elegantula* Rond., Stein. (Nach dem Kat. d. pal. Dipt. ist *rufipalpis* Mg. älter und identisch; ich bezog in Str., Anthom., 269, *rufipalpis* auf eine andere Art. Stein sah meine Exemplare und sandte sie ohne Namensänderung zurück.) Algeciras (Cz, St), Malgrat (St), 4 ♂, 6 ♀. Die Exemplare stimmen vollkommen mit der Beschreibung und mit Typen Steins, aber fast alle besitzen an den Hinterschienen eine deutliche vordere Außenborste (also variables Merkmal).

1467. *perpusilla* Mg., Stein, *humilis* Mg., Schin., Str., *humilis* und *nana* Rond. (Nach dem Kat. d. pal. Dipt. aber ist meine *humilis* die richtige *humilis* Mg., meine *albicornis* = *perpusilla* Mg., *perpusilla* Stein aber = *pumila* Fall.; es müssen sich also die Ansichten Steins seither geändert haben.) Algeciras, Elche, 3 ♀ (Cz).

1468. *bilineella* Zett., Str., Stein, *pumila* Pok., non Fall. Escorial, 2 ♀ (L).

(787, II.) *geniculata* Fall., Schin., Rond., Str., Stein. Algeciras, San Fernando, ♂, ♀ (Cz, St); Escorial, ♀ (L).

(788, II.) *lineatipes* Zett., Str. Algeciras, Malgrat, 2 ♂, 2 ♀ (Cz, St).

1469. *sexpustulata* Rond., Str. Oberes Geniltal, ♂ (Cz).

(198, I, II.) *tigrina* Fbr., Schin. etc. Elche, San Celoni, Malgrat, oberes Geniltal, häufig, meist die var. *leonina* Rond. (Cz, St); Escorial, Provinz Orense Galiciens, 4 ♀ (L, T).

1470. *dealbata* Zett. (♂) var. *punctiventris* m. Am Strande bei Alicante ein ♂ (St). Stimmt genau mit der Beschreibung Zetterstedts und mit von Herrn Kuntze aus Borkum erhaltenen ♂; nur besitzt der zweite und dritte Ring je zwei ziemlich große, weit voneinander entfernte, dunkelbraune Flecke, etwa wie bei *pacifica* Mg.; sonst sehe ich keinen Unterschied. Das ♀ scheint noch nicht beschrieben zu sein. Ich erhielt aus Borkum ein ♀, das sogar sechs dunkelbraune Flecke besitzt, die des ersten Ringes sind allerdings etwas kleiner und bedeutend schwächer; sonst stimmt es bis auf den breiteren, flacheren, spitzen Hinterleib mit dem ♂, nur zeigt der Thorax drei sehr deutliche braune Striemen, auf welchen die Acrostichal- und Dorsozentralborsten stehen.

1471. *atra* Mg., *globuliventris* Zett., Str., *palustris* R.-D., Rond. Algeciras (St).

(197, I, II.) (Subgen. *Orchisia* Rond.) *costata* Mg., Rond., *picti-pennis* Loew, Schin., Str. Alicante, Monistrol, ♂, ♀ (Cz, St).

1472. *Hoplogaster mollicula* Fall., Schin., Rond., Str. Esco-rial, ♂ (L).

1473. *Allognota* (Pok.) *agromyzina* Fall., *agromyzella* Rond. *(Coenosia)*, Pok. Montserrat, ein ♂ mit ungeflecktem Hinterleibe und ganz schwarzbraunen Beinen, wie es Rondani beschreibt. Variiert sehr stark: Nach Pokorny besitzt der Hinterleib des ♂ häufig 4—8 Flecke; ich sammelte in Untersteier ein ♂ mit ganz gelbroten Schienen und in der Basalhälfte lebhaft gelbroten vier hinteren Schenkeln.

(203, I.) *Lispa*[1] *nana* Macq., Kow., Beck. An Tümpeln bei Algeciras, Elche, Bobadilla häufig (Cz, St); Escorial (L).

(204, I, II.) *tentaculata* Deg., Kow., Beck. Algeciras, Tarifa, Elche, Alicante, Malgrat, oberes Genital, Montseny, sehr häufig (Cz, St); Madrid, Villaverde, Escorial (L, D). Stets die Normalform mit gelben Tastern.

1474. *consanguinea* Loew, Kow., Beck. Alicante (Cz).

(202, I.) *pygmaea* Fall., Beck., *tenuipalpis* Zett., Kow. Ali-cante (Cz), Hochregion des Montserrat (St), 3 ♂.

1475. *melaleuca* Loew, Kow., Beck. Montserrat, ♂, ♀ (St).

1476. *pilosa* Loew, Kow., Beck. Strand bei Algeciras, San Fernando, Alicante, häufig (Cz, St).

1477. *caesia* Mg., Beck., *craasinscula* Loew, Kow. Strand bei Algeciras, Tarifa, San Fernando, häufig (Cz, St).

1478. *lineata* Macq., Beck. Strand bei Tarifa, 3 ♀ (Cz, St). Stimmt genau mit von Herrn Becker aus Teneriffa erhaltenen Exemplaren und war bisher aus Europa noch nicht bekannt.

(205, 1, II.) *Schoenomyza litorella* Fall., Rond. Algeciras, Tarifa, oberes Genital (Cz, St); Castilien (Escalera).

(789, II.) *Atherigona quadripunctata* Ross., Rond., Str., *raria* Mg., Schin. An allen von uns besuchten Standorten der Tiefregion ♂ und ♀ sehr häufig (Cz, St); Rio Alberche, Provinz Orense Gali-ciens (D, T).

---

[1] Bearbeitet nach Kowarz, 1892 und Becker, 1901.

Cyclorrhapha Schizophora.

Holometopa.[1]

Von

Abt Leander Czerny.

A. Postvertikalborsten divergent oder parallel.

Scopeumatidae.[2]

1479. **Parallelomma hispanicum** nov. spec. ♀. *Fronte ferruginea, facie albida, antennis flavis, articulo tertio praeter basim nigrofusco, seta longe plumata. Thorace ferrugineo, nitido, nigrobilineato. Abdomine nigro, nitido. Pedibus pallide ferrugineis, alis subfusco-flavis. — 5 mm.*

Algeciras, 1 ♀, 17./4. (Cz).

♀. Stirn rostgelb, matt, in gewisser Richtung weißschimmernd, Ozellenfleck schwarz. Gesicht, Wangen und Backen weiß. Hinterkopf oben schwarz, in der Mitte glänzend rostgelb, unten weiß. Fühler gelb, drittes Glied mit Ausnahme der Basis schwarzbraun; Fühlerborste schwarz, bis über die Mitte hinaus lang gefiedert. Rüssel glänzend rostgelb, Taster weiß. Thorax glänzend rostgelb, die Seiten blasser, die Mitte des Rückens ziemlich stark gebräunt, mit zwei durchgehenden schwarzbraunen Striemen; auch zwischen der Quernaht und der Flügelwurzel eine schwarzbraune Strieme. Schildchen glänzend rostgelb, an den Seiten braun, Hinterrücken auch braun. Hinterleib glänzend schwarz und schwarz behaart. Beine blaß rostgelb, Flügel bräunlichgelb, Schüppchen und Schwinger weiß.

Diese Art unterscheidet sich von *P. albipes* Fall. durch die schwarzbraune Färbung des dritten Fühlergliedes und wohl auch durch die verschiedene Färbung des Thorax und des Hinterleibes. *P. bilineatum* Meig., die

[1] Wie in der Einleitung S. 123 erwähnt wurde, hatte Herr Prof. Strobl schon früher von verschiedenen spanischen Entomologen Dipteren zum Bestimmen erhalten. Prof. Strobl überließ mir die von ihm vorgenommenen Bestimmungen samt den zugehörigen Bemerkungen zur Aufnahme in diese Arbeit; sie erscheinen unter Anführungszeichen.

[2] Da für die Gattungsnamen *Scatomyza* Fall. (1819) und *Scatophaga* Meig. (1803) der von Meigen schon im Jahre 1800 in seiner „Nouvelle classification des mouches à deux ailes" gewählte Name *Scopeuma* eintreten muß, hat die Benennung der Familie mit *Scatomyzidae* oder *Scatophagidae* keine Berechtigung mehr.

von Becker als synonym zu *albipes* Fall. gestellt wird, hat auch einen glänzend rotgelben, zweistriemigen Thorax, die Fühler sind aber ganz hellgelb und der Hinterleib ist auch glänzend rotgelb.

Mit *P. fuscitibia* Rond. ♀ hat diese Art die Färbung des dritten Fühlergliedes gemein, jedoch fehlt ihr die bei *fuscitibia* unter der Flügelwurzel liegende schwarze Binde; außerdem ist noch der Thoraxrücken anders gefärbt.

(207, I, II.) *Scopeuma (Scatophaga) stercorarium* L. Algeciras (Cz), Villaverde, Rivas (D), „Madrid, Cercedilla, Sierra de Gredos (L, S), Provinz Orense Galiciens (T)“.

(208, I, II.) *merdarium* Fabr. Algeciras, Tarifa (Cz), Villaverde (D), „Madrid (A)“.

1480. *maculipes* Zett. (teste Becker). Algeciras (Cz).

1481. *litoreum* Fall. San Fernando (Cz).

1482. **Coniosternum nigrohirtum** nov. spec. ♂. *A tribus speciebus hueusque notis pilis abdominis dorsalibus nigris et crassioribus sine dubio differt.* — 4·5 mm.

Elche, 1 ♂, 9./5. (Cz).

♂. Aschgrau. Stirnstrieme rot, über den Fühlern blaßgelb; Orbiten, Scheitelfleck und Hinterkopf aschgrau. Gesicht, Wangen und Backen rötlich, in gewisser Richtung weißlich schimmernd. Fühler ganz schwarz, die schwarze Fühlerborste nackt. Rüssel glänzend schwarz, Taster rötlichgelb, nicht erweitert. Thoraxrücken mit zwei nicht sehr deutlichen, innerhalb der Dorsozentralborsten verlaufenden Linien. Akrostichalbörstchen bis über die Mitte hinaus zweireihig. Die Behaarung des Hinterleibes ist auf den beiden ersten Ringen und an den Seiten der übrigen weiß und fein, auf dem Rücken der übrigen Ringe entschieden schwarz und grob. An den Schenkelspitzen ist die rote Farbe von der gleichen Ausdehnung wie bei *C. tinctinerve* Beck. Im übrigen sind die Beine ganz so gefärbt wie bei *C. obscurum* Fall. und *C. tinctinerve* Beck. Beborstung der Beine wie bei *tinctinerve*, nur etwas kräftiger. Flügel glashell; die beiden Queradern sind zwar kräftig, aber ohne braune Säumung.

Die bisher bekannten Arten der Gattung *Coniosternum* lassen sich in folgender Weise unterscheiden:

1. Behaarung des Hinterleibes auf der Mitte des 3.—5. Ringes schwarz, grob . . . . *nigrohirtum* Cz.
— Behaarung des Hinterleibes durchwegs gelblich, weich 2
2. Beine schwarz . . . . *infumatum* Beck.
— Schienen und Tarsen rot 3
3. Taster erweitert, Schenkelspitzen breit rot, Queradern braun tingiert.
tinctinerve Beck.
— Taster an der Spitze nur unmerklich dicker, Schenkelspitzen schmal oder gar nicht rot, Queradern nicht braun tingiert . . . *obscurum* Fall.

1483. *Acantholena spinipes* Meig. Algeciras, 16./4., 2 ♀ (Cz).
Bei dem einen ♀ ist das dritte Fühlerglied schwach gebräunt, bei
dem anderen bis auf die Basis ganz schwarz.

Heteroneuridae.

1484. *Acartophthalmus nigrinus* Zett. Algeciras (St).

Ortalididae.[1]

Ortalidinae.

(802, II.) *Dorycera graminum* Fabr. San Pablo (Algeciras),
2 ♂ (Cz), Jativa, 1 ♂ (St). Diese ♂ entsprechen hinsichtlich der
Färbung des Hinterleibes der Beschreibung Schiners: „Hinterleib
bei dem ♂ schwarz mit dreieckigen weißen Rückenflecken", nur
sind die Rückenflecke nicht weiß, sondern gelbgrau. Ganz genau
paßt auf sie die Beschreibung Strobls vom ♂ der *Dorycera scalaris* Loew in Wr. Entom. Zeit., 1899, S. 225.

(803, II.) *Ortalis aspersa* Loew. Tarifa (Cz, St). Der Thoraxrücken zeigt allerdings nicht die markante Striemung der *O. formosa* Panz. (= *O. ornata* Meig.) und insofern konnte ihn Loew
ungestriemt nennen; aber es sind auch bei dieser Art vorne auf dem
Rücken schiefergraue Mittelstriemen und weiterhin eine striemen-
artige Gruppierung der schwarzen Punkte bemerkbar. Der Hinterleib ist glänzend schwarz; der 2.—5. Ring trägt am Vorderrande
einen dreieckigen gelb- oder weißgrauen Mittelfleck; der des zweiten
Ringes zieht sich als schmaler Vorderrandsaum bis zum Seitenrande
hin, seltener ist dies bei dem des dritten Ringes der Fall. Loew
beschrieb nur das ♂. Strobl, der bei Ronda ein ♀ fing, gibt als
Unterschied vom ♂ „braunrote Mittel- und Hinterschenkel" an; bei
den vorliegenden ♀ sind aber auch die Mittel- und Hinterschenkel
mit Ausnahme der Kniegelenke schwarz. Bei den ♀ sind an den
Vorderrändern des 2.—5. Ringes gegen den Seitenrand hin verschmälerte Binden.

1485. „*gangraenosa* Fabr., Meig. Von *formosa* Panz. nur durch
rote Beine und fast ganz roten Hinterkopf verschieden; wohl nur

---

[1] Von ὀρταλίς, Stamm ὀρταλιδ, daher Ortalid-idae, Ortalid-inae.

Varietät davon. Cañizares (S), Pardo (L). Besitze sie auch aus Paris durch Dr. Villeneuve (als *formosa*)." — Becker bemerkt zur Type von *O. gangraenosa* Fabr., Meig. in Meigens Sammlung: „Ein weibliches Exemplar in Paris, das durchaus mit Schiners Beschreibung von *Ortalis formosa* Panz. übereinstimmt."

1486. „*Tephronota gyrans* Loew, Wr. Ent. Mon., VIII, 1864, 13./4. (Dalmatien). Madrid, Escorial (A, L), Provinz Orense Galiciens (T). Ist von *bifasciata* Loew fast nur durch den bloß subapikalen (nicht genau apikalen) Spitzenfleck der Flügel verschieden; *bifasciata* besitze ich aus Italien durch Bezzi."

1487. „*Meckelia hortulana* Rossi, *hyalinata* Panz., Schin. Madrid (A)."

1488. **Anacampta unimaculata** nov. spec. ♂, ♀. *A. pomarianae Rond. et connexae Beck. similis, sed alarum macula apicali unica, inferne producta, distincta.* — *6 mm.*

Escorial, 1 ♂, 1 ♀ (L).

Diese Art schließt sich den·Arten *hortulana* Rossi, *pomariana* Rond. und *connexa* Beck. an. Bei *hortulana* liegt ein Fleck vor der Mündung der zweiten Längsader, der sich von der Kosta an bis über die Mitte der Submarginalzelle hinab erstreckt und die Spitze der Marginalzelle frei läßt; ein anderer Fleck liegt an der Flügelspitze in der unteren Ecke der Submarginalzelle und zwischen den Mündungen der dritten und vierten Längsader. Bei *pomariana* sind diese beiden Flecke durch einen Randsaum verbunden. Hinsichtlich dieser Flügelzeichnung scheint auch *connexa* mit *pomariana* überenzustimmen.

Die gegenwärtige Art hingegen besitzt nur einen Spitzenfleck, der die Spitze der Marginalzelle und die obere Ecke der Submarginalzelle ausfüllt und in der Mitte bis zur Mitte der ersten Hinterrandzelle hinab verlängert ist. Die untere Ecke der Submarginalzelle und die Spitze zwischen der dritten und vierten Längsader sind also glashell.

Stirn, Gesicht, Taster und Fühler rotgelb, der Oberrand des dritten Gliedes leicht gebräunt, Fühlerborste sehr kurz pubeszent, Frontal- und Fazialorbiten weiß, Stirnbehaarung kaum halb so lang als die bei *hortulana*. Der ganze Thorax samt dem Schildchen grau, das Schildchen mehr weißgrau schimmernd, in gewisser Richtung dunkel. Mesopleura zerstreut behaart, vor der Naht eine Reihe längerer Borsten. Beine schwarz, die Hüftgelenke, Knie, ersten Tarsenglieder und Wurzeln der zweiten, bisweilen auch der dritten Glieder rötlichgelb; Hinterschenkel oben vor der Spitze mit zwei kleinen Borsten. Die glashellen Flügel zeigen außer dem angegebenen Spitzenfleck einen Wurzelfleck, zwei unvollkommene Binden und eine Säumung der hinteren Queradern. Abstand der beiden Queradern voneinander halb so lang als der vorhergehende

Abschnitt der vierten Längsader. Schüppchen und Schwinger weiß. Hinterleib glänzend schwarz mit breiten weißen Vorderrandbinden auf dem zweiten und dritten, beim ♀ auch auf dem vierten Ringe. Beim ♀ der fünfte Ring kaum halb so lang als der folgende.

(804, II.) *Platystoma umbrarum* Fabr. Vacia Madrid (D).
Außer der Schulterschwiele auch die Schwiele in der Präalardepression, die Partie vor der Mesopleuralnaht und der obere Teil der Sternopleura, zuweilen alle Tarsen, auch die Schienen, besonders die Mittelschienen, und Partien der Schenkel sowie die Hüften ziegelrot.

„San Fernando, Montarco, Pardo, Escorial, Madrid (A, L). Bei den meisten Exemplaren sind die hinteren vier Schienen ganz und auch die Vorderschienen teilweise rotbraun."

(222, I, II.) *Rivellia syngenesiae* Fabr. Tarifa (Cz), oberes Geniltal (St), „Escorial (L), Provinz Orense Galiciens (T)".

Ulidiinae.

(805, II.) *Chrysomyza (Chloria) demandata* Fabr. San Fernando, Granada, oberes Geniltal, ♂, ♀ (Cz, St); Monistrol, Malgrat (St), Villaverde (D); „Escorial, Montarco, Pardo (A)".

(806, II.) *Ulidia erythrophthalma* Meig. Villaverde, 1 ♂ (D), oberes Geniltal (St). Das gegenwärtige Exemplar steht zwar an Größe allen Exemplaren dieser Art in meiner Sammlung nach, auch zeigen die Flügel nicht die geringste Spur einer Bräunung; nichtsdestoweniger kann ich es doch nicht für *albidipennis* Loew halten, da das von Loew hervorgehobene Verhältnis der beiden letzten Abschnitte der vierten Längsader (der letzte doppelt so lang als der vorletzte) bei dem gegenwärtigen Exemplar nicht zutrifft.

(807, II.) *apicalis* Meig. Chinchòn, Alberche (D), „Pardo (L)".

Lonchaeidae.

(223, I, II.) *Lonchaea lasiophthalma* Macq. Bobadilla, Algeciras, Tarifa, San Fernando, Granada, oberes Geniltal, Elche, Jativa, Moreda, ♂, ♀ (Cz, St); Monistrol, Malgrat, San Celoni (St); Villaverde, Montarco, Rivas, San Fernando (D); „Loerhes (A)".

1489. „*chorea* Fabr, *vaginalis* Fall. Escorial (L)."

Euribiidae.[1]

(*Trypetidae* olim.)

Euribiinae.

(815, II.) *Aciura libialis* R.-D. San Fernando, Granada (Cz);
Baños, Provinz Estremadura, Juni (D).

1490. „*Oedaspis multifasciata* Loew. Escorial an der Fuente
Teja (L).“

1491. *Euribia (Trypeta) jaceae* R.-D. Elche, Granada, Encina,
Monistrol (Cz, St).

1492. „*Euribia lappae* Cederh., Schin. Pardo (L).“

(227, I.) *colon* Meig. Granada (Cz), Algeciras, Tarifa (St),
Rivas (D).

1493. *serratulae* L. Algeciras, Tarifa, oberes Geniltal, Encina,
Jativa, San Celoni (Cz, St).

1494. *virens* Loew. Monistrol, San Celoni (St). Die die Analzelle abschließende Querader gerade und der hintere Winkel äußerst
wenig spitz.

(818, II.) *Ensina sonchi* L. Algeciras (Cz, St).

1495. *Myopites Frauenfeldi* Schin. Algeciras (St). Alle Schenkel
auf der Hinterseite und die Hinterschienen auf der Außen- und
Innenseite mit schwarzer Strieme. Die beiden letzten Tarsenglieder
geschwärzt.

---

[1] Wie Hendel in diesen „Verhandlungen“, LVIII, 1908, S. 64, mitteilt,
hatte Meigen schon im Jahre 1800 in seiner „Nouvelle classification des
mouches à deux ailes“ für seine im Jahre 1803 im II. Bande von Illigers
„Magazin“ aufgestellte Gattung *Trypeta* den Namen *Euribia* gewählt. Als
typische Arten dieser Gattung führt Meigen *M. arnicae, cerasi, urticae, arte-
misiae* Fabr. etc. an. Es dürfte wohl kaum jemand zweifeln, daß unter den
anderen von Meigen nicht ausdrücklich genannten Arten auch solche der
heutigen Gattung *Trypeta* Meig. gemeint sind, z. B. *cornuta* Fabr., *falcata* Scop.
(*lappae* Meig.), *florescentiae* L., und daß daher die ursprüngliche Gattung
Euribia auch für diese Arten der heutigen Gattung *Trypeta* Meig. galt. Für
die meisten Arten der ursprünglichen Gattung *Euribia* wurden von verschiedenen Autoren neue Gattungen aufgestellt, so daß die Zahl der zu *Euribia*
gehörigen Arten immer kleiner wurde, bis ihr endlich nur mehr die zur
heutigen Gattung *Trypeta* gehörigen Arten blieben, für die auch der Gattungs-
name *Euribia* erhalten werden muß. Von diesem ursprünglichen Gattungsnamen muß auch der Name der Familie *Euribiidae* gebildet werden.

Asimoneura nov. gen.

(σιμός = emporgerichtet.)

Charakter: Kopfform ungefähr wie bei der Gattung *Urophora*. Mundrand wenig vorgezogen, Backen mäßig breit, mit geradem Unterrand, Rüssel ganz so wie bei der Gattung *Myopites*, Taster etwas breitgedrückt, bis zum Vorderrande der Mundöffnung reichend. 3 Orbitalborsten, die vorderen vor- und einwärts, die hinteren rückwärts gerichtet, 1 Dorsozentral-, 1 Paar Präskutellar-, 1 Sternopleural-, 1 Mesopleural-, 1 Pteropleural- und 4 Skutellarborsten. Legeröhre nicht flachgedrückt. Flügel glasartig, ohne Binden und Flecke, letzter Abschnitt der vierten Längsader mit der dritten parallel verlaufend. Analzelle mit konvexem Abschluß.

Diese neue Gattung nimmt eine Mittelstellung zwischen *Myopites* und *Urophora* ein, indem sie mit jener die Ausbildung des Rüssels und mit dieser den Verlauf der Flügeladern teilt.

1496. **Asimoneura Stroblii** nov. spec. ♂, ♀. *Tola nigra, nitida, fronte et tarsis rufoflavis. Alis hyalinis, squamis albis, halteribus ferrugineis. — 2 mm.*

Monistrol, 9 ♂, 3 ♀ (St).

Glänzend schwarz. Stirn ziegelrot, gegen den Scheitel zu verdunkelt, bisweilen die ganze hintere Hälfte schwärzlich. Untergesicht glänzend schwarz, Wangen und Backen ebenfalls glänzend schwarz, doch bisweilen etwas rötlich. Fühler schwarz, drittes Glied etwas länglich, mit ziemlich geradem Oberrande und nackter Borste. Rüssel und Taster weißlichgelb oder rötlichgelb. Thorax, Schildchen und Hinterleib glänzend schwarz, Thoraxrücken leicht bestäubt. Legeröhre so lang wie die vier letzten Hinterleibsringe zusammen. Flügel glasartig, mit rostgelben, gegen die Mündung zu bräunlichen Längsadern; dritte und vierte Längsader parallel, dritte an der Mündung etwas aufgebogen; kleine Querader auf der Mitte der Diskoidalzelle, letzter Abschnitt der vierten Längsader 1³/₄mal so lang als der vorletzte. Schüppchen weiß, Halteren rostgelb. Beine schwarz, Tarsen rostgelb, letztes Glied etwas gebräunt. Bisweilen an den Vorderbeinen die äußerste Schenkelspitze, die Basis und die Spitze der Schienen rostgelb.

(816, II.) *Urophora solstitialis* L. San Fernando, Monistrol, Encina (Cz, St), Villaverde (D), darunter Exemplare mit ganz gelben Beinen und getrennter dritter und vierter Flügelbinde.

(228, I, II.) *quadrifasciata* Meig. Alicante, Elche, Encina, Monistrol, Malgrat (Cz, St).

(229, I, II.) *Sphenella arcuata* Schrank (*marginata* Fall.). Alicante, Algeciras, San Fernando, Granada, Malgrat (Cz, St), Bayona (D).

1497. *Oxyna obesa* Loew. San Celoni, 1 ♂ (St). Die zweite Querbinde (Spitzenquerbinde) setzt sich aus einzelnen ununterbrochen aneinandergereihten großen, farblosen Tropfen zusammen. Sie beginnt am Vorderrande nur mit einem Tropfen, während sie bei *parietina* L., *flavipennis* Loew und *proboscidea* Loew am Vorderrande sehr konstant mit zwei großen Tropfen anhebt.

(230, I.) *tessellata* Loew. Algeciras, San Fernando, Alicante, oberes Genital, Monistrol, Montserrat, San Celoni (Cz, St). Loew und Schiner nennen den Thoraxrücken ungestriemt, während ich bei allen Exemplaren fünf braune Striemen bemerke, die unter der hellen Behaarung allerdings nicht sehr deutlich hervortreten.

(230, I, II.) *producta* Loew. Escorial, Pardo (L).

(234, I, II.) *bullans* Wied. Malgrat (St), Villaverde (D), „Rivas (Bolivar)".

(233, I, II.) *Tephritis formosa* Loew (teste Becker). Alicante, Elche (Cz).

1498. „*T. arnicae* L., Rond., Schin. Spanien, 2 ♂ gezogen (Sendung Villeneuve). Varietät: Alle Schenkel sind auf der Vorder- und Hinterseite ± breit schwarz, so daß auf den Vorder- und Hinterschenkeln die schwarze Farbe sogar vorherrscht. Bei einem ♂ besitzt das Randmal nur einen kleinen lichten Apikalpunkt, beim zweiten ♂ auch einen noch kleineren lichten Basalpunkt. Sonst stimmen sie mit normalen Exemplaren."

1499. *apicalis* Beck., Zeitschr. f. Hym. u. Dipt., 1907, S. 387 (teste Becker). Algeciras, San Celoni (St).

(236, I, II.) *praecox* Loew. Algeciras, San Fernando, Elche, Granada, Alicante, Moreda, San Celoni (Cz, St), Escorial (L).

1500. *ruralis* Loew (teste Becker). San Celoni (St).

(819, II.) *cincta* Loew, Schin. Rivas (Bolivar).

(231, I, II.) *dioscurea* Loew (teste Becker). Algeciras, Granada, Montserrat (Cz, St), Escorial (L). Mit dieser Art dürften wohl *matricariae* Lw. und die folgende zusammenfallen.

1501. *matutina* Rond. Algeciras, Tarifa, San Fernando, Moreda, Jativa, San Celoni (Cz, St).

(232, I, II.) „*leontodontis* Deg. Escorial (L)."

1502. „*bardanae* Schrank (Schin., Rond.). Montarco (A)."

1503. *stictica* Loew. Algeciras (St).

1504. „*postica* Loew, Schin. Pardo, Escorial (L)."

(820, II.) *coniuncta* Loew. Algeciras, Tarifa, Granada, Montserrat (Cz, St).

1505. *fratella* Beck., Zeitschr. für Hym. u. Dipt., 1907, S. 385 (teste Becker). San Pablo bei Algeciras (Cz).

(238, I.) *Ditricha sicula* Rond. Alicante, Tarifa (Cz).

(237, I.) *Urellia eluta* Meig. San Fernando, oberes Geniltal, Monistrol, San Celoni (Cz, St), Villaverde (D), Escorial (L).

(822, II.) *stellata* Fueßly. San Fernando, Alicante, Jativa, Malgrat, San Celoni (Cz, St), „Escorial (L), Baños (D)".

1506. *amoena* Frfld. (= *parisiensis* Rond.). San Celoni (St).

(823, II.) *helichrysi* Rond. Alicante, Encina, Monistrol (St). In der Spitze der Marginalzelle ein heller Tropfen.

Dacinae.

(824, II.) *Dacus oleae* Rossi. San Pablo bei Algeciras (St).

Sciomyzidae.

Sciomyzinae.

1507. *Sciomyza griseola* Fall. Oberes Geniltal (Cz).

1508. *nana* Fall. Algeciras (Cz, St).

(213, I, II.) *Ditaenia cinerella* Fall. var. *meridionalis* Str. Bobadilla, Algeciras, Elche, oberes Geniltal, Encina, Monistrol (Cz, St), Escorial (L); „Luerhes und Provinz Orense Galiciens, 2 ♀ (A, T), Villaverde (D)".

1509. *grisescens* Meig. Algeciras, 1 ♂ (St): Drittes Fühlerglied mit Ausnahme der äußersten Basis ganz braun; Montserrat, 1 ♂ (St): Drittes Fühlerglied gegen die Spitze zu braun.

1510. **Ditaenia Stroblii** nov. spec. ♂. *Mesopleura sine pilis, secundo antennarum articulo superne setis non obsito, articulo tertio nigro, metatarso antico albidoflavo. — 4 mm.*

Alicante, 1 ♂, 8./5. (St).

Kopf im Profil so hoch als lang; Augen groß, etwas queroval, Backen ungefähr von halber Augenhöhe, mit kurzer schwarzer Behaarung, Stirn sehr

wenig vorstehend, Gesicht flach, gerade, zurückweichend, am Mundrande etwas
vorspringend. Stirnstrieme rotgelb, ihre Äste schmäler als die Periorbiten an
der Stelle der hinteren Orbitalborste, Mittelleiste wie bei *grisescens* Meig.
bandförmig, aber vorne zugespitzt und nicht bis zum Stirnrande reichend;
Mittelleiste und Periorbiten weißgrau und wie die Augenränder weißschimmernd. Wangendreieck schwarz, Gesicht, Backen und der untere Teil des
Hinterkopfes gelb, weißlich bereift, Fühler rotgelb, drittes Glied mit Ausnahme der äußersten Basis schwarz, zweites Glied auf der Außenseite unten
etwas gebräunt, oben ohne Borsten, Fühlerborste schwarzbraun, an der Wurzel
etwas verdickt, bei 20facher Vergrößerung nackt. Rüssel und Taster gelb.
Thorax grau mit vier dunklen Striemen, die seitlichen vorn abgekürzt, unter
der Notopleuralnaht eine bräunliche Strieme. Mesopleura nackt, Pteropleura
mit drei kräftigen Borsten, Sternopleura mit kurzen Börstchen. Schildchen
flach und auf der ganzen Fläche behaart; die rötliche Grundfarbe etwas
durchscheinend. Flügel leicht gebräunt, die beiden Queradern mit schwachem
schwarzen Saume; kleine Querader gegenüber der Mündung der ersten Längsader, letzter Abschnitt der vierten Längsader 1¼mal so lang als der vorletzte.
Schüppchen samt Wimpern weiß, Schwinger gelb. Beine blaßgelb; an den
Vorderbeinen die Hüften weißlich schimmernd, die Schenkel besonders auf
der Oberseite, die Schienen auf der Spitzenhälfte und das 2.—4. Tarsenglied
geschwärzt, das letzte Tarsenglied etwas verdunkelt. Im übrigen sind alle
Beine etwas graulich bereift. Die Hinterschenkel sind verdickt und auf der
Unterseite kurz schwarz behaart. Hinterleib rotgelb mit dunkelbraunen Vorderrandbinden. Makrochäten nur an den Seiten. Hypopygium klein, wenig
gewölbt; der siebente Tergit steht unter dem durch eine horizontale Naht
getrennten sechsten etwas hervor.

Tetanocerinae.

1511. „*Tetanocera elata* Fabr., Schin., Hendel. Madrid (A),
Provinz Orense Galiciens (T)."

(216, 1, II.) *Pherbina coryleti* Scop., Hendel. „Provinz Orense
Galiciens (T)." Algeciras, 2 ♀ (Cz, St). Die von mir und Strobl
gefangenen Exemplare unterscheiden sich von sämtlichen Exemplaren meiner Sammlung aus Oberösterreich durch etwas schwärz-
lichere Flügel und dadurch, daß die kleine Querader nicht gegenüber, sondern erheblich hinter der Mündung der ersten Längsader
liegt. Auch kommt es mir vor, als ob die Fühlerborste etwas länger
gefiedert wäre und die Behaarung der seitlichen Gesichtsteile deutlicher hervortreten würde. Die Spitze des stärker gebräunten dritten
Fühlergliedes schimmert weiß.

1512. „*rittigera* Schin., Hendel. Bei Cañizares (S)."

(218, I.) *Hydromyia dorsalis* Fabr. Algeciras (Cz, St), Montseny (St).

(219, I, II.) *Elgiva albiseta* Scop. Malgrat (St).

(220, I, II.) *trifaria* Loew (= *trivittata* Str.). Algeciras (Cz, St), Tarifa (Cz), San Celoni, Malgrat (St).

1513. *Limnia cribrata* Rond. Monistrol, 1 ♀ (St). Von *L. stictica* Fabr. und deren nächsten Verwandten: *L. Zelleri* Loew, *nubila* Loew und *prominens* Loew durch die ganz schwarzen Fühler, etwas länger behaarte Fühlerborste, andere Zeichnung der Stirn und des Schildchens verschieden.

Auf der Stirn fehlt vorn ein größerer samtschwarzer Fleck. Alle Borsten stehen auf schwarzen Punkten. Auf dem Thoraxrücken sind außer den Punkten und Flecken keine dunklen Linien zu sehen. Hält man das Tier mit dem Kopfe gegen das einfallende Licht und betrachtet man das Schildchen schräg von hinten, so erscheint der Rand schwarz mit einer grauen Mittellinie, welche die Fortsetzung der grauen Bestäubung der Oberseite ist. Hält man dagegen das Tier mit der Seite gegen das einfallende Licht und betrachtet man das Schildchen von hinten, so erscheint der ganze hintere Teil glänzend schwarz mit einem gelblichen Mittelfleck am Rande. Die beiden vorderen Schildchenborsten stehen auf braunen Punkten. Eine Mittelstrieme oder ein Fleck in der Mitte an der Basis ist nicht vorhanden. An den Seiten des Hinterleibes zwei Reihen brauner Flecke, die eine auf der Bauchseite. An dem vorliegenden Exemplar sind die äußerste Spitze der Schenkel, die Wurzelhälfte der Vorder- und Hinterschienen, die Mittelschienen mit Ausnahme der Spitze und die beiden ersten Glieder der Mittel- und Hintertarsen fast bis gegen die Spitze zu weißlich. Die zu beiden Seiten der Längsadern liegenden hellen Flecke sind viel größer als die übrigen zahlreichen Tröpfchen.

1514. *Zelleri* Loew. Algeciras, Tarifa, San Fernando, Elche (Cz, St). Becker bestimmte mir ein Exemplar als *Zelleri* Loew und schenkte mir ein Pärchen von *nubila* Loew aus seiner Sammlung. Trotz allen Bemühens gelang es mir aber nicht, einen durchgreifenden Unterschied zwischen beiden herauszufinden.

1515. **Limnia stichospila** nov. spec. ♂, ♀. *A Limnia stictica Fabr. eiusque propinquis maculis cellae marginalis paucioribus et aliter formatis, macula infra ostium nervi secundi long. nulla vel minus clara, maculis seriatim dispositis et a margine recedentibus diversa.* — Monistrol, 2 ♂, 3 ♀ (St).

Stirnstrieme rostgelb, der Vorderrand glänzend braun oder schwarz, die vertiefte Mittelleiste mehr oder weniger rotbraun, glänzend. Orbiten grau, auf ihren Vorderenden je ein großer samtschwarzer Fleck, worauf die vordere Orbitalborste steht; zwischen diesem Flecke und dem Augenrande ein weißer Schimmer. Die übrigen Borsten stehen auf schwarzen Punkten. Zwischen den Fühlern und dem Augenrande liegt ein schwarzer Fleck. Ozellengegend schwärzlich, Hinterkopf grau mit einer glänzend schwarzen Mittelstrieme, die von zwei hellgelblich schimmernden Striemen eingefaßt ist. Untergesicht sehr stark zurückweichend, gelblich mit weißem Schimmer, unter den Fühlern ein längliches, nicht immer deutliches schwarzes Fleckchen. Bei einem Exemplar schimmert die ganze Gesichtsleiste schwärzlich. Das zweite Fühlerglied rostgelblich, obenauf schwarzbraun, das dritte Glied mehr als halb so lang als das zweite, schwarzbraun. Fühlerborste an der Wurzel gelb, sonst weiß mit kurzer weißer Behaarung. Thoraxrücken gelblichgrau, Oberseite mit kleinen braunen Punkten dicht besetzt, in der Mitte mit zwei, vorn immer deutlichen, weiterhin aber undeutlich werdenden braunen Linien, seitlich von diesen mit je 2—3 Reihen größerer brauner Flecke. Pleuren und Hinterrücken grau. Unterhalb der Notopleuralnaht bis zur Flügelwurzel eine braune Strieme. Schildchen gelblichgrau mit braunen Flecken in der Mitte und am Seitenrande. Bei seitwärts einfallendem Lichte von hinten angesehen, erscheint das Schildchen fast ganz schwarz mit einem grauen Fleckchen an der äußersten Spitze. Hinterleib rotbraun mit schwärzlichgrauer Bestäubung und lichteren Hinterrändern; an den Seiten je zwei Reihen brauner Flecke, bei dem ♀ eine auf der Bauchseite. Hüften gelblich, die vorderen weißgrau schimmernd, die übrigen bereift; Schenkel mit Ausnahme der rotgelben Spitze schwarz, etwas glänzend; Schienen gelb, Spitzenhälfte der Vorderschienen und Spitze der Mittel- und Hinterschienen schwarz; bei dem ♂ das erste und zweite Glied der Vordertarsen weißlichgelb, beim ♀ alle Glieder schwarz. Flügel schwarzbraun, am Vorderrande gesättigter. Vorderrandzelle bis zur Mündung der Hilfsader gelblich, weiterhin schwarzbraun mit einem kleinen hellen Fleck (bisweilen fehlt dieser), unter dem in der Randzelle 1—2 Fleckchen liegen; außerdem liegen noch in der Randzelle zwei schiefe schmale Fleckchen. Der bei den verwandten Arten unterhalb der Mündung der zweiten Längsader gelegene große helle Fleck fehlt hier oder er ist sehr undeutlich. Die Anordnung der hellen Flecke in Reihen ist unverkennbar. Schüppchen weißlich, Schwinger gelblich. In der Größe kommt diese Art *L. Zelleri* gleich.

(799, II.) *maculatissima* Str. ♂. Pardo, ein 9 mm großes ♂ (L). Strobl beschrieb nur ein etwas fettig gewordenes ♀, daher die feineren Details der Bestäubung nicht mehr erkennbar waren. Die Identität ist durch Vergleichung der Type gesichert.

Das Tier ist im Grunde auch rot wie die Type, aber überall leicht grau bestäubt. Stirnstrieme rostgelblich, Ozellenhöcker weißlichgrau, Mittelleiste und Periorbiten gelblichgrau, der vordere, an die Augen angrenzende Teil der Stirn rotbraun. Die Kopfborsten stehen auf schwarzen Punkten. Gesicht und Backen weiß, Taster gelblich; Fühler rostgelblich, das dritte

Glied mehr als halb so lang als das zweite, an der Spitze etwas gebräunt, das zweite oben auf der Innenseite mit zwei kurzen, kräftigen Borsten, von denen eine in der Mitte, die andere am Ende steht. Fühlerborste an der Wurzel gelb, sonst weiß, mit abstehenden, kurzen weißen Fiedern. Hinterkopf oben grau bestäubt, in der Verlängerung der Notopleuralstrieme braun, unten weiß. Der Thoraxrücken ist mit Ausnahme eines Randstreifens mit zahlreichen braunen Punkten besät, auf denen die Härchen stehen, und hat vier Reihen größerer brauner Flecke: das erste Paar der inneren Reihe liegt vor der Quernaht, das zweite hinter ihr, das dritte an der Insertionsstelle der Dorsozentralborsten; das erste Paar der äußeren Reihe liegt im Schultergrübchen, das zweite ein wenig hinter diesen, das dritte hinter der Präsuturalborste knapp vor der Quernaht. Überdies stehen die Makrochäten auf schwärzlichen Punkten. Auch die Schildchenbärchen stehen auf braunen Pünktchen. Das Schildchen ist schwarzbraun gerandet und schimmert an der äußersten Spitze weiß. Unter der Notopleuralnaht eine breite braune Strieme, auf deren hinteren Hälfte ein schwarzbrauner Längsfleck liegt.

Flügel braun, mit zahlreichen weißen Tropfen. Zwischen der Hilfsader und ersten Längsader vier braune Flecke; in der Marginalzelle liegen von der Mündung der ersten Längsader an drei größere, fast rein weiße Flecke und in den daselbst vorkommenden größeren braunen Flecken lichtere Kerne. Die größeren hellen Tropfen gruppieren sich in Reihen zu beiden Seiten der Längsadern, die größten an der fünften, und zwischen diesen liegen dicht aneinander gedrängt die kleineren. Schüppchen weißlich, mit dunklen Wimpern; Schwinger weißlich. Beine rotgelb, die Schienen und die ersten drei Tarsenglieder größtenteils weißlich; die Vorderschenkel, die Vorder- und Unterseite der Mittel- und Hinterschenkel und die Schienenspitzen zum größten Teile geschwärzt, die Endglieder der Tarsen ganz dunkel. Mittelschenkel vorn mit einer Borste, Hinterschenkel oben vor der Spitze mit zwei, unten auf der dem Körper zugewandten Seite mit ungefähr vier längeren Borsten. Hinterleib grau bestäubt; auf dem 2.—5. Ringe eine schmale unterbrochene dunkle Mittellinie und am Vorderrande des grauen Hypopygs ein brauner Querfleck; am Rande und auf der umgeschlagenen Bauchseite des 3.—5. Ringes braune Längsflecke.

(800, II.) „*Sepedon sphlegeus* Fabr. Provinz Orense Galiciens (T)."

1516. *Dichaetophora obliterata* Fabr. Monistrol, 15./5. (St).

Conopidae.

Conopinae.

1517. *Conops flavifrons* Meig. Alberche (D).
1518. „*scutellata* Meig. Provinz Madrid (L)."

1519. „*silacea* Wied. (Meig.). Escorial (L), Provinz Orense Galiciens (T). Stimmt genau mit meinem Exemplar aus der Triester Gegend (St)."

(697, II.) *Physocephala chrysorrhoea* Meig. Pardo (D, A).

1520. „*truncata* Loew. Madrid (A)."

(698, II.) *pusilla* Meig. Rio Alberche (D). Hinterschenkel vor der Spitze mit einem Ring, Vorder- und Mittelschenkel ebenda auf der Oberseite und zum Teil auch auf der Unterseite mit einem schwarzen Strich. Spitzenhälfte der Hinterschenkel schwarz, die der Vorder- und Mittelschienen mehr oder weniger stark gebräunt.

(699, II.) „*vittata* Fabr. Espinar, Bayona (D)."

(1013, II.) „*fraterna* Loew. Madrid (A)."

1521. *Brachyglossum diadematum* Rond. Pardo (D).

Myiopinae.

(119, I, II.) „*Occemyia atra* Fabr. Prov. Orense Galiciens (T)."

(702, II.) „*Myiopa buccata* L. Montarco, San Fernando (A)."

(703, II.) *testacea* L. Granada (St), „Escorial und Puerto del Pico in der Sierra de Gredos (L)".

1522. „*Melanosoma* (*Glossigona* Rond.) *bicolor* Mg. Provinz Toledo (L)."

1523. **Melanosoma mundum** nov. spec. ♂. *M. nigripedi R. D. simillimum, sed thoracis dorso vittis subgriseis nullis et pedibus totis nigris diversum. — 5 mm.*

Baños, Juni, 1 ♂ (D).

Stirn rotgelb, Gesicht und Backen weißlichgelb, Hinterkopf, Rüssel und Taster schwarz. Fühler rotgelb, erstes Glied und Spitze des dritten Gliedes schwarz. Thorax, Hinterleib und Beine glänzend schwarz. Thoraxrücken ohne graue Striemen, Hinterleib nur auf beiden Seiten leicht graulich bereift, Vorderhüften grau schimmernd. Flügel glashell mit gelblicher Wurzel. Schüppchen und Schwinger gelb. (In meiner Sammlung.)

(706, II.) *Dalmannia aculeata* L. Granada (St), „Pardo (A)".

(707, II.) *marginata* Meig. San Fernando (D).

1524. *gemina* Meig. Granada, 1 ♂ (St).

Stirn rotgelb, von der Mitte zum Scheitel verdunkelt, Ozellenfleck, Scheitelplatten und Hinterkopf schwarz, ziemlich glänzend. Gesicht, Wangen und Backen blaß rötlichgelb, Wangen und Backen etwas verdunkelt und weißlich schimmernd. Härchen auf der Stirn weißlich, Scheitelhaare schwarz,

Hinterkopf weiß. Fühler schwarz, zweites und drittes Glied gleich lang, Fühlerborste dick, schwarz, Spitze weißlich schimmernd. Rüssel schwarz. Thorax glänzend schwarz, Haare weiß, vorn mehr gelblich; Schulterbeulen, Mesopleuralnaht und der Teil zwischen Flügel und Schildchen weißlichgelb. Schildchen schwarz, an der Spitze breit gelb, die schwarzen Haare mit einigen weißen vermengt. Hinterleib gelb, erster Ring ganz schwarz, zweiter schwarz mit gelbem Seiten- und Hinterrand, 3.—5. Ring mit einer schwarzen, an den Einschnitten unterbrochenen Seitenstrieme und je zwei schwarzen länglich dreieckigen, nach hinten an Größe abnehmenden Flecken auf der Mitte, Behaarung weiß. Hüften und Tarsen schwarz, Schenkel und Schienen gelb, Schenkel auf der Oberseite von der Wurzel aus und an der Spitze schwarz. Pulvillen und Wurzelhälfte der Klauen rötlichgelb. Behaarung an den Beinen schwarz, auf der Unterseite der Schenkel und der Außenseite der Vorderschienen weiß. Flügel glashell; Ursprung der dritten Längsader gegenüber dem oberen Winkel der Analzelle. Schüppchen und Schwinger weiß.

(700, II.) *Zodion vittipes* Str. Algeciras, San Fernando (St), oberes Geniltal (Cz).

Micropezidae.

Micropezinae.

(829, II.) *Micropeza corrigiolata* L. Alicante, Elche, San Celoni (Cz, St), „Provinz Orense Galiciens (T)“. Mitunter die Schenkel der Mittel- und Hinterbeine mit Ausnahme der gelben Wurzel und eines breiten gelben Ringes vor der Spitze ganz schwarzbraun.

(830, II.) „*lateralis* Meig., Loew. Escorial (L).“

Sepsidae.

(239, I, II.) *Sepsis punctum* Fabr. Algeciras, Elche (Cz, St).

(1017, II. Nachtrag.) *violacea* Meig. Bobadilla, Algeciras, Tarifa, Alicante, Elche, oberes Genital (Cz, St), Villaverde (D).

(240, I, II.) *cynipsea* L. Bobadilla, Algeciras, Tarifa, San Fernando, Alicante, Jativa, San Celoni, Montseny (Cz, St); „Pardo (L), Provinz Orense Galiciens (T)“.

(825, II.) „Var. *atripes* Meig. Escorial (L)“, Alicante (St).

(240, I, II.) „Var. *nigripes* Meig. Madrid, Escorial (A, L)“, Bobadilla, Tarifa (St).

(240, I, II.) „Var. *flavimana* Meig. Provinz Orense Galiciens (T)“, oberes Genital, Monistrol (St).

(241, 1.) *pectoralis* Macq. Algeciras, San Fernando (Cz, St), „Madrid (A)“.

1525. „*Nemopoda stercoraria* R.-D. Prov. Orense Galiciens (T).“

1526. „*Themira putris* L. Madrid (A).“

(243, I.) *minor* Hal. Algeciras (Cz, St).

(827, II.) *Saltella scutellaris* Fall. Algeciras (St).

1527. *Piophila casei* L. Tarifa, Alicante (Cz).

Psilidae.

(250, I.) *Psila rosae* Fabr. Algeciras (Cz, St), Villaverde (D).

(249, 1, II.) *rosae* var. *nigricornis* Mg. San Celoni, Montseny (St).

1528. „*rufa* Meig. Escorial (L).“

Agromyzidae.

(314, I, II.) *Meoneura lacteipennis* Fall. Oberes Geniltal (St).

(315, I, II.) „*vagans* Fall. Escorial (L).“

(321, I, II.) *Domomyza frontella* Rond. (*obscuritarsis* Rond. und *luteitarsis* Rond.). Algeciras, oberes Geniltal, Elche, Jativa, Bobadilla, San Celoni, Malgrat (Cz, St).

Ich halte die drei angeführten Rondanischen Arten nur für eine Art. Alle von uns gesammelten Exemplare haben die von Rondani für seine *obscuritarsis* angegebene Körperfarbe: „*corpus nigrum subopacum, thorace paulo griseo*“; die kleine Querader steht auf der Mitte oder etwas jenseits der Mitte der Diskoidalzelle gegenüber der Mündung der ersten Längsader; die Fühler sind bald ganz schwarz, bald an der Wurzel rötlich, bald ganz rot und nur an der Spitzenhälfte des dritten Gliedes verdunkelt; die Farbe der Beine entspricht zumeist der Angabe Rondanis für seine *frontella*. Bei dem aus Bobadilla stammenden Exemplar sind die beiden Queradern verdickt.

Ob Macquarts *Agromyza cinerascens* als Synonym oder Varietät (Strobl, l. c.) hieher zu ziehen ist, wird ohne Kenntnis der Type immer fraglich bleiben, da Macquart über die Beschaffenheit der Randader keine Angabe macht.

(322, I, II.) *nigripes* Schin. Algeciras, Tarifa, Moreda, Elche, Malgrat, Montseny, San Celoni, Montserrat (Cz, St).

1529. *intermittens* Becker, Zeitschr. für Hym. u. Dipt., 1907,
S. 406. Algeciras (St). Eine durch das Fehlen der hinteren Querader charakteristische Art. Da nach Beckers Angabe an einigen
Exemplaren von der hinteren Querader ein kurzer Aderanhang bemerkbar ist, dürfte diese Art mit *Domomyza luteitarsis* Rond., be-
ziehungsweise *frontella* Rond. identisch sein. Ich selbst fing am Genil
ein Stück, bei welchem die hintere Querader des einen Flügels nur
zur Hälfte ausgebildet ist, das sich aber von den als *frontella* bestimmten Stücken nicht unterscheidet. Bei dem von Strobl gesammelten Stücke sind die Tarsen rötlich.

1530. *lutea* Meig. Jativa, 1 ♂, 2 ♀ (Cz). Bei allen drei Stücken
ist das dritte Fühlerglied ganz schwarz, Pleuren mit schwarzen
Flecken. Drei Orbitalborsten, deren vorderstes Paar konvergent;
1 + 3 Dorsozentralborsten. „Escorial, 1 ♀ der Normalform (L)."
(316, I.) *lutea* var. *meridionalis* Str. Algeciras (Cz).
(317, I, II.) *pusilla* Meig. (*scutellata* Fall., Zett.). Algeciras,
Elche, Jativa, Monistrol (Cz, St).
(317, I, II.) *puella* Meig. Tarifa (St).
(317, I, II.) *orbona* Meig. Bobadilla, Algeciras, Moreda, San
Fernando, Montseny (Cz, St).

1531. *Agromyza xanthocera* nov. spec. ♀. Oberes Geniltal,
1 ♀, 2./5., Malgrat, 1 ♀ (St).

*Prioribus (pusillae ciusque affinibus) nec non Agr. flavifronti
Meig. et exiguae Meig. similis, sed ab illis thorace et scutello totis
nigris, ab his antennarum et pedum colore diversa. — Capite et
antennis ferrugineis, occipite nigro, haustello flavo, palpis nigri-
cantibus. Thorace, scutello, abdomine nigris. Pedibus nigris, geniculis ferrugineis. Alis hyalinis, nervis valde approximatis et ad
basim alae retractis. Halteribus albis. — 1 mm.*

Hinsichtlich der Kopfausbildung und der Beschaffenheit der Flügeladern
schließt sich diese Art der *scutellata*-Gruppe an. Nach Rondani kommt
man zu *Agr. leucocephala* Meig., von der sie sich sofort durch die gelben Fühler
unterscheidet.

Kopf samt den kleinen Fühlern rostgelb, Ozellenfleck und Hinterkopf
schwarz, Rüssel gelb, Taster schwärzlich, Backen hinten stark herabgesenkt,
an der breitesten Stelle breiter als die Hälfte der Augenhöhe. Vier oder
fünf Orbitalborsten. Thorax samt Schildchen und Hinterleib schwarz, wegen
der zarten Bestäubung wenig glänzend, zwischen Schulter und Flügelwurzel

etwas gelb, letzter Hinterleibsring mit schmalem gelben Hinterrandsaume. Dorsozentralborsten wahrscheinlich wie bei *scutellata* etc. Beine schwarz mit rötlichgelben Knien, Tarsen etwas bräunlich *(flavifrons* hat rotgelbe Beine mit schwarzen Schenkeln, *exigua* hat ganz schwarze Beine und schwarze Fühler). Flügel glashell; vierte Längsader an der Flügelspitze mündend, 2.—4. an der Mündung gleichweit entfernt, die Queradern der Flügelwurzel sind einander stark genähert, der Abstand der beiden Queradern voneinander gleich der Länge der hinteren Querader, die kleine Querader etwas vor der Mündung der ersten Längsader, letzter Abschnitt der fünften Längsader doppelt so lang als der vorletzte. Schüppchen gelblich, Schwinger schwefelgelblich.

1532. *infumata* nov. spec. ♀. Granada, 2 ♀ (St).

Priori simillima, sed fronte, genis, buccis, antennis luteis et infumatis nec ferrugineis. — 1·5 mm.

Diese Art unterscheidet sich von der vorhergehenden dadurch, daß die Stirn, die Wangen, die Backen und die Fühler nicht rostgelb, sondern schmutziggelb und etwas geschwärzt sind.

(877, II.) *perpusilla* Meig. Algeciras (St). Oberseite des Hinterleibes gelb, auf der Mitte etwas verdunkelt.

1533. *variceps* Zett. Algeciras, Alicante, Elche (Cz, St).

1534. *superciliosa* Zett. Oberes Genital (St).

(320, I.) *geniculata* Fall. Algeciras (Cz).

1535. *abiens* Zett. San Pablo bei Algeciras (Cz).

(879, II). *andalusiaca* Str. Algeciras (Cz, St).

(323, I, II.) *carbonaria* Zett. Montserrat (St).

(324, I.) *grossicornis* Zett. Algeciras (Cz, St).

1536. *luctuosa* Meig. Alicante, Moreda (Cz).

(327, I, II.) *cunctans* Meig. Algeciras, Elche, Monistrol (Cz, St).

(328, I.) *pseudocunctans* Str. Bobadilla, San Pablo bei Algeciras, San Fernando, Encina (Cz, St).

(329, I.) *aeneiventris* Fall. Algeciras, Jativa (St).

(330, I, II.) *maura* Meig., Schin. Algeciras, Tarifa, Elche, Alicante, Montseny, San Celoni, Montserrat (St); „Madrid, 2./4. (A)“.

(330, I, II.) *morionella* Zett., Schin. Algeciras, Moreda (Cz, St).

1537. *pulicaria* Meig., Rond. Oberes Genital (Cz).

(880, II.) *curvipalpis* Zett. Algeciras (Cz).

1538. *leucoptera* nov. spec. ♂, ♀. Granada, ein Pärchen (St).

Prioribus (cunctanti Meig., maurae Meig. etc.) similis, sed alis albicantibus diversa. — 2—2·5 mm.

Diese Art steht am nächsten der *cunctans* Meig., von der sie sich durch die weißlichen Flügel unterscheidet.

Glänzend schwarz. Der Thorax des ♂ ist mehr bläulichschwarz, der des ♀ grünlichschwarz, der Hinterleib beider ist grünlich. Kopf ganz schwarz; Stirn des ♂ schmäler als der dritte Teil der Kopfbreite, Stirnstrieme matt, auf der Mitte mit einer samtschwarzen Querbinde, Orbiten mit geringem Glanze, das mattglänzende Scheiteldreieck kurz, im obersten Viertel der Stirn. Backen mäßig breit, etwa ein Drittel der Augenhöhe gleich, Mundrand nicht vorgezogen, Rüssel mit kurzer Saugscheibe. Fühler tiefstehend, klein, Borste von der Wurzel aus mäßig verdickt. Zwei Dorsozentralborsten. Flügel weißlich, 2.—4. Längsader an der Mündung voneinander gleich weit entfernt, die Flügelspitze zwischen den Mündungen der dritten und vierten Längsader, die schwarzen Adern gleich stark, wenn auch fein, Randader mäßig verdickt, die Verdickung an der Mündung der ersten Längsader schwarz, hintere Querader auf der Flügelmitte, die kleine Querader näher der hinteren Querader als den Wurzelqueradern, ungefähr gegenüber der Mündung der ersten Längsader, die Entfernung der beiden Queradern voneinander ungefähr so groß wie die Länge der hinteren Querader, vorletzter und letzter Abschnitt der fünften Längsader gleich lang. Schwinger schwarz, Schüppchen weiß.

(332, I, II.) *Cerodonta (Ceratomyza) denticornis* Panz. var. *nigriventris* Str. Algeciras, Tarifa, Elche, Alicante, Bobadilla, San Celoni (Cz, St).

(333, I, II.) *Phytomyza nigritella* Zett. Monistrol (St).

(334, I, II.) *obscurella* Fall. Tarifa, Alicante, Encina, oberes Geniltal (Cz, St).

Var. *nigra* Meig. Monistrol (St).

(335, I, II.) *affinis* Fall. Algeciras, Tarifa (St).

Var. *flavicoxa* Str. San Celoni, Monistrol, Alicante (Cz, St).

Var. *pullula* Zett. Elche, San Pablo bei Algeciras (Cz, St).

(336, I, II.) *albiceps* Meig. Algeciras, Tarifa, San Fernando, Alicante, Jativa, Granada, Moreda, Bobadilla (Cz, St).

1539. *flavicornis* Fall. Algeciras, Bobadilla (Cz, St).

(337, I.) *flaroscutellata* Fall. Oberes Geniltal (Cz).

1540. *flava* Fall. Tarifa, oberes Geniltal (St), San Pablo bei Algeciras (Cz).

1541. *bipunctata* Loew. Elche (St).

1542. **Phytomyza longicornis** nov. spec. ♂, ♀. Algeciras, 2 ♂, 1 ♀ (Cz).

Affini Fall. ejusque affinibus similis, sed articulo antennarum lutearum tertio elongato diversa. — 2 mm.

Kopf samt den Fühlern gelb, Hinterkopf grau. Stirn rotgelb, Ozellenfleck schwarz, Orbiten, Gesicht, Wangen und Backen blaßgelb, Rand des
Clypeus schwarz, Rüssel und Taster gelb. Backen so breit als der Längs-
durchmesser des Auges. Das dritte Glied der gelben Fühler um die Hälfte
länger als breit, außen sehr leicht gebräunt; Fühlerborste an der Wurzelhälfte
verdickt, an der Spitzenhälfte pubeszent (bei 35facher Vergrößerung), schwarz,
an der äußersten Wurzel gelb. Vier Orbitalborsten, die vorderen zwei konvergent, die hinteren zwei rückwärts gerichtet. — Thorax schwarz, weißlichgrau bereift, Notopleuralnaht gelb. 1 + 3 Dorsozentralborsten, Akrostichalborsten zweireihig. Hinterleib glänzend schwarz mit gelben Hinterrandsäumen
und gelben Seitenrändern der vorderen Ringe; unterer Teil des Hypopygs
gelb. Beine schwarz mit gelben Knien. Flügel glashell, an der äußersten
Wurzel weißlichgelb; Mündung der vierten Längsader etwas unterhalb der
Flügelspitze. Schüppchen samt den Wimpern weiß, Schwinger schwefelgelb.
Alle Borsten und Haare schwarz.

Anmerkung. *Ph. spoliata* Strobl hat auch ein verlängertes drittes
Fühlerglied; diese Art hat aber schwarze Fühler und schwarze Taster und
keine Akrostichalborsten.

(340, I, II.) *Napomyza lateralis* Fall. Algeciras, Tarifa, Alicante, Encina, Granada (Cz, St).

Ephydridae.

(867, II.) *Canace nasica* Hal. Algeciras (Cz, St), Ceuta (St).

1543. *ranula* Loew. Algeciras, San Fernando (Cz, St).

1544. *salonitana* Str. Algeciras (Cz).

(269, I, II.) *Notiphila cinerea* Fall. Algeciras, Tarifa, Elche,
Malgrat (Cz, St); „Provinz Orense Galiciens (T)“.

1545. *australis* Loew. Algeciras, Elche, oberes Genital (Cz,
St); „Provinz Orense Galiciens (T)“. Loew sagt: „Da das Gesicht
und die Augenringe noch etwas breiter als bei *Notiphila cinerea*
sind, so kann ich sie nicht für eine Varietät derselben halten.“
Diese Angabe Loews entspricht der Wirklichkeit und darum halte
ich *Notiphila australis* Lw. für eine besondere Art.

(270, I.) *Discomyza incurva* Fall. Algeciras, Elche (Cz, St).

(846, II.) *Clanoneurum (Cyclocephala) margininerve* Str.?
Elche (Cz, St).

Die von Becker in den Mitt. d. Zool. Mus. in Berlin, II, 3, S. 165, im
Jahre 1903 für *Discomyza cimiciformis* Hal. und eine von ihm in Ägypten
entdeckte neue Art aufgestellte Gattung *Clanoneurum* ist mit der von Strobl
in den Balkan. Dipt. Sarajevo, S. 42, im Jahre 1902 errichteten Gattung *Cyclo-*

cephala identisch. Die Stroblsche Gattungsbezeichnung hätte wohl vor der Beckerschen die Priorität, da aber der Name *Cyclocephala* Str. schon durch *Cyclocephala* Latr. präokkupiert ist, so tritt die Beckersche Bezeichnung *Clanoneurum* an die Stelle von *Cyclocephala* Str. Hendel hat, ohne von der Identität der Stroblschen und Beckerschen Gattung Kenntnis gehabt zu haben, in der Wr. Entom. Zeit., 1907, S. 98, den Stroblschen Gattungsnamen in *Cyclocephalomyia* umgetauft. Ob Beckers Art *Clanoneurum infumatum* von Strobls *margininerve* tatsächlich verschieden ist, kann ich ohneweiters nicht entscheiden. Die Differenz in der Anzahl der Hinterleibsringe — Strobl gibt drei, Becker fünf an — beruht auf einem Versehen auf Seite Strobls; aber die Differenz in der Färbung der Flügel und auch der Fühler erregt Bedenken gegen die Identifizierung beider Arten. Strobl sagt von seiner Art: „Flügel ziemlich glashell, aber zwischen der Randader und der zweiten Längsader gelbbräunlich"; Becker hingegen nennt die Flügel seiner Art „rauchschwarz, an der Spitze etwas heller". Nach Strobl sind die Fühler bei seiner Art „fast ganz rotgelb, nur die Spitze des dritten Gliedes ist deutlich gebräunt"; die Fühler der Beckerschen Art dagegen sind „rotbraun; erstes Glied schwarz, zweites und drittes an der Spitze verdunkelt".

Bei unseren spanischen Exemplaren sind die Flügel durchaus rauchschwarz, nur an der Spitze etwas heller, die Fühler rostgelb, das erste Glied schwarz, das zweite und dritte an der Spitze gebräunt, die Tarsen rostgelb, aber an den Vorderbeinen die drei letzten Glieder und an den Mittel- und Hinterbeinen die letzten Glieder geschwärzt. Die Stirnstrieme erscheint in gewisser Richtung matt schwarz. Bei *Clanoneurum cimiciforme* Hal. sind nach Becker sämtliche Tarsen mit Ausnahme des letzten Gliedes rotgelb, nach Girschner nur die Tarsenwurzeln rotgelb (Entom. Nachr., Berlin, 1888, S. 100); die Flügel sind nach Girschner von der Basis her etwas schwärzlich beraucht (Fig. 9 der Tafel).

Welche von diesen drei Arten die spanischen Tiere darstellen oder ob sie eine von diesen verschiedene neue Art bilden, muß ich vorläufig dahingestellt sein lassen. Es ist aber nicht ausgeschlossen, daß alle diese Arten in eine zusammenfallen.

(849, II.) *Psilopa (Ephygrobia) nitidula* Fall. und *compta* Mg. Algeciras, Tarifa, San Fernando, Alicante, Elche, Malgrat (Cz, St). *obscuripes* Lw.: Elche und San Celoni (Cz, St).

Gegen die Artberechtigung von *nitidula*, *compta* und *obscuripes* hat sich Strobl und neuerdings Becker hinsichtlich der beiden erstgenannten in den „Dipteren der Kanarischen Inseln und der Insel Madeira" (Mitteil. d. Zool. Mus. Berlin, IV, 1, 1908, S. 152) ausgesprochen. Gestützt auf das in Spanien gesammelte Material muß ich beiden Autoren vollkommen recht geben.

(272, I, II.) *nana* Loew. Andalusien (St). Das dritte Fühlerglied stark verdunkelt.

(847, II.) *leucostoma* Meig. Algeciras, San Fernando (St). Bei dem aus Algeciras stammenden ♂ ist auch die kleine Querader etwas gesäumt, bei dem in San Fernando gefangenen sind die Flügel ziemlich stark gebräunt und die Adern kräftig; das ganze Tier ist schwarzblau.

1546. *maritima* Perr. Algeciras, San Fernando, Alicante (Cz, St).

(850, II.) *Mosillus (Gymnopa) subsultans* Fabr. Bobadilla, Tarifa, San Fernando (Cz, St); „Loerhes (A), Escorial (L)".

1547. *Discocerina (Clasiopa) obscurella* Fall. Algeciras, San Pablo bei Algeciras, oberes Genital, mehrere ♂ und ♀ (Cz, St). 1548. *calceata* Meig. San Pablo, Monistrol (Cz, St). Ein in Algeciras erbeutetes Exemplar ist nur 1·5 mm lang.

(273, I, II.) Var. *flavoantennata* Str. San Pablo, oberes Genital (Cz, St). Mit ganz rotgelben Fühlern.

1549. *pulchella* Meig. (*fulgida* Beck.). San Pablo, oberes Genital (Cz). Bei einem Exemplar ist auch das dritte Fühlerglied etwas gebräunt.

(852, II.) *glaucella* Stenh. Algeciras, oberes Genital (Cz). 1550. *costata* Loew. Alicante (Cz).

1551. **Discocerina tricolor** nov. spec. Ob. Genital, 1./5., 1 ♀.

D. glaucellae Stenh. epistomatis forma et colore corporis similis, sed epistomatis tricoloris setis lateralibus duabus tantum et setis orbitalibus supernumerariis in primo frontis triente nullis mox dignota.

Beckers Bestimmungstabelle führt zu *palliditarsis* Beck. = *albifrons* Meig., von der sich diese Art durch den ganz grauen Hinterleib sofort unterscheidet. Hinsichtlich der Gesichtsform hat sie einige Ähnlichkeit mit *glaucella* Stenh., doch ist das Gesicht unterhalb der Mitte und nur schwach geknickt und der Mittelhöcker ist unbedeutender; auch fehlen die beiderseitigen warzenförmigen Erhebungen. Der obere Teil des Gesichtes ist gelbgrau, die Mitte bandförmig schwarz und der untere Teil weißgrau. Neben den Wangen stehen jederseits zwei Borsten untereinander, auf den Backen befindet sich eine Borste. Prälabrum schwarz, Rüssel mit bräunlichen Saugscheiben, Taster schwärzlich (?). Stirn oben gelbgrau, unten und an den Seiten schwarzgrau. Die bei *glaucella* und *costata* im ersten Drittel der Stirn stehenden Orbitalborsten fehlen. Fühler schwarz, etwas graulich. Die Zahl der Strahlen der Fühlerborste kann ich nicht genau angeben, weil sie mir während der Untersuchung des Tieres verloren ging; es dürften 5—7 sein. Der Thoraxrücken ist auf der Mitte grünlich gelbgrau, der Hinterleib grünlichgrau. Beine schwarz, grau bestäubt, Tarsen gelb, die Endglieder, besonders die der Vorderbeine, geschwärzt. Flügel leicht gebräunt; Randader dick; der erste Abschnitt bewimpert und außer der Randborste noch mit 2—3 längeren Borsten; der zweite Abschnitt ist gut zweimal so lang als der dritte; dritte und vierte Längsader gegen die Mündung zu etwas konvergierend. Schwinger und Schüppchen weiß. — Länge nicht ganz 2 mm.

(274, I, II.) *Athyroglossa glabra* Meig. San Pablo, Elche, oberes Geniltal (Cz, St).

(854, II.) *nudiuscula* Loew. Oberes Geniltal (Cz).

(855, II.) *ordinata* Beck. Algeciras, San Pablo (Cz).

1552. **brunnimana** nov. spec. ♂. Oberes Geniltal, 1 ♂ (Cz).

A. nudiusculae Lw. similis, sed radiis setae antennalis sex et tarsis anticis brunneis distincta. — 1·5 mm.

Kleiner als *nudiuscula* Lw., mit der sie die Art der Behaarung des Thoraxrückens teilt. Das Schildchen ist wie bei *nudiuscula* gewölbt und fein punktiert und trägt vier kurze Randborsten. Die Fühlerborste hat nur sechs lange Kammstrahlen. Die Tarsen der Vorderbeine sind gebräunt, am stärksten das erste Glied. Schwinger weiß.

(275, I, II.) *Hecamede albicans* Mg. Algeciras, Tarifa, San Fernando, Alicante, Malgrat (Cz, St).

(856, II.) *Allotrichoma laterale* Loew. Elche (Cz). Die ♀ betrachte ich als zugehörig, weil ich sie mit dem ♂ fing.

1553. *filiforme* Beck. Algeciras (Cz). Prof. Strobl fing bei Algeciras und Elche mehrere *Allotrichoma*-Weibchen, die sich auf die zwei hier angeführten Arten verteilen werden.

(276, I, II.) *Hydrellia griseola* Fall. Algeciras, Alicante, Malgrat, San Celoni (Cz, St).

(277, I, II.) *modesta* Loew. Algeciras, Tarifa, oberes Geniltal (Cz).

(857, II.) *argyrogenis* Beck. Alicante, Elche (St).

1554. *nigripes* Zett. Algeciras, San Pablo (Cz). Stimmt mit den Beschreibungen von Loew und Becker, aber der obere Teil des dritten Fühlergliedes ist braun und das Gesicht matt gelb.

(280, I.) *albiceps* Meig. (= *nigricans* Stenh.). San Pablo, 1 ♂ (Cz). Becker nennt die Farbe in der Bestimmungstabelle „glänzend schwarz“, was ich von meinem Exemplar nicht sagen kann; es ist vielmehr, wie Schiner (F. A., II, S. 250) angibt, „erzgrün“, und zwar der Thoraxrücken dunkel erzgrün, der Hinterleib lichter. Das dritte Fühlerglied ist an der äußersten Basis und auf der Hinterhälfte schmal rotgelb.

1555. *Atissa pygmaea* Hal. Algeciras, Elche, Alicante, Jativa (Cz, St).

1556. *acrostichalis* Beck. (teste Becker). San Fernando, Elche (Cz, St).

1557. *Glenanthe ripicola* Hal. Algeciras, San Fernando, Elche (Cz, St).

1558. *nigripes* nov. spec. ♀. Bobadilla, 14./4., 1 ♀ (St). *Ab omnibus speciebus notis pedibus totis nigris diversa.*

Von *ripicola* Hal. durch die ganz schwarzen, grau bereiften Beine verschieden. Die Flügel etwas kürzer, stärker bräunlichgrau, die Adern kräftiger und schwarzbraun, dritte und vierte Längsader an der Mündung deutlich divergent. Über die Beschaffenheit des Thoraxrückens und der Fühler lassen sich keine Angaben machen, da der Rücken von der Nadel durchstochen ist, die Fühler aber fehlen. Die äußerste Wurzel der Fühler ist gebräunt. Von *fuscinervis* Beck., mit der sie hinsichtlich der Beschaffenheit der Flügeladern übereinstimmt, würde sich diese Art durch das weißgraue Gesicht und die ganz schwarzen Beine, von *fasciventris* Beck. durch den gleichmäßig grauen Hinterleib und die ganz schwarzen Beine unterscheiden.

Die bisher bekannten vier *Glenanthe*-Arten lassen sich nach folgender Tabelle unterscheiden:

1. Beine ganz schwarz . . . . *nigripes* Czerny
 — Wenigstens die Knie und Metatarsen rotgelb 2
2. Beine schwarz, nur die Knie, Schienenspitzen und Metatarsen rostgelb; Gesicht graugelb . . . . *fuscinervis* Beck.
 — Beine gelb, höchstens die Schenkel und die Vorderschienen auf der Mitte gebräunt; Gesicht weißgrau 3
3. Beine ganz gelb; Hinterleib braun mit aschgrauen Hinterrandbinden.
 fasciventris Beck.
 — Beine gelb, Schenkel (zuweilen auch die Vorderschienen) auf der Mitte gebräunt; Hinterleib grau . . . . *ripicola* Hal.

(858, II.) *Philhygria picta* Fall. Elche, zwei normale ♀ mit ganz rotgelben Beinen, nur das letzte Tarsenglied schwarz (Cz, St), ferner 1 ♀ der var. *nigripes* Str. (St).

(283, I.) „*stictica* Meig. Escorial, Sierra de Gredos (L).“

1559. *nigricauda* Stenh. Jativa, San Celoni (St).

1560. *Homalometopus albiditinctus* Beck. Algeciras (Cz), San Fernando (St).

1561. *Ochthera setigera* nov. spec. ♂, ♀. Elche, 1 ♂, 2 ♀ (Cz, St); Algeciras, 1 ♀ (Cz).

Mas. *Metatarso antico spinis tribus e barba exstantibus, postico seta singulari longiore, femoribus posticis subtus tribus vel quatuor setis ornatis a reliquis speciebus satis distinguitur.*

Femina. *Abdomine linea media interrupta polline non tecta ornato differt.*

Das ♂ dieser Art hat mit den ♂ von *Ochthera mantispa* Lw., *pilimana* Beck. und *angustitarsis* Beck. die gelben Taster und den Haarschopf des Metatarsus der Vorderbeine gemein, unterscheidet sich aber von ihnen dadurch, daß es am Metatarsus der Vorderbeine drei aus dem Haarschopf hervorragende dornartige Borsten, auf der Mitte des Metatarsus der Hinterbeine eine einwärts gerichtete Borste und auf der Unterseite der Hinterschenkel am Ende des Wurzeldrittels 3—4 längere Borsten besitzt. Der Metatarsus der Hinterbeine wie bei *pilimana* und auf der Unterseite — auch das folgende Glied — mit kurzen messinggelben Haaren dicht bedeckt.

Auf dem matten Thoraxrücken heben sich drei Längsstriemen, eine lichtbraune Mittelstrieme und je eine dunkelbraune Seitenstrieme, noch deutlich ab. Außerdem befinden sich daselbst folgende hellgraue Flecke: am Vorderrande zu beiden Seiten der Mittelstrieme, am Ende der Quernaht, hinter dieser mehr nach innen zu zwei Paare, davon ein Paar knapp vor dem Schildchen, und vor der Flügelwurzel. Schildchen an der Basis mit einem grauen Mittelfleck. Betrachtet man den Hinterleib ganz von hinten, so erscheint er mit dünner Bestäubung bedeckt; nur an den Seiten zeigen sich unbestäubte, glänzende Stellen und in der Mitte eine an den Hinterrändern der Ringe unterbrochene unbestäubte Strieme. Flügel ziemlich glashell, an der Wurzel etwas weißlich, mit schwarzen, an der Wurzel gelblichen Adern. — Länge 4 mm.

Anmerkung. Die ♀ halte ich für zugehörig, weil zwei von ihnen sowie das ♂ in Elche gefangen wurden, das in Algeciras erbeutete aber den aus Elche stammenden vollkommen gleicht. Da diese ♀ an den Seiten des zweiten Hinterleibsringes auch schwarze Borstenhaare besitzen wie *pilimana* ♀, so würden sie sich vom ♀ der *pilimana* nur durch die unbestäubte Mittelstrieme des Hinterleibes unterscheiden.

(285, I, II.) *Hyadina guttata* Fall. Algeciras, oberes Genitaltal (St).

(286, I, II.) *Pelina aenea* Fall. Algeciras (St), San Pablo, Elche (Cz). Alle mit weißgrauem Gesichte.

1562. *nitens* Loew. Elche (Cz).

1563. *Halmopota mediterranea* Loew. Elche (Cz), Algeciras (St).

1564. „*Tichomyza fusca* Macq. Escorial, Sierra de Gredos (L).‟

(859, II.) *Parydra pubera* Loew. Bobadilla, Algeciras, San Pablo, Tarifa, Alicante, Elche, in Mehrzahl (Cz, St).

(287, I.) *coarctata* Fall. Algeciras, San Pablo, Tarifa, oberes Geniltal (Cz, St), darunter mehrere, bei denen der Anhang der zweiten Längsader ganz fehlt.

1565. *fossarum* Hal. Algeciras, San Pablo, Tarifa, oberes Geniltal (Cz, St).

(290, I, II.) *cognata* Loew. Provinz Orense Galiciens (T)."

(860, II.) *obliqua* Beck. Algeciras, San Pablo, Elche (Cz, St). Die Schienen sind auch, wie schon Strobl angibt, etwas rotbraun, wenigstens an beiden Enden.

(291, I, II.) *Ephydra macellaria* Egg. Algeciras, San Fernando, Alicante, Elche (Cz, St). Die Schenkel metallisch grün bis ganz rotgelb.

1566. *bivittata* Loew. Alicante, San Fernando (Cz, St).

(292, I, II.) *Scatella paludum* Meig. (= *sorbillans* Hal.). Algeciras, Tarifa, Elche, oberes Geniltal (Cz, St).

(293, I, II.) *sibilans* Hal. Bobadilla, Algeciras (St).

(294, I, II.) *stagnalis* Fall. Algeciras, San Pablo, Tarifa, oberes Geniltal, Malgrat (Cz, St).

(861, II.) *lutosa* Hal. Alicante, Elche (Cz, St).

Var. *rufipes* Str. Beine ganz rotgelb, Vorderschenkel mit nicht sehr deutlicher schwärzlicher Rückenstrieme und die Tarsenendglieder geschwärzt. Alicante, Elche (Cz, St).

(863, II.) *defecta* Hal.? Algeciras, San Fernando (Cz, St). Beckers Angaben passen auf die vorliegenden Exemplare, nur hat die Gesichtsfläche nicht eine, sondern zwei aufrechte Borsten. Die hellen Flecke an der Flügelspitze sind nicht sehr deutlich. Es kommen auch Stücke mit ganz rotgelben Schienen vor.

1567. *dichaeta* Loew. Algeciras, Elche (Cz, St).

1568. *subguttata* Meig. (= *aestuans* Hal.). Tarifa (Cz).

1569. *Scatophila unicornis* Cz. Oberes Genital, ein Pärchen (Cz), 1 ♀ (St). Der auf der Mitte des Mundrandes vorkommende stumpfe Dorn ist bei dem gegenwärtigen ♂ verkümmert. Das bisher unbekannte ♀ hat diesen Dorn nicht, dafür aber über dem Mundrande ein Borstenpaar. An den Beinen sind die Wurzeln und Spitzen der Schenkel und Schienen und die Tarsen mit Ausnahme des letzten Gliedes rötlich. Diese Abänderung in der Färbung der Beine kommt auch an Exemplaren vor, die ich in Oberösterreich gefangen habe.

(866, II.) *despecta* Hal. Algeeiras (St).

B. Postvertikalborsten konvergent oder gekreuzt.

Helomyzidae.[1]

Helomyzinae.

(792, II.) *Helomyza humilis* Meig. Montserrat, 1 ♀ (St). Thorax ganz grau, von den drei Rückenstriemen nur die seitlichen ganz vorn deutlich.

(209, I, II.) *variegata* Loew. Algeeiras (Cz, St), oberes Geniltal (Cz).

(791, II.) *notata* Meig. (= *pectoralis* Lw.), Czerny, Wr. Ent. Zeit., 1904, S. 225. Algeeiras (Cz, St). Bei den von Strobl gefangenen Stücken ist die Oberseite des Hinterleibes fast ganz schwarz.

1570. *hispanica* Loew. ♀. Oberes Geniltal (Cz).

Das ♀ war bisher unbekannt. Ob das von mir gefangene wirklich die gegenwärtige Art ist, kann ich mit Sicherheit nicht behaupten, weil ich kein ♂ besitze, mit dem ich es vergleichen könnte, und nur die von mir in der Wr. Entom. Zeit., 1904, S. 233, reproduzierte Beschreibung Loews[2]) zur Hand habe. Es hat mit dem ♀ von *Helomyza affinis* Meig. die größte Ähnlichkeit und kann mit Exemplaren, deren Flügel stärker gebräunt sind, leicht verwechselt werden. Eine Verwechslung läßt sich aber leicht vermeiden, wenn man beachtet, daß bei dem ♀ von *affinis* die etwas gebogene Gesichtsleiste über die Wangen vorragt, die Backen etwas breiter sind und der untere Teil des Hinterkopfes stärker gepolstert ist, so daß der ganze Kopf mehr blasig aufgetrieben erscheint. Die schwarzen Hinterränder des 2.—5. Hinterleibsringes sind bei dem ♀, das ich für *hispanica* halte, in der Mitte bis zum Vorderrande derart erweitert, daß der ganze mittlere Teil des Hinterleibes schwarz erscheint.

1571. *flagripes* Cz., Wr. Ent. Zeit., 1904, S. 235. Pardo (A).

---

[1]) In meiner Revision der Helomyziden in der Wr. Entom. Zeit., 1904, soll S. 216, Zeile 11 von oben, statt . . . 40 . . . 39 stehen.

[2]) Sowohl in Loews Beschreibung S. 27, Zeile 2 von unten, als auch in meiner Reproduktion derselben, S. 234, Zeile 2 von oben, soll statt Mittel- und Hinterschenkel „Mittel- und Hinterschienen" stehen.

1572. *bistrigata* Meig. Montserrat, 1 ♀ (St). Nicht ganz 5 mm lang, auf dem Rücken nur eine Strieme. „Escorial (L).“

1573. „*tigrina* Meig. (= *similis* Meig.). La Granje (A), Escorial (L).“

Leriinae.

1574. Leria limbinervis nov. spec. ♀. Escorial (L).

Cinerea, abdomine latericio, alarum nervo transverso ordinario limbato, seta mystacina utrinque una, setis sternopleuralibus duabus. — 4·5 mm.

Kopf im Profil so hoch als lang, Augen groß, gerundet, Backen mäßig breit, kaum von halber Augenhöhe, Gesicht anfangs etwas zurückweichend, hierauf mehr senkrecht. Stirn breit, fast von halber Kopfbreite, vorn sehr wenig verschmälert, Strieme rotgelb, Orbiten weißlichgrau, der obere Teil des Hinterkopfes aschgrau. Vordere Orbitalborste halb so lang als die kräftigere hintere. Gesicht, Wangen, Backen und untere Hälfte des Hinterkopfes gelb, weißschimmernd. Jederseits eine Vibrisse (bei dem vorliegenden Exemplar abgebrochen), über dieser keine Börstchen.

Fühler rotgelb, drittes Glied nahezu kreisrund, auf der Mitte mit einem bräunlichen Fleck. Fühlerborste mäßig lang, schwarz, an der Wurzel wenig verdickt, äußerst kurz pubeszent. Taster gelb. Thorax bläulich aschgrau, etwas weißlich bestäubt. Grundbehaarung zerstreut und ziemlich fein, Makrochäten auf schwarzen Flecken. Mesopleura in der Nähe der Prothorakalborste mit 2—3 Börstchen, sonst ganz nackt; zwei Sternopleuraborsten, vor diesen eine Reihe Börstchen. Schildchen flach, die äußerste Spitze gelblich. Beine gelb; Vorderschenkel auf der Hinterseite etwas grau bereift, Tarsen leicht gebräunt, 2.—4. Glied der Vordertarsen überdies obenauf schwarz, Hinterschenkel oben vor der Spitze mit einer längeren Borste. Flügel sehr schwach bräunlichgelb getrübt, Borsten der Kosta kurz, kleine Querader gegenüber der Mündung der ersten Längsader, dick, hintere Querader mit schwärzlichem Saume. Schüppchen samt Wimpern und Schwinger gelblichweiß. Hinterleib ziegelrot, obenauf etwas graulich bereift.

(795, II.) *Oecothea fenestralis* Fall. Tarifa, Moreda (Cz).

Lauxaniidae.

(224, I, II.) „*Lauxania aenea* Fall. Escorial (L).“

1575. *Elisae* Meig. Escorial (L). Schenkel und Schienen schwarz, nur die vier vorderen Knie und die Spitze der vier hinteren Schienen schmal rotgelb; Vordertarsen ganz schwarz, die übrigen fast ganz rotgelb. Stimmt so ziemlich mit *geniculata* Fabr., Meig., aber auch die Mitteltarsen sind rotgelb.

1576. „*Sapromyza illota* Loew. Pardo, Escorial (L)."

(814, II.) „*inusta* Meig. (= *spectabilis* Lw.). Pardo, Escorial (L, A)."

1577. *muscaria* Fall. San Celoni (St).

1578. „*opaca* Beck. Escorial (L)."

1579. „*bipunctata* Meig. Escorial (L)."

1580. *fasciata* Fall. (teste Becker). Jativa, Montserrat (Cz, St).

(810, II.) *subrittata* Loew. Jativa, Malgrat (St).

1581. „*plumicornis* Fall. Pardo (L)."

1582. *biseriata* Loew. Tarifa, Elche, Malgrat (Cz, St).

(225, I, II.) *andalusiaca* Str. Granada (Cz).

1583. „*plumichaeta* Rond. Pardo (A, L); Escorial, an der Fuente Teja (L). Bisher nur aus Italien."

1584. „*intonsa* Loew. Provinz Orense Galiciens (T)."

1585. *filia* Beck. Jativa (Cz).

1586. *bipunctata* Meig. Escorial (L).

Ochthiphilidae.

(305, I, II.) *Parochthiphila coronata* Loew und var. *nigripes* Str. Algeciras, San Pablo, Tarifa, Encina, Montserrat, Elche (Cz, St). „Ein ♀ der Normalform von Escorial (L)."

1587. *inconstans* Beck. Elche (Cz, St).

(307, I, II.) *Ochthiphila iuncorum* Fall. und *polystigma* Meig. Algeciras, San Pablo, Tarifa, Alicante, Elche, Moreda, San Celoni, Malgrat, Montserrat, Monistrol (Cz, St).

(308, I, II.) *Leucopis griseola* Fall. Algeciras, San Fernando, Alicante, Elche, Granada, Moreda, Jativa, Encina, Malgrat, Monistrol, Montseny (Cz, St).

(309, I, II.) *lusoria* Rond. (Strobl als Varietät). Algeciras (St).

1588. *magnicornis* Loew. San Fernando (Cz).

1589. „*aphidivora* Rond. Escorial (L).

Stimmt ganz nach Rondani. Das ♂ besitzt beiderseits neben dem vordersten Ozellenauge eine feine Orbitalborste, die ich beim ♀ nicht bemerke. Die Stirn des ♂ hat ungefähr ein Viertel, die des ♀ ein Drittel der Kopfbreite. Die Färbung des nicht punktierten Hinterleibes ist viel dunkler grau (beinahe schwarzgrau) als bei den übrigen Arten, da die weißliche Bereifung nur spärlich auftritt. Größe nur 1·5 mm."

Malacomyiidae.

(341, I, II.) *Malacomyia sciomyzina* Hal. (= *Phycodroma meridionalis* Rond. und *fucorum* Zett.). Algeciras (Cz, St), Ceuta (St).

In der Loewschen Sammlung in Berlin sah ich ein von Haliday herrührendes Exemplar der *Malacomyia (Coelopa) sciomyzina* Hal., das die Identität der Gattungen *Malacomyia* Hal. (Ann. of Nat. hist., II, 1839, p. 186) und *Phycodroma* Stenh. (Kgl. Vet. Akad. Handl., 1853, p. 270) sowie die der Halidayschen Art mit der Rondanischen verbürgt. Die als *Phycodroma fucorum* Zett. determinierte Art derselben Sammlung habe ich mit *Malacomyia* Hal. übereinstimmend gefunden. Der von Rondani angeführte Unterschied in der Färbung ist ohne Belang, da er nicht durchwegs zutrifft. Unter meinen Exemplaren findet sich ein ♀ mit ganz roten Fühlern und Schultern und fast ganz gelbem Schildchen, während bei allen anderen Exemplaren das dritte Fühlerglied braun bis schwarz und die Schultern mehr oder weniger grau sind; das Schildchen ist meist bis auf die äußerste Spitze grau. Da Haliday die Schienen und Metatarsen der Mittelbeine „clothed with longer black hairs" nennt und Stenhamar von der Zetterstedtschen Art sagt: „pedum intermediorum tibiis basique tarsorum intus longius pilosis", wird man gegen die Identifizierung aller drei Arten nicht mehr viel einwenden können.

(342, I.) *Coelopa pilipes* Hal. Algeciras, Alicante (Cz, St).

Borboridae.

(343, I, II.) *Olina geniculata* Macq. Bobadilla, Algeciras, Tarifa, oberes Geniltal, Malgrat (Cz, St); „Sierra de Guadalupe (L)".

(344, I, II.) „*Borborus limbinervis* Rond. Sierra de Gredos (L)."

(345, I, II.) *equinus* Fall. Algeciras, Moreda, Malgrat (Cz, St); Madrid, Villaverde (D).

(346, I, II.) *vitripennis* Meig. Bobadilla, Algeciras, Tarifa, Elche, Moreda, Encina, San Celoni, Malgrat, Montseny, Monistrol (Cz, St).

1590. *fumipennis* Stenh. Tarifa (Cz). Nicht ganz ausgefärbte Stücke.

1591. „*nigriceps* Rond. Escorial (L)."

(347, I, II). *Sphaerocera subsultans* Fabr. Malgrat (St).

(350, I, II.) *Limosina limosa* Fall. Algeciras, San Pablo, Tarifa, Malgrat (Cz, St); „Escorial (L)".

(886, II.) *fontinalis* Fall. Bobadilla, Algeciras, San Pablo, Alicante, Elche, oberes Geniltal, Malgrat, San Celoni (Cz, St); „Provinz Orense Galiciens (T)".

(350, I.) *raricornis* Str.[1]) Algeciras, San Pablo (Cz, St).

Diese von Strobl als Varietät der *L. limosa* Fall. beschriebene Art unterscheidet sich im männlichen Geschlechte von dieser und allen übrigen Limosinen durch die verkürzten, unter sich fast gleich langen ersten drei Glieder der Hintertarsen. Das vierte Tarsenglied ist etwas kürzer als die ersten drei zusammengenommen. Strobl hat dieses charakteristische Unterscheidungsmerkmal leider ganz übersehen. Becker führt im Kat. der paläarkt. Dipt. *raricornis* Str. unter den Synonymen zu *lutosa* Stenh. an, was mit Rücksicht auf die Beschreibung von *lutosa* entschieden unrichtig ist, da Stenhammar ausdrücklich sagt: „Articulus tarsorum posticorum secundus ordinarius, gracilis, dupla vix metatarsi longitudine".

Diese Art gehört zu jener Gruppe der Limosinen, deren Mittelschienen und erster Randaderabschnitt stark beborstet sind und deren Schildchen 6—8 Randborsten trägt, sonst aber nackt ist. Sie gleicht der *L. limosa* Fall. so sehr, daß die ♀, bei denen die Hintertarsen normal ausgebildet sind, von den heller gefärbten Exemplaren der *limosa* nicht immer sicher zu unterscheiden sind.

Stirn vorn schwärzlich schiefergrau, über den Fühlern zuweilen rötlich, Untergesicht und Backen heller grau. Drittes Fühlerglied auf der Innenseite, besonders unten, rötlichgelb, doch bisweilen auch ganz schwarz. Fühlerborste doppelt so lang als die Fühler und behaart. Thorax grau, der Rücken etwas bräunlich oder mit einer bräunlichen Mittelstrieme, matt. Hinterleib schiefergrau, etwas grünlich oder bläulich, matt, mit verlängertem zweiten Ringe. An den Beinen sind die Spitzen der Hüften und die Hüftgelenke, die Schenkelspitzen, die Wurzeln und Spitzen der Schienen, die Tarsen mit Ausnahme der Endglieder, die Tarsen der Mittelbeine meist ganz gelb.

Flügel wie bei *limosa*, Schüppchen weiß mit gleichgefärbten Wimpern, Schwinger gelb. Dorsozentralborsten vier, die hintersten näher beieinander, die vordersten kleiner. In der Verlängerung der Dorsozentralborstenlinie stehen über den Schultern je zwei ungleich lange, einwärts gerichtete Borsten, die, wie schon Becker in seinen Ägypt. Dipteren, S. 127 richtig bemerkt, wohl nicht als Dorsozentralborsten angesehen werden können. Zwischen den vordersten Dorsozentralborsten zählt man acht Reihen der kurzen Thoraxbehaarung und in den beiden mittelsten derselben meist zwei längere Börstchen. — Länge 2--3 mm.

(352, I, 11.) *plurisetosa* Str. (*oelandica* Stenh.?). Algeciras, San Fernando, Alicante, Elche, Malgrat (Cz, St).

(353, I.) *ferruginata* Stenh. Malgrat, San Celoni (St).

(354, I, II.) *albipennis* Rond. Algeciras (Cz, St).

---

[1]) Während des Druckes kam ich darauf, daß auch Collin in „The Entomologist's Monthly Magazine", 1902, S. 58, diese Art unter dem Namen *L. Halidayi* beschrieben und abgebildet hat.

(356, I, II.) *ochripes* Meig. San Celoni (St).

(357, I, II.) *andalusiaca* Str. Algeciras (Cz, St).

(358, I, II.) *pusio* Zett. San Celoni, oberes Geniltal, Malgrat (St).

(360, I, II.) *plumosula* Rond. San Pablo, oberes Geniltal (Cz, St).

(361, I, II.) *fuscipennis* Hal. Algeciras, Elche (St).

(893, II.) *crassimana* Hal. Algeciras, San Pablo, oberes Geniltal, San Celoni, Malgrat, Montserrat (Cz, St).

(894, II.) *pumilio* Meig. (= *humida* Hal.). Bobadilla, Algeciras, San Pablo, Tarifa (Cz, St).

1592. *sacra* Meig. Tarifa, auf *Ateuchus cicatricosus* Luc. (Cz, St), Malgrat (St).

Milichiidae.

Milichiinae.

(310, I.) *Milichia (Lobioptera) albomaculata* Str. Elche (Cz), Alicante, Monistrol (St), „Escorial (L)". Das bisher unbekannte ♀ hat einen einfärbigen gleißend bräunlichschwarzen Hinterleib. Stirnbreite gleich Augenbreite. Das ♀ dieser Art dürfte sich vom ♀ der *M. ludens* Wahlb. und *mixta* Beck. nur schwer unterscheiden lassen.

Madizinae.

(246, I, II.) *Madiza glabra*. Fall. Algeciras, Alicante, Malgrat, Monistrol (Cz, St).

(311, I, II.) *Desmometopa M-nigrum* Zett. Algeciras, Tarifa, San Fernando, Alicante, Elche, Jativa, Encina, Monistrol (Cz, St).

(876, II) *latipes* Meig. Alicante (Cz).

1593. *nivcipennis* Str. (als *Siphonella* beschrieben), nach Strobl = *simplicipes* Beck., Wr. Entom. Zeit., 1907, S. 2. Alicante (Cz), Monistrol, Malgrat (St).

1594. *Rhicnoëssa cinerea* Loew. Algeciras, Alicante (Cz, St). Die von Strobl (301, I, II) für die Loewsche *cinerea* ausgegebene Art ist nicht diese. Loew nennt die Backen „außerordentlich breit". Tatsächlich entspricht auch die Breite der Backen an dem einzigen in Loews Sammlung vorhandenen Exemplar fast dem vertikalen Augendurchmesser. Ich besitze Exemplare aus Venedig, die mit Loews Type vollkommen übereinstimmen.

(302, I.) *alboguttata* Str. Tarifa (Cz, St).

(303, I, II.) *griseola* v. d. Wulp. (= *albosetulosa* Str., Becker, Wr. Ent. Zeit., 1907, S. 5). Alicante (Cz, St). Bei einem ♂ erscheint die kurze Behaarung des Thoraxrückens in jeder Richtung schwarz. Da es sonst mit der Normalform übereinstimmt, kann ich in dem angegebenen Merkmal nichts besonderes erblicken. Ich besitze ein ♂ aus Venedig, bei dem hinwiederum auch die Makrochäten des Thoraxrückens weiß sind. Bei allen diesen Exemplaren sind die Beine mit Ausnahme der Knie und der Tarsen bis auf das letzte oder die letzten beiden Glieder schwarz und lichtgrau bereift.

Anmerkung. Es liegt mir noch ein umfangreiches Material von Arten vor, die sich auf *Rh. pictipes* Beck., *longirostris* Lw. und *grisea* Fall. deuten ließen, die ich aber nicht ohneweiters für diese Arten ausgeben möchte.

Meine Angabe in der Wr. Ent. Zeit., 1902, S. 256, daß *Rh. grisea* Fall. divergente, nach vorn gerichtete Postvertikalborsten besitze, beruht auf einem Versehen.

Drosophilidae.

1595. *Gitona distigma* Meig. Oberes Geniltal (St).

(871, II.) *Astia amoena* Mg. Elche (St), Madrid (L).

1596. *Drosophila repleta* Wollast. Algeciras (Cz), „Escorial, an der Fuente Teja (L)". Von Mik auch in Niederösterreich gefangen und als *Dr. aspersa* beschrieben.

(297, I.) *obscura* Fall. Algeciras (St).

Fallens *Dr. obscura* ist mit der von Zetterstedt beschriebenen *Dr. obscura* Fall. identisch. Bei *Dr. obscura* ♂ in Zetterstedts Sammlung sind an den Vorderbeinen die ersten beiden Tarsenglieder wie bei *Dr. tristis* Meig. (non Fall.) auf der vorderen Innenseite schwarz gefleckt. Wegen dieser Übereinstimmung halte ich *Dr. obscura* Fall. und *Dr. tristis* Meig. für identisch. Die abweichende Flügelfärbung ist sehr veränderlich: es gibt Stücke, bei denen sich kaum mehr eine Spur der für *Dr. tristis* Meig. charakteristisch sein sollenden Flügelfärbung vorfindet, so daß man in Verlegenheit kommt, für welche man sich entscheiden soll.

Dr. tristis Fall. ist nach der Type in Fallens Sammlung mit *Thryptochaeta (Diastata) punctum* Meig. identisch. Die Meigensche Art muß fortan *Th. tristis* Fall. heißen.

Dr. tristis in Zetterstedts Sammlung ist nicht mit der Fallenschen, sondern mit der Meigenschen identisch.

1597. *funebris* Fabr. Tarifa (Cz).

(298, I, II.) *Scaptomyza graminum* Fall. Algeciras, San Pablo, oberes Geniltal, San Celoni, Montserrat (Cz, St).

1598. *tetrasticha* Beck., Dipt. d. Kanar. Ins., 1908, S. 158.
Algeciras, oberes Geniltal, Moreda (Cz).

1599. *flaveola* Meig. Elche (Cz).

(296, I, II.) *Camilla acutipennis* Loew (var. *nigripes* Str.).
Bobadilla (Cz), Algeciras (St).

1600. *glabra* Fall. Jativa (Cz); Elche, ein ♀ mit schwarzen
Fühlern, Montseny (St).

Geomyzidae.

(300, I, II.) *Geomyza pedestris* Loew. San Pablo, San Fernando (Cz), San Celoni, Malgrat (St).

(874, II.) *approximata* Loew. Tarifa, San Fernando, Jativa
(Cz, St); Malgrat (nach Strobls Angabe bei 130 Stück).

1601. *obscurella* Fall. Bobadilla (Cz), San Fernando, Malgrat (St).

1602. *canescens* Loew. Escorial (L).

1603. **baliogastra** nov. spec. Tarifa, San Fernando (Cz, St).

Geomyzae pedestri Lw. *et puncticorni Beck. proxima, sed ab
illa potissimum nervis alarum incrassatis nigris, ab hac abdomine
maculis lateralibus semicirculatis brunneis ornato differt.*

♂. Stirn gelb, Scheiteldreieck, Hinterkopf mit Ausnahme des untersten
Teiles und Orbiten grau, weißlich bestäubt; Gesicht, Wangen und Backen
weißlich, Backen gleich ¹/₃ Augenhöhe; zwischen Fühlerwurzel und Augenrand kein dunkler Fleck. Fühler gelb, Borste schwarz, an der Basis gelb.
Rüssel und Taster gelb. Thorax aschgrau mit sechs braunen Striemen: zwei
über das Schildchen fortgesetzte Mittelstriemen zwischen den Akrostichalbörstchen und Dorsozentralborsten, je eine seitlich von diesen in der Linie
der Präsutural- und Supraalarborsten und je eine unter der Notopleuralnaht.
Hinterleib grau, auf den Seiten des 2.—4. Ringes am Vorderrande halbkreisförmige braune Flecke; der untere Tergit des Hypopygs erscheint schwarz,
grau bestäubt, der Bauch grau. Beine gelb; Mittelhüften mit Ausnahme der
Spitze und Hinterhüften schwärzlich, Vorderschenkel schwarz, nur die äußerste
Spitze gelb, an den Mittelschenkeln auf dem dem Körper zugekehrten Teile
der Unterseite von der Basis her und an den Hinterschenkeln auf der Ober-
und Unterseite eine schwarze Strieme, bisweilen die Hinterschenkel bis gegen
die Spitze hin ringsherum schwarz, Metatarsus der Hinterbeine verdickt und
schwarz, zuweilen auch das folgende Glied zum Teil geschwärzt, Endglieder
aller Tarsen oder doch wenigstens die Spitzen derselben schwarz. Flügel
bräunlichgelb, von der Wurzel her kaum etwas heller, Vorderrandzelle nicht
verdunkelt; Randader bräunlichgelb, gegen die Spitze zu dunkler, hintere
Querader, dritte und vierte Längsader zwischen den Queradern und der Flügelspitze und fünfte Längsader dick, braun. Schüppchen und Schwinger weiß.

♀. Fühler auf der Außenseite mehr oder weniger gebräunt, die ersten beiden Glieder zum Teil und ein Fleck oben am dritten Gliede an der Insertionsstelle der Borste gelb, auf der Innenseite nur der Rand des dritten Gliedes mehr oder minder gebräunt. Tarsen der Vorderbeine schwarz, Metatarsus der Hinterbeine nicht verdickt, gelb.

Länge 2—2·5 mm.

1604. S. Ferdinandi nov. spec. ♀. San Fernando, 1 ♀ (Cz).

Abdomine nigro-nitido una cum alis immaculatis a ceteris discedit. — 2 mm.

Stirn weißlichgelb, Gesicht, Wangen und Backen weiß, Scheiteldreieck, Orbiten und Hinterkopf grau, weißlich bestäubt, Backen schmal, gleich ein Viertel Augenhöhe; Fühler schwarzbraun, nur die Insertionsstelle der Fühlerborste und die hintere Hälfte des dritten Fühlergliedes auf der Innenseite gelb. Thorax ganz wie bei der vorhergehenden Art, nur treten die Striemen nicht so deutlich hervor. Hinterleib glänzend schwarz, Basis, Seiten und Bauch grau schimmernd. Vorderbeine mit Ausnahme der äußersten Schenkelspitze und der Schienenwurzel schwarz, Mittel- und Hinterbeine gelb, die Hüften und die Schenkel bis gegen die Spitze hin schwarz, die Schienen der Hinterbeine auf der Mitte etwas gebräunt. Flügel ziemlich glashell, Wurzel lehmgelblich; Entfernung der beiden Queradern voneinander etwas länger als der letzte Abschnitt der fünften Längsader, letzter Abschnitt der vierten Längsader doppelt so lang als der vorletzte. Schwinger und Schüppchen weiß.

Da sich seit meinen im Jahre 1903 in der Wiener Entom. Zeit., S. 123 ff. veröffentlichten „Bemerkungen zu den Arten der Gattung *Geomyza* Fall." die Zahl der paläarktischen Arten um fünf vermehrt hat, gebe ich hier eine erweiterte Bestimmungstabelle.

1. Hintere Querader braun gesäumt 2
— Hintere Querader nicht braun gesäumt 5
2. Flügel mit Ausnahme der Wurzel, eines glashellen Längsfleckes in der Diskoidalzelle und zweier übereinanderliegenden glashellen Flecke in der ersten und zweiten Hinterrandzelle schwarz . *marginella* Fall.
— Flügel grau, am Vorderrande schwärzlich, ohne glashelle Flecke . . 3
3. Die Flecke auf den Queradern und an der Flügelspitze mit dem Vorderrandsaume mehr oder weniger hakenförmig verbunden. *laeta* Becker ♀.[1])
— Die genannten Flecke isoliert 4
4. Hinterleib schwarz, glänzend, Säumung der hinteren Querader breit.
obscurella Fall.
— Hinterleib schwarzbraun, matt, Säumung der hinteren Querader schmal.
approximata Lw.
5. Thoraxrücken weißgrau, Flügelvorderrand mit einem die halbe Breite der Marginalzelle einnehmenden schwärzlichen Saume. *canescens* Lw. ♀

─────

[1]) Zeitschr. f. Hym. u. Dipt., 1907, S. 401.

— Thoraxrücken aschgrau, Flügelvorderrand ohne Saum 6
6. Hinterleib glänzend schwarz . . . . *S. Ferdinandi* Cz. ♀
— Hinterleib grau 7
7. Hinterleib an der Basis und am Bauche bräunlich ziegelrot.
                                         puberula Zett. ♂
— Hinterleib ganz grau, mit oder ohne braune Rückenflecke . . . 8
8. Queradern und Längsadern zum Teil dick und braun 9
   Queradern und Längsadern dünn 10
9. Hinterleib matt aschgrau . . . . *puncticornis* Beck.[1])
— Hinterleib aschgrau mit halbkreisförmigen braunen Seitenflecken.
                                         baliogastra Cz.
10. Hüften und Tarsen der Mittel- und Hinterbeine gelb, beim ♂ der Meta-
    tarsus der Hinterbeine nicht verdickt . . . . . *frontalis* Fall.
— Hüften und wenigstens das letzte Tarsenglied der Mittel-, und Hinter-
    beine schwärzlich, beim ♂ der Metatarsus der Hinterbeine verdickt,
    schwarz 11
11. Entfernung der beiden Queradern voneinander ungefähr gleich dem letzten
    Abschnitt der fünften Längsader . . . . *pedestris* Lw.
— Entfernung der beiden Queradern doppelt so lang als der letzte Abschnitt
    der fünften Längsader . . . . *oedipus* Beck. ♂[2])

(873, II.) „*Opomyza germinationis* L. Escorial (L)."
(299, I, II.) *Balioptera tripunctata* Fall. Algeciras, San Pablo,
Elche, oberes Genital (Cz, St), „Pardo (L)", Escorial (L).
   1604. *Thryptochaeta tristis* Fall. (= *punctum* Meig.). Oberes
Genital (Cz). Betreffs der Synonymie siehe *Drosophila obscura*.
   1605. *obscuripennis* Meig. San Pablo, oberes Genital (Cz, St).
   1606. *Chiromyia flava* L. Alicante (Cz).
   1607. *Aphaniosoma approximatum* Beck. San Fernando (Cz),
Elche (St). Bei meinem Exemplar ist auch das Schildchen grau
(Becker erwähnt nur die graue Färbung des Thoraxrückens),
ferner sind nicht bloß die Schulterbeulen, sondern auch die Teile
zwischen den Schulterbeulen und den Flügelwurzeln gelb. Die
Pleuren sind fast ganz grau.
   (872, II.) *quadrinotatum* Beck. (= *sexlineatum* Str.). San Fernando, Alicante, Elche (Cz, St).
   Meine Vermutung, daß *Chiromyia quadrinotata* Beck. und *Aphaniosoma*
sexlineatum Str. identisch seien, wurde mir von Herrn Becker freundlichst
bestätigt. Der Thoraxrücken hat sechs Striemen, die äußersten beiden sind

[1]) Zeitschr. f. Hym. u. Dipt., 1907, S. 401.
[2]) Zur Kennt. d. Dipt. von Zentralasien, 1907, S. 55 (307).

aber nicht immer deutlich. Der Hinterkopf hat zuweilen zwei größere oder
kleinere grauschwarze Seitenflecke. Die grauschwarzen Flecke an den Brustseiten sind nicht immer deutlich oder fehlen auch vollständig. Die Zahl der
Dorsozentralborsten variiert.

Die Gattung *Aphaniosoma* Beck. unterscheidet sich von der Gattung
Chiromyia (Scyphella) durch den etwas ausgehöhlten Hinterkopf, die schräg
liegenden Augen und vor allem durch die verschiedene Beborstung der Orbiten: die *Chiromyia*-Arten haben drei fast gleich lange Orbitalborsten, von
denen das vorderste Paar konvergent und vorwärts gerichtet ist, während die
hinteren beiden Paare rückwärts geneigt sind; die *Aphaniosoma*-Arten hingegen haben nur zwei rückwärts gerichtete Orbitalborsten und statt des vordersten Paares 1—2 nur bei starker Vergrößerung wahrnehmbare Börstchen.

Zu *Aphaniosoma* gehört sicherlich auch die mir unbekannte *Chiromyia
latifrons* Lw.

Alle diese drei Arten haben auch zweizeilige Akrostichalborsten und
grauschwarze Zeichnungen auf dem Thorax und dem Hinterleibe. In der verschiedenen Anzahl und Länge der Dorsozentralborsten bei den einzelnen Arten
sehe ich kein generisches Unterscheidungsmerkmal.

Chloropidae.

Chloropinae.

1608. „*Cetema (Centor) Cereris* Fall. var. *nigrifemur* Str. Escorial (L).

Stimmt sonst durchaus mit meinen österreichischen Exemplaren und
der ausführlichen Beschreibung Loews, ist aber an den Beinen viel dunkler
gefärbt: alle Schenkel sind nämlich mit Ausnahme der schmalen Spitze glänzend schwarz; ebenso die Vorderschienen mit Ausnahme des Basaldrittels und
die Hinterschienen mit Ausnahme der Basis und Spitze; die Mittelschienen sind
rotgelb, nur am Enddrittel mit einem schmalen dunklen Bändchen; die Färbung aller Tarsen aber stimmt durchaus mit der Normalform. Sonst wäre noch
zu erwähnen, daß die beiden oberen Flecke der Brustseiten (unterhalb der
Flügel an der Längsnaht) zu einem einzigen sehr großen Fleck zusammengeflossen sind, so daß also die Brustseiten statt der normalen vier Flecke nur
drei besitzen.“

1609. *Capnoptera sicula* Loew. Escorial (D).

(252, I, II.) *phaeoptera* Meig. (*melanota* Lw.). Pardo (D), San
Celoni (St).

(834, II.) *Laufferi* Str. Escorial (D), „Pardo, Loerhes, Escorial (A, L)“.

(254, I, II.) *Anthracophaga andalusiaca* Str. Algeciras, San
Pablo, Alicante, Elche, oberes Geniltal (Cz, St).

(255, I, II.) *Eutropha Thalhammeri* Str. Algeciras, San Pablo, San Fernando, Granada, oberes Geniltal, Monistrol (Cz, St).

1610. *fulvifrons* Hal. Tarifa, San Fernando, Alicante (Cz, St).

1611. **nitidifrons** nov. spec. ♀.

Eutrophae maculatae Lw. similis, sed tertio antennarum articulo superne parum infuscato nec toto nigro, triangulo ocellari nitido, scutello flavo, abdomine bifariam maculato, setis thoracalibus et scutellaribus omnibus albis sine dubio distincta. — 2 mm.

Tarifa, 1 ♀ (Cz).

Kopf gelb, Ozellenfleck und Hinterkopf mit Ausnahme eines breiten Seitenrandes schwarz. Die wenigen Härchen und die sehr kurzen Scheitelbörstchen weißlich. Ozellendreieck glänzend, am Scheitel dem seitlichen Stirnrande sehr nahe kommend, mit der spitzigen Vorderecke etwas über die Stirnmitte hinaus verlängert. Augen queroval, Backen wenig schmäler als die Augen. Fühler rotgelb, drittes Glied um die Ansatzstelle der Fühlerborste herum bräunlich, so lang als breit, mit stumpfer Oberecke. Taster gelb, bei eingezogenem Rüssel bis zum Mundrande reichend, Rüssel bräunlich. Thorax gelb; Rücken mit drei glänzend schwarzen Striemen, je einem mit der Seitenstrieme teilweise zusammengeflossenen, ziemlich breiten schwarzen Striemchen, einem schwarzen Punkte auf der Schulterschwiele und einem schwarzen Striche dicht an der Notopleuralnaht hinter der Quernaht; die Mittelstrieme geht über den ganzen Rücken in gleicher Stärke und Breite, die Seitenstriemen sind vorn abgekürzt und treten mit kurzer Unterbrechung auf das Schildchen über, so daß auch noch das gelbe, auf der ganzen Fläche behaarte Schildchen an den Seiten der Basis geschwärzt erscheint. Auf den Brustseiten finden sich glänzend schwarze Flecke auf der Meso-, Sterno-, Ptero- und Hypopleura. Haare und Börstchen des Thorax und Schildchens weißlich. Hinterrücken und Hinterleib glänzend schwarz; an den Seiten des Hinterleibes liegen an den Hinterrändern der Ringe gelbe, am Außenrande nach vorn zu erweiterte Flecke, die sich auf dem umgeschlagenen Teil als gelbe Hinterrandbinden fortsetzen; der fünfte Ring ist auf der ganzen hinteren Hälfte, an den Seiten und auf dem Bauche gelb. Die Behaarung ist weißlich. Beine gelb, glänzend; die Hüften mit Ausnahme der Spitzen, die Schenkel mit Ausnahme der äußersten Wurzeln und der Spitzen, die Schienen auf der Mitte in verschiedener Ausdehnung und die Tarsen mehr oder weniger stark schwarzbraun. Flügel glashell; die dritte Längsader mündet ziemlich weit vor der Flügelspitze (weiter als bei *fulvifrons* und *Thalhammeri*), so daß der letzte Randaderabschnitt etwas kürzer ist als der vorletzte; dritte und vierte Längsader sehr divergent, letzter Abschnitt der vierten Längsader etwas bogenförmig, bald nach der hinteren Querader unscheinbar und erst gegen die Mündung zu wieder deutlicher, höchstens fünfmal so lang als der vorletzte. Schüppchen weiß, Schwinger gelb.

(836, II.) *Diplotoxa inconstans* Loew. Algeciras (Cz), Montserrat (St). Bei meinen ♂ sind die Beine ganz gelb und der Hinterleib ist mit Ausnahme des mit weißlichen Haaren besetzten Seitenrandes schwarz behaart. Ich halte meine Exemplare für die Loewsche Art. Bei gewisser Beleuchtung erscheinen die Vorder- und Hintertarsen in der von Loew angegebenen Ausdehnung bräunlich, wiewohl sie tatsächlich nicht bräunlich sind. Ob das von Strobl erbeutete ♀ mit meinen ♂ übereinstimmt, kann ich nicht sagen, weil ich keine Notiz hierüber vorfinde.

1612. *albipila* Loew. Alicante (Cz), Malgrat (St).

(1019, II. Nachtrag.) *messoria* Fall. Malgrat (St), „Provinz Orense Galiciens (T)".

1613. *pachycera* Str. Algeciras (St).

(251, I.) *Meromyza nigriventris* Macq. Elche (Cz, St), Villaverde (D). Die Thoraxstriemen sind zuweilen so zusammengeflossen, daß der Rücken und das Schildchen ganz schwarz erscheint.

(256, I, II.) *Chlorops hirsuta* Loew. In den Palmenwäldern von Elche sehr häufig, Alicante, Jativa, San Celoni, Encina (Cz, St).

(837, II.) *puncticornis* Loew. Elche, Monistrol (St).

(838, II.) *taeniopus* Meig. Elche, Granada, Monistrol (Cz, St); „Escorial (L)", Rivas (D).

(839, II.) *planifrons* Loew. Algeciras (St).

1614. *speciosa* Meig. Elche (St).

1615. *brevimana* Loew. Algeciras (St), San Pablo (Cz).

1616. *minuta* Loew. Oberes Geniltal (Cz). Alle Stücke stimmen mit Loews Beschreibung, nur sind sie etwas größer.

1617. **quadrimaculata** nov. spec. ♀. Algeciras, 1 ♀ (Cz).

Magnitudine et aliis notis Chloropem minutam Lw. excipit, sed trianguli ocellaris nigri angulo antico non acuminato frontis marginem attingente, maculis pleuralibus quattuor, abdomine nigro, tarsorum articulis ultimis flavis, nervis transversis remotioribus ab ea discedit. — 2 mm.

Mit Loews analytischer Tabelle kommt man zu seiner *Chl. minuta.* In der Größe stimmt die gegenwärtige Art auch mit meinen spanischen Exemplaren der *Chl. minuta* überein. Das Ozellendreieck ist sehr groß und erreicht mit seiner stumpfen Vorderecke den Stirnrand vollständig, oben erreicht es den Seitenrand der Stirn nicht. Es ist schwarz, in den oberen Ecken gelb, auf seiner ganzen Fläche poliert und glänzend, nach der Vorderecke zu flach vertieft und an den Seitenrändern mit Börstchen versehen. Die schwarze Färbung des Hinterkopfes hängt mit der schwarzen Färbung des Ozellendreiecks zusammen. Die ersten beiden Fühlerglieder sind bräunlichgelb, das dritte ist ganz schwarz. Augen groß, Backen von mittlerer Breite wie bei *minuta*. Thoraxrücken mit den gewöhnlichen schwarzen Striemen und Striemchen, die lebhaft glänzen; Striemen mit den Striemchen etwas zusammengeflossen. Brustseiten außer den gewöhnlichen beiden schwarzen Flecken zwischen den Hüften und einem ansehnlich großen Fleck auf der Mesopleura noch mit einem größeren, glänzend schwarzen Fleck auf der Pteropleura. Schildchen mit einem schwarzen Punkte an der Basis seines Seitenrandes. Hinterleib glänzend schwarz, mit sehr feinen, am Seitenrande etwas erweiterten gelben Hinterrändern; fünfter Ring auf seiner hinteren Hälfte und der Bauch gelb. Beine gelb, auf der Mitte der Hinterschenkel und Hinterschienen ein breiter brauner Ring; die letzten Tarsenglieder gelb. Flügel glashell, Queradern voneinander weiter entfernt als bei *minuta*.

1618. *serena* Loew. Algeciras (Cz).

(257, I, II.) *Chloropisca circumdata* Meig. (= *ornata* Lw., nec Meig.). Algeciras, San Pablo, Alicante, Elche, Moreda, Granada (Cz, St), „Escorial (L), Provinz Orense Galiciens (T)".

1619. *sulcifrons* Beck., Dipt. d. Kanar. Ins., 1908, S. 147. Alicante, Encina (Cz).

Trotz einiger Abweichungen halte ich sämtliche Exemplare für die Beckersche Art. Sie unterscheidet sich von *Chl. circumdata* Meig. vor allem durch breitere Backen und das große, bis zu den Fühlern reichende, nicht spitzig ausgezogene Ozellendreieck.

Bei allen meinen Exemplaren sind die Mittel- und Seitenstriemen des Thoraxrückens glänzend schwarz und nicht rot, die Striemchen bald rot, bald schwarz. Da aber Becker sagt: „An den Seitenstriemen sind die Spitzen und Seitenränder gewöhnlich verdunkelt", so halte ich diese Abänderung in der Färbung für ganz belanglos. Die Mittelstrieme ist gleich breit und endigt ziemlich weit vor dem Schildchen, bei einem Exemplar ist sie durch dunkelbraune Färbung bis auf die Basis des Schildchens fortgesetzt, bei einem andern Exemplar ist die Stelle zwischen der Mittelstrieme und dem Schildchen und auch die Basis des Schildchens etwas gebräunt. Die Flecke an den Brustseiten sind nicht immer schwarz; bisweilen sind sie alle rötlich und nur der Sternopleuralfleck vorn schwarz. Das dritte Fühlerglied ist bei allen meinen Exemplaren schwarz und nur auf der Innenseite unten an der Wurzel gelb. Die Vordertarsen sind entweder ganz oder mit Ausnahme des Metatarsus gebräunt oder ganz gelb.

(259, I, II.) *Camarota flavitarsis* Meig. Algeciras, Elche (St), „Escorial (L)".

Oscininae.

(261, 1, II.) *Oscinis frit* L. Bobadilla, Algeciras, Tarifa, Alicante, Elche, Granada, oberes Geniltal, Encina, San Celoni, Malgrat, Monistrol (Cz, St); „Madrid, Escorial, Prov. Orense Galiciens (A, L, T)“.

(261, II.) *pusilla* Meig. Bobadilla, Alicante, Elche (Cz, St). Bei den meisten Stücken die Seiten der Basalsegmente des Hinterleibes, bei einigen beide Basalsegmente ganz weiß oder gelb.

1620. *rufiventris* Macq. San Celoni, Monistrol (St). Bei den aus San Celoni stammenden Stücken sind nur die beiden Basalsegmente des Hinterleibes, bei dem in Monistrol gefangenen Exemplar ist der ganze Hinterleib mit Ausnahme der Basismitte und der Spitze rotgelb. Drittes Fühlerglied außen ganz, innen nur am Rande gebräunt. Spitze der Vorder- und Mittelschenkel, die Vorder- und Mittelschienen und die Metatarsen aller Beine gelb, mitunter auch etwas gebräunt.

1621. *longepilosa* Str. San Pablo (Cz).

(840, II.) *Notonaulax humeralis* Loew (= *maculifrons* Beck.). San Fernando, Tarifa, Alicante, Elche, Jativa, Monistrol (Cz, St).

(841, II.) *lineella* Fall. San Fernando, Elche, oberes Geniltal, Monistrol (St).

(266, I, II.) *multicingulata* Str. (inklusive *hispanica* Str.). Algeciras, Elche, San Fernando (Cz, St). Wie mir Strobl mitteilte, soll nach Becker *multicingulata* Str. = *cinctella* Zett. und var. *hispanica* Str. = *farillacea* Beck. sein.

(264, I, II.) *Siphonella nucis* Perr. Malgrat (St).

(265, I, II.) *dasyprocta* Loew. Tarifa, 1 Ex. (St), Algeciras, 1 ♂, Moreda, 1 ♀ (Cz).

Ich bin nicht gewiß, ob diese drei Exemplare die Loewsche Art darstellen. Das ♀ entspricht der Beschreibung Loews, nur sind Gesicht und Taster ganz schwarz; auch die Beine sind schwarz, die Knie und die Tarsen aber bräunlich. Die Haare und Borsten der Stirn und des Scheitels sind weißlich, die äußerst kurze Behaarung des Thorax ist schwärzlich, die Thoraxborsten hingegen und die beiden langen Endborsten des Schildchens weißlich, die Börstchen des Schildchens dagegen schwarz. Die rauhe und lange Behaarung des Hinterleibes ist weißlich.

Bei den ♂ (ich glaube, daß auch das von Strobl gefangene Stück ein ♂ ist) sind die Taster gelb und die untere Hälfte des dritten Fühlergliedes sowie die Wurzelglieder auf der Innenseite bräunlichgelb. Bei dem

einen Exemplar sind die Schienen an beiden Enden und die Tarsen braungelb, bei dem andern sind die Vorderhüften, die Hüftgelenke an allen Beinen,
die Vorderschenkel mit Ausnahme der Unterseite, die Spitzenhälfte der Mittelschenkel, die Schienen mit Ausnahme eines Ringes auf der Mitte und die
Tarsen der Mittel- und Hinterbeine mit Ausnahme der letzten Glieder rotgelb.
Bei einem Exemplar sind auch die Basissegmente und die Seiten des dritten
Hinterleibssegmentes rötlichgelb. Die Haare und Borsten auf Stirn und Scheitel
sowie die Haare des Thorax sind weißlich, die Borsten des Thorax und
Schildchens schwarz. Die Behaarung des Thorax ist deutlicher als beim ♀.

1622. „*Novakii* Str., 1893, var. Escorial, ♀ (L). Stimmt sonst
genau mit meinen dalmatinischen Exemplaren, nur ist das Untergesicht ganz schwarz und das rote Querbändchen über den Fühlern
sehr schmal. Thorax mit drei gekerbten Furchen, Beine ganz rotgelb etc. wie bei normalen ♀ (St)."

1623. *laminiformis* Beck. (teste Becker), Dipt. d. Kanar. Ins.,
1908, S. 149 *(Oscinis)*. Encina (St).

1624. **Stroblii** nov. spec. ♂, ♀. Monistrol, 4 ♂, 7 ♀ (St).

*Atra, nitida, polline leviter tecta. Fronte in parte anteriore,
facie, antennis, palpis, femorum apicibus, tibiis anterioribus totis,
posticis basi apiceque, tarsis articulo ultimo excepto, halteribus flavido-
ferrugineis, rostro atro nitido, alis parum infuscatis. — 2 mm.*

Die mäßig abschüssige Stirn matt, das vordere Drittel gelb, der übrige
Teil schwärzlich. Das Ozellendreieck schwarz, wenig gleißend, in gewisser
Richtung grau erscheinend, die Mitte der Stirn nicht erreichend und oben
nicht bis zum Augenrand ausgedehnt. Behaarung der Stirn schwarz. Hinterkopf schwarz. Stirn- und Mundrand etwas vorstehend, Backen schmal, Augen
sehr kurz pubeszent. Fühler, Gesicht und Backen rotgelb, Wangen und
Backen weißlich schimmernd. Fühlerborste braun, an der Wurzel etwas verdickt. Taster gelb, Rüssel glänzend schwarz, lang. Thorax und Schildchen
schwarz, leicht graulich bestäubt, Pleuren glänzend schwarz; Rücken mit
feiner Punktierung und drei seichten Furchen; die sehr kurze Behaarung des
Rückens sowie die Borsten schwarz. Schildchen ziemlich flach, etwas behaart
und mit sechs ungleich langen Borsten am Rande. Hinterleib wegen der
viel geringeren Bestäubung glänzend schwarz; Hypopyg groß. Beine rotgelb,
die Hüften, die Schenkel mit Ausnahme der Spitze, die Hüftgelenke an den
Hinterbeinen und ein breites Band auf der Mitte der Hinterschienen schwarz,
das letzte Tarsenglied an allen Beinen braun. Flügel glasartig mit schwacher
brauner Trübung, Adern braun. Zweite Längsader an der Mündung nur sehr
wenig aufgebogen, dritte und vierte Längsader parallel, an der Mündung
kaum etwas divergent, letzter Abschnitt der vierten Längsader etwas mehr
als dreimal so lang als der vorletzte, kleine Querader gegenüber der Mündung
der ersten Längsader. Schwinger rotgelb.

(267, I, II.) *Crassiseta cornuta* Fall.[1]) Algeciras, San Pablo, Tarifa, oberes Geniltal, Malgrat (Cz, St), „Escorial (L)".

(843, II.) *megaspis* Loew. Oberes Geniltal (Cz, St), „Provinz Orense Galiciens (T)". Bei allen Exemplaren ist der Thoraxrücken schwarz, die Schulter und ein Fleck über der Flügelwurzel rotgelb. Diese Flecke sind stets durch eine schwarze Stelle zwischen der Quernaht und der Schulterabschnürung getrennt. Die Fortsätze des Schildchens, auf denen die Borsten stehen, sind gelb. Der Hinterleib ist matt schwarz.

(844, II.) *bimaculata* Loew. Elche (Cz), „Provinz Orense Galiciens (T)".

(268, I, II.) *Melanochaeta pubescens* Thalh.[2]) Algeciras, Alicante, Elche, Malgrat (Cz, St), „Provinz Orense Galiciens (T)".

Strobliola nov. gen.

Figura capitis generi Anacamptoneurum Beck. similis, sed alarum nervis longit. 3. et 4. rectis et parallelis distincta.

Der Kopf ist so zusammengedrückt, daß der obere und untere Kopfrand zueinander parallel sind. Die Stirn ist etwas vorgeschoben, das Scheiteldreieck nur durch eine Einsenkung der Stirn markiert. Der Hinterkopf ist stärker ausgebildet und hinten ziemlich gerade. Die unbehaarten Augen sind länglich und schräg liegend, so daß die Backen hinten breiter sind als vorn. Gesicht zurückweichend und Mundrand nicht vorstehend, Vibrissen fehlend. Rüssel mit zurückgeschlagenen Endlippen. Fühler kurz, die Wurzelglieder von der vorgeschobenen Stirn bedeckt, das dritte Glied dreieckig, nicht länger als breit, mit nackter Borste. Orbitalborsten drei oder vier. Thoraxrücken sehr flach; nur eine Dorsozentralborste vor dem Schildchen und auch diese sehr kurz und schwer wahrnehmbar. Schildchen flach, kreisförmig, mit zwei Endborsten. Hinterleib flach,

---

[1]) Während des Druckes erschien im Boll. Soc. entom. Ital., XI, 1908, Firenze (publ. il 20 Marzo 1909) eine Arbeit von Dr. E. Corti, „Contrib. alla conoscenza del gruppo delle Crassisetti in Italia", die eine der *Cr. cornuta* Fall. äußerst ähnliche Art, *Cr. Stroblii* Corti, enthält und die ich auch unter meinen Exemplaren der *cornuta* aus Algeciras, S. Pablo und Tarifa fand.

[2]) In derselben Arbeit hat Dr. Corti für diese Art die Gattung *Lasiochaeta* errichtet.

fünfringelig. Beine gewöhnlich. Flügel an der Spitze gerundet, dritte und vierte Längsader gerade und parallel, vierte an der Spitze mündend. 1625. **Strobliola albidipennis** nov. spec. ♂, ♀. Elche, 10 Ex. (St). *Cnierea. Frontis margine rufoflavo, antennis, proboscide, palpis nigris, pleuris inferne nigronitidis. Pedibus nigris, trochanteribus, femoribus apice, tibiis basi apiceque, tarsis flavis, horum articulis ultimis infuscatis. — 2 mm.*

Stirn breit, von mehr als halber Kopfbreite, vorn etwas schmäler, punktiert, am Vorderrande rotgelb. Backenrand glänzend schwarzbraun. Fühler, Borste, Rüssel und Taster schwarz. Thorax schwarz, grau bestäubt, der untere Teil der Brustseiten glänzend schwarz. Hinterleib schwarz, ziemlich glänzend. Hüften glänzend schwarz, Gelenke gelb, Schenkel schwarz, etwas grau bereift, an der Spitze gelb, Schienen gelb, auf der Mitte in verschiedener Ausdehnung schwarz, Tarsen gelb, die Endglieder etwas gebräunt. Flügel weißlich, Adern gelblich; zweite Längsader an der Mündung etwas aufgebogen, letzter Abschnitt der vierten Längsader drei- bis viermal so lang als der vorletzte, hintere Querader senkrecht. Schwinger weiß.

Hippoboscidae.[1]

(994, II.) *Hippobosca equina* L., Schin. Escorial, Vitoria (L).

Nycteribiidae.[1]

1626. *Nycteribia biarticulata* Herm., Mg., *Hermanni* Leach., Schin. Cañizares, parasitisch auf einer Fledermausart, spanisch „Mur-cielago" (S).

Nachträge.

Von Prof. P. Gabriel Strobl.

Da Herrn Laufers Ausbeute 1908 erst eintraf, als schon der Druck meiner Arbeit bis zu den Empiden vorgeschritten war, bin ich genötigt, einige Nachträge zu bringen.

Zu 1052. *Culex ornatus* Mg. Madrid, 2 ♀.

1627. *Psychoda sexpunctata* Curt. Escorial, ♂, ♀.

Zu 1081. *Anisomera nigra* Ltr. Aus Escorial noch 3 ♀; bei zweien ist das vierte Geißelglied deutlich aus vier Gliedern zu-

---

[1] Diese beiden Familien sind ein Beitrag von Prof. Strobl.

sammengesetzt, so daß die Fühler neungliedrig sind wie bei *Pereno-cera*; sonst stimmen die Exemplare ganz mit den von mir beschriebenen und sind von *P. fuscipennis* bestimmt verschieden; außer durch die Zahl der Fühlerglieder läßt sich *Perenocera* von *Aniso-mera* nicht unterscheiden und kann nur als Subgenus gelten.

1628. **Odontomyia Laufferi** m. ♂. *11 mm, lat. thoracis 4 mm, abdom. 5 mm. Nigra abdomine aurantiaco vitta dorsali nigra; capite et thorace argenteo-pubescentibus; pedes nigri metatarsis posterioribus flavescentibus; alae hyalinae.*

Pardo, 1 ♂.

Verbindet die Körperfarbe der *flavissima* mit der Flügelfärbung und schlanken Tracht der *hydroleon*. Kopf, Fühler, Thorax und Beine sind schwarz; nur das zweite Fühlerglied ist an der Spitze etwas rötlich und die vier hinteren Metatarsen sind — mit Ausnahme der Spitze — blaß rotgelb. Der Hinterleib ist unterseits ganz und oberseits mit Ausnahme der schwarzen Mittelstrieme orangerot. Die Strieme nimmt den dritten Teil der Oberfläche ein, erweitert sich am Beginn der Ringe nur ganz wenig und endet in der Mitte des fünften Ringes. Die Kopfform ist dieselbe wie bei *flavissima;* die Fühler sind bedeutend länger als bei *hydroleon*, aber deutlich kürzer als bei *flavissima* und das erste Glied ist kaum länger als das zweite, während es bei *flavissima* um die Hälfte länger ist. Stirndreieck, Gesicht und der ganze Thorax sind mit äußerst zarten, aber ziemlich dichten, fast silberweißen Flaumhaaren bedeckt, die nur in einer mäßig breiten Mittellinie des Thoraxrückens und auf dem Schildchen fast gänzlich fehlen; auch zwei dunkle Seitenstriemen sind durch schwächere Behaarung angedeutet. Hinterleib und Beine sind nur ganz kurz und unscheinbar behaart; bloß die Hinterseite der Schenkel trägt längere weiße Flaumhaare. Die Flügel sind durchaus wasserhell mit gelben Adern; nur die Flügelwurzel und die Diskoidalzelle besitzen dunkle Adern; die dritte aus letzterer entspringende Ader ist als kurzer dunkler Zahn vorhanden, während sie bei den zwei verglichenen Arten gänzlich fehlt.

1629. *Od. ornata* Mg. Madrid, ♂.

Zu (520, II, III). *Chrysops coecutiens* L. Außer ♂ und ♀ der forma *meridionalis* um Escorial auch zwei normale ♀.

Zu (523, II). *Pangonia granatensis* Str. Cercedilla, ♂, Pardo, ♀.

Zu (1093, III). *Haematopota variegata* Fabr. Um Escorial 2 ♀ der für Spanien neuen var. *nigricornis* Big.

Zu (534, II, III). *Tabanus autumnalis* L. Escorial, ♂, ♀.

Zu (535, II, III). *glaucopis* Mg. var. *castellana* Str. Escorial, ♀ und außerdem 1 ♀ der bisher aus Spanien nicht bekannten Normalform.

Zu (1098, III). *bromius* L. Außer vielen Exemplaren der ganz schwarzschenkeligen Normalform sammelte Laufer um Escorial auch 1 ♂, 2 ♀ der var. *flavofemoratus* m. Die Schenkel sind beim ♂ und ♀ rotgelb, nur das Enddrittel ist beim ♀ ziemlich undeutlich, beim ♂ aber deutlich schwärzlich; auch die Schienen — ausgenommen die Spitze der Vorderschienen — sind rotgelb und die Hinterleibsfärbung ist wie bei den lichtesten Exemplaren der Normalform: Unterseite fast ganz rotgelb, die Seiten der Oberseite größtenteils rotgelb. Die lineale Fortsetzung der Augenschwielenecke des ♀ ist kürzer und schmäler, mit der Ecke selbst nicht verbunden, sondern ganz isoliert in der Mitte der Stirnstrieme. Sonst stimmen die Exemplare genau mit *bromius* und bilden jedenfalls nur eine lichte Varietät desselben.

1630. *apricus* Mg. Cercedilla, ♀.

Zu (541, II, III und 1105, III). *Anthrax relutinus* Mg. und *afer* Fabr. Escorial.

1631. **Stenopogon inermipes** m. ♀. 16 mm. Escorial.

Niger, dense griscopollinosus callo humerali luteo; femoribus subtus inermibus, antice nigris, postice luteis; tibiis nigris basi lutea; alae pure hyalinae cellula 4. postica latius aperta.

Auffallend durch die unterseits ganz stachellosen Schenkel; stimmt mit keiner Art Meigens und Loews. — Kopf gelblichgrau, das Gesicht aber weiß bestäubt; dieses breiter als gewöhnlich, etwa von $^2/_3$ Breite eines Auges, nach unten nicht verschmälert; der Kopf daher nur wenig höher als breit. Der wenig vorspringende Gesichtshöcker und der Knebelbart nehmen kaum die untere Hälfte des Gesichtes ein; Knebelbart rein weiß, die übrigen Kopfhaare mehr rostgelblich, Taster, Rüssel und Fühler ganz schwarz. Das erste Fühlerglied besitzt unterseits lange gelbliche Borstenhaare; das dritte ist deutlich länger als die Basalglieder zusammen und auch merklich breiter, gegen Basis und Spitze nur wenig verschmälert, mit ziemlich kurzem und dünnem feinspitzigen Griffel. Die Oberecken der Augen verbindet eine über die Ozellen gehende fettig glänzende schwarze, unbestäubte Strieme. Thorax schwarz, nur die Schulterbeule und ein Stück des Seitenrandes hinter derselben rotgelb, aber gleich dem ganzen Thorax dicht gelbgrau bestäubt; der Thoraxrücken zeigt eine vorn breite, fein licht geteilte Mittelstrieme und zwei vorn verkürzte dunkle Seitenstriemen, die sich aber nur durch schwächere Bestäubung ziemlich undeutlich abheben. Die ziemlich lange und dichte Behaarung sowie die zahlreichen Seitenrand- und Schildchenborsten sind durchaus rotgelb. Schwinger weißgelb. Der Hinterleib überragt die Flügel nicht bedeutend, ist oberseits nur äußerst kurz, unterseits etwas länger weißlich behaart, unterseits und am Seitenrande sehr dicht, in der Mittellinie aber nur wenig bestäubt, so daß eine fettartig glänzende, schlecht begrenzte schwärzliche Mittelstrieme entsteht, die nach rückwärts immer breiter wird; der siebente Ring ist ganz glänzend schwarz, der kurze Genitalring rostrot mit schwarzem Endrande und rotem Dornenkranze.

Die schwarzen Hüften sind sehr dicht grau bestäubt, auf der Vorderseite dicht und lang weißhaarig; die Beine glänzend, unbestäubt, aber ziemlich dicht mit kurzen weißen, etwas abstehenden Haaren besetzt; auch die ziemlich kurzen Borsten sind weiß. Die Schenkel tragen außer einigen Präapikalborsten nur drei weit voneinander entfernte Borsten, die an den Vorderschenkeln auf der Rückseite, an den übrigen Schenkeln aber auf der Vorderseite stehen; die Unterseite ist durchaus borstenlos. Die Borsten der Schienen und Tarsen sind ziemlich zahlreich und mehrreihig. Die Schenkel sind auf der Vorder- und Unterseite schwarz, auf der Ober- und Hinterseite rotgelb; alle Schienen schwarz mit ziemlich schmal rotgelber Basis, nur an der Außenseite erstreckt sich die rote Färbung fast bis zur Mitte; Tarsen durchaus schwarz.

Flügel durchaus glashell mit dünnen, rotgelben, nur gegen den Hinterrand etwas dunkleren Adern. Die erste Hinterrandzelle ist kaum, die vierte aber sehr stark verengt; noch etwas stärker verengt ist die Analzelle, aber doch noch offen.

Zu (581, II). *Heteropogon crinaceus* Lw. ♀. Um Escorial das noch unbekannte ♂. Durch den mit starken dornartigen schwarzen Stachelborsten bewehrten Thoraxrücken leicht als *crinaceus* erkennbar, aber in der Färbung des Hinterleibes sehr vom ♀ verschieden.

Der 1.—6. Ring zeigen nämlich eine ungefähr $\frac{1}{3}$ der Ringlänge einnehmende, dicht ockergelb bestäubte Endbinde, der zweite sogar noch eine ockergelbe Vorderrandbinde; der siebente Ring ist in der Vorderhälfte ockergelb bestäubt, in der Endhälfte glänzend schwarz, während die schwarze Färbung der übrigen Ringe matt und fast samtartig ist. Das Hypopyg ist ziemlich klein, knospenartig, glänzend schwarz, mit — besonders auf der Unterseite — ziemlich dichten schwarzen, abstehenden Haaren besetzt; man kann an demselben eine quer viereckige Oberklappe, eine fast senkrecht abstehende, halbkreisförmige Unterklappe und je zwei dreieckige Seitenklappen unterscheiden, die untere etwas länger und viel spitzer als die obere. Der Hinterrand des Hypopyg besitzt einen fast kreisförmigen Eindruck, aus dessen Unterrande ein schmales dreieckiges Plättchen mit einer kurzen, blassen, schwach gekrümmten Stachelspitze (Penis) wagrecht nach rückwärts geht. Die Unterseite des Hinterleibes ist durchaus einfärbig grau bestäubt. Die rotgelbe Färbung der Schienen ist weniger ausgedehnt als beim ♀; sie geht an der Außenseite der vier vorderen Schienen kaum bis zur Hälfte, an den Hinterschienen kaum über das erste Viertel. Sonst stimmt das ♂ mit dem ♀, nur ist der Hinterleib viel schlanker.

1632. *Thereva albovittata* m. ♀. 12 mm. Retiro, 1 ♀.

Tota nigra halteribus pedibusque concoloribus; thorace opaco, albo-bivittato; fronte abdomineque nitidis, lateribus segmentorum 3 anticorum albomarginatis; alis nigrescentibus; facie hirta.

Unter allen europäischen Beschreibungen paßt nur die der *nitida* Macq. beiläufig, doch stimmt auch sie nicht besonders und wird das Tier nur mit 3½ lin. angegeben. Durchaus schwarz, auch die Schwinger und Beine; sogar die Flügel sind schwärzlich, werden zwar gegen den Hinterrand allmählich blasser, doch nicht glashell; nur unterhalb der Subkosta befindet sich ein schmaler glasheller Schlitz. Die Stirn hat rückwärts ⅕, vorn mindestens ⅓ Kopfbreite und ist durchaus glänzend schwarz, fast kahl; eine Stirnschwiele wird nur durch die knapp vor den Ozellen liegende bogenförmige Furche angedeutet. Das Gesicht ist weiß bestäubt und ziemlich lang abstehend behaart; die Haare sind weiß, in gewisser Richtung aber schwarz. Die Fühler sind schlank, ungefähr von Kopflänge; das erste und dritte Glied sind gleichlang, das dritte an der Basis etwas dicker als das lang schwarz beborstete erste. Der Thoraxrücken ist fast kahl, samtartig tief schwarz, matt mit zwei breiten durchlaufenden weißen Striemen. Schildchen und Brustseiten glänzen etwas fettartig. Der schlanke, lange Hinterleib glänzt stärker; die Hinterhälfte ist ziemlich dicht mit abstehenden kurzen, steifen, schwarzen Haaren besetzt; die drei ersten Ringe aber sind fast kahl und besitzen seitwärts einen queren, weiß bestäubten Endsaum, so daß man auch von drei weit unterbrochenen weißen Saumbinden sprechen könnte. Die schwarzen Beine sind ziemlich glänzend, fast unbehaart; nur die Schenkel sind unterseits und die Schienen mehrreihig zerstreut schwarzborstig. Anal- und letzte Hinterrandzelle sind geschlossen und kurz gestielt.

Übersicht.

Dieser III. Teil enthält 1217 durch uns determinierte spanische Arten, von welchen 634 in den zwei ersten Teilen noch nicht vorkamen (Nr. 1020—1632, aber 21 Nummern wegen verspäteter Einsendung Laufers doppelt); 583 schon in I und II aufgeführte Arten stammen durchaus von neuen Fundorten. Rechnet man zu 634 die in I und II aus Spanien nachgewiesenen 972 Arten, so ergeben sich 1606 Arten; zählt man dazu die im Katalog der paläarktischen Arten aus Spanien angeführten, von uns noch nicht beobachteten Arten, so dürfte sich die Zahl um etwa 100—150 Arten vermehren. Die Gesamtsumme beträgt aber sicher nicht einmal die Hälfte der in Spanien wirklich vorkommenden Arten, da wir von manchen Provinzen sowie von den Hochgebirgen fast gar nichts wissen und die große Familie der Cecidomyiden fast ganz unbekannt blieb. Aus der verhältnismäßig kleinen Steiermark habe ich 2855 Arten nachgewiesen und werde in meiner nächsten Arbeit noch bei 600 Arten nachweisen.

Neu beschrieben wurden drei Gattungen, 1 Untergattung und 82 Arten. Auffallendere benannte Varietäten wurden 131 angeführt, von denen 48 schon in I und II vorkommen, die übrigen 83 aber für Spanien neu sind; davon waren 51 schon von anderen Autoren (meist als Arten) benannt, 32 aber wurden neu beschrieben. Außerdem wurden ungefähr 30 Varietäten zwar beschrieben, aber nicht benannt. In I und II wurden 115 benannte Varietäten aufgeführt, dazu jetzt 83, gibt zusammen 198 benannte Varietäten; 1606 Arten + 198 Varietäten gibt 1804 verschiedene benannte spanische Formen.

Außerdem enthält dieser Teil ungefähr 93 Ergänzungen oder Berichtigungen zu schon früher von uns oder anderen beschriebenen Arten und von 31 bisher nur in einem Geschlechte bekannten Arten wurde das andere Geschlecht beschrieben.

Alphabetisches Gattungsregister zum I.—III. Teil.

Phillygria I., II. 370, III. 270.
Philolutra III. 178.
Phlebotomus III. 133.
Phora I., II. 334, III. 211.
Phorichaeta III. 220.
Phorocera III. 213.
Phronia I., II. 395.
Phthiria II. 287, III. 150.
(Phycodroma) I., II. 385, III. 276.
Physocephala II. 331, 418, III. 260.
Phyto III. 224.
Phytomyptera III. 220.
Phytomyza I., II. 382, III. 265.
Piophila I., II. 360, III. 262.
Pipizella I., II. 330, III. 208.
Pipunculus I., II. 331, III. 210.
Plagia I., III. 220.
Platychirus I., II. 327, 417.
Platycoenosia II. 418.
Platynochoetus II. 328, III. 202.
Platystoma II. 355, III. 251.
Platyura III. 128.
Plesina III. 224.
Ploas II. 285, III. 149.
Pogonomyia III. 239.
Pollenia II. 346, III. 235.
Polyetes III. 237.
Polylepta III. 129.
Porphyrops I., II. 322, III. 191.
Pseudacropsilus I., II. 322, III. 188.
Pseudoholopogon I., II. 296, III. 156.
Psila I., II. 361, III. 262.
Psilopa (Ephygrobia) I., II. 369, III. 267.
(Psilopus) II. 320, III. 182.
Psychoda II. 405, III. 133, 290.
Ptychoptera III. 133.
Pycnopogon II. 299.
Pyrellia I., II. 346, III. 237.
Pyrophaena II. 327.
Rhagio II. 304, III. 166.
Rhamphomyia I., II. 305, III. 170.
Rhicnoëssa I., II. 375, III. 278.
Rhinophora II. 347, III. 225.

Rhynchomyia II. 346, III. 234.
Rhypholophus I.
Rhyphus II. 390.
Rivellia I., II. 355, III. 251.
Roeselia I., II. 339.
Rymosia I., II. 395.
Saltella I., II. 360, III. 262.
Sapromyza I., II. 356, III. 275.
Sarcophaga I., II. 342, III. 226.
Sarcophila (Agria) II. 314, III. 228.
Sargus III. 142.
Saropogon II. 291, III. 154.
Scaptomyza (Drosophila pr. p.) I., II. 373, III. 279.
Scatella I., II. 371, III. 272.
(Scatophaga) I., II. 352, III. 248.
Scatophila I., II. 371, III. 272.
Scatopse I., II. 387, III. 124.
Scenopinus II. 305, III. 170.
Sceptonia I., III. 130.
Schoenomyza I., II. 351, III. 246.
Schoenophilus III. 188.
Sciapus (Psilopus) II. 320, III. 182.
Sciara I., II. 391, III. 126.
Sciomyza (inkl. Ditaenia) I., II. 353, III. 255.
Sciophila I., II. 393.
Scopeuma (Scatophaga) I., II. 352, III. 248.
Scopolia II. 345.
Sepedon I., II. 355, III. 259.
Sepsis I., II. 360, 418, III. 261.
Silvius II. 416.
Simulia I., II. 390, III. 126.
Siphona I., II. 339, III. 222.
Siphonella I., II. 366, III. 287.
Siphonellopsis II. 366.
Sphaerocera I., II. 386, III. 276.
Sphaerophoria (Melithreptus) I., II. 326, III. 197.
Sphegina III. 195.
(Sphenella) I., II. 358, III. 254.
Spilogaster I., II. 347, III. 238.
Spilomyia II. 329, III. 206.